面向财经管理专业“十三五”规划教材

财经管理专业课程改革项目一体化精品系列教材

税法基础

SHUIFA JICHU

主　编　周肖肖　方飞虎

副主编　郑宝凤　邱正山　李国辉

丁　涛　高树凤　方晓成

内容提要

本书是按照高等院校培养技术技能型人才的培养目标，根据财经类专业核心课程的要求来安排教学内容。全书共10章，对现行主要的14个税种和税收征管法律进行了全面的阐述。为了更好地巩固教学效果，本书配有大量的习题，分为基础习题和拓展习题，其中基础习题附在教材每一章节后面，拓展习题可以通过二维码获取题目。全面展开营业税改征增值税试点工作的内容已在教材中充分体现。

本书结构清晰，内容全面，有很强的实用性，可作为高等院校会计、税务、财政、审计、投资理财等财经类和管理类专业的教材。

图书在版编目(CIP)数据

税法基础/周肖肖，方飞虎主编.--上海：上海交通大学出版社，2017(2020年重印)
ISBN 978-7-313-17424-6

Ⅰ.①税… Ⅱ.①周… ②方… Ⅲ.①税法—中国—高等职业教育—教材 Ⅳ.①D922.22

中国版本图书馆CIP数据核字(2017)第156523号

税法基础

主　　编：周肖肖　方飞虎	
出版发行：上海交通大学出版社	**地　　址：**上海市番禺路951号
邮政编码：200030	**电　　话：**021-64071208
印　　制：安徽新华印刷股份有限公司	**经　　销：**全国新华书店
开　　本：787mm×1092mm　1/16	
字　　数：448千字	**印　　张：**20.5
版　　次：2017年7月第1版	**印　　次：**2020年12月第3次印刷
书　　号：ISBN 978-7-313-17424-6	
定　　价：45.00元	

前　言

税收是国家财政收入的最主要的形式，并且是政府调节经济的重要手段。税收已经渗入人们生活的各个方面，成为影响社会生活的一个重要因素，可以说税收与我们每个人都息息相关。国家依法征税和纳税人依法纳税是社会进步的必然结果，也是我国成为法治国家的重要标志。税法的遵守与否，很大程度上取决于纳税人对其的认识和理解，因此，高职院校普遍将“税法”课程列入经济、管理类专业的必修课，以适应经济、管理类专业培养目标的需要。

本教材是为会计、税务、财政、审计、投资理财等经济类和管理类专业培养高技术应用型人才，针对“税法”课程的教学需要而编写的，它也可作为纳税单位及其他单位有关人员的学习或参考用书。

本书具有以下特点：

(1) 内容新颖。本书以交稿截止(2020年11月)时最新财税法律、法规及相关政策进行编写，力求法律条文和案例的时效性与新颖性。2019年1月1日开始执行的新个人所得税制度在本书中得到了全面体现。

(2) 理论与实践紧密结合。税法条文相对晦涩难懂，需要用实际案例来辅助理解。本书在介绍税法理论的基础上，更加注重税法的实践性，在每个重要知识点后都设计了案例，并在案例后标注详细的解析，方便读者理解与掌握。

(3) 每个项目都配有大量的知识和技能巩固题。本书在每个项目后都配有相应的练习题，分为基础习题和拓展习题，其中基础习题附在教材每一章节后面，拓展习题学生通过二维码获取题目。让读者能够通过练习更好地理解、掌握税法知识，并巩固技能。

编　者

2020年12月

前言

目　　录

第一章

税法基础概论

☞**知识要点**

(1)理解税收的内涵和税法的功能。

(2)理解税法的原则,用税法原则解释实践中相关的涉税事项。

(3)掌握税法构成要素,认识税收法律关系。

(4)了解我国的税收立法机关,明白税收立法权划分,能正确判断税法的效力高低。

(5)了解我国税务机关的设置,能正确区分中央税、地方税和中央地方共享税。

第一节　税法目标

一、税收的内涵与作用

(一)税收的内涵

税收是政府为了满足社会公共需要,凭借政治权力,强制、无偿地取得财政收入的一种形式。把握税法的概念必须在深入理解税收的基础上进行。理解税收的内涵需要从税收的分配关系本质、国家税权和税收目的3个方面来把握:

1.税收是国家取得财政收入的一种重要工具,其本质是一种分配关系

国家要行使职能必须有一定的财政收入作为保障。取得财政收入的手段多种多样,如征税、发行货币、发行国债、收费、罚没等,其中税收是大部分国家取得财政收入的主要形式。我国自1994年税制改革以来,税收收入占财政收入的比重大多数年份都维持在90%以上,近几年随着非税收入(如土地拍卖收入等)的增加,税收收入占财政收入总额的比重有时也低于90%。在社会再生产过程中,分配是连接生产与消费的必要环节,在市场经济条件下,分配主要是对社会产品价值的分割。税收解决的是分配问题,是国家参与社会产品价值分配的法定形式,处于社会再生产的分配环节,因而它体现的是一种分配关系。

2.国家征税的依据是政治权力,有别于按要素进行的分配

国家通过征税,将一部分社会产品由纳税人所有转变为国家所有,因此征税的过程实际上是国家参与社会产品分配的过程。国家与纳税人之间形成的这种分配关系与社会再生产中的一般分配关系不同。分配问题涉及两个基本问题:一是分配的主体;二是分配的依据。税收分配是以国家为主体进行的分配,而一般分配则是以各生产要素的所有者为主体进行的分配;税收分配是国家凭借政治权力进行的分配,而一般分配则是基于生产要素进行的分配。

3.国家课征税款的目的是满足社会公共需要

国家在履行其公共职能的过程中必然要有一定的公共支出。公共产品提供的特殊性决定了公共支出一般情况下不可能由公民个人、企业采取自愿出价的方式,而只能采用由国家(政府)强制征税的方式,由经济组织、单位和个人来负担。国家征税的目的是满足提供社会公共产品的需要,以及弥补市场失灵、促进公平分配等的需要。同时,国家征税也要受到所提供公共产品规模和质量的制约。现代财政活动基本上由收入阶段(征税为主)、支出阶段(预算)、收支划分(财税体制)等几大部分组成,税收作为财政收入的最主要来源,为保证财政支出、维持政府实现职能,为社会提供公共产品需要提供财力保障。

(二)税收的作用

随着现代国家治理复杂性越来越高,需要税收在其中发挥更大的作用。税收已经不仅仅纯粹是经济领域的问题,而是政治领域、社会领域的大问题。税收在现代国家治理中的作用主要有以下几个方面:

1.税收为国家治理提供最基本的财力保障

随着国际竞争的日益加剧,各种经济和政治、文化因素的渗透,一国政治体制、经济实力和文化社会环境等决定了一国在国际上的竞争能力,也决定了一国政府受民众欢迎的程度,以及政权的稳固、社会的安定。而为提供更好的公共产品,为更大程度地满足民众对美好生活的向往,政府必须有一定的财力作支持,这种支持在现代国家主要通过税收来解决。从这个意义上来说,税收是真正的"国家治理的基础和重要支柱"。没有科学的税收制度,没有完善的税收法律作保障,就无法发挥税收的这种基础性和支柱性作用。

2.税收是确保经济效率、政治稳定、政权稳固、不同层次政府正常运行的重要工具

科学的财税体制是促进社会公平、实现国家长治久安的制度保障。税收收入在不同政府层级之间的科学合理划分、税收负担的合理、税收政策的科学决定了经济运行的效率,政府运行的有效性和科学化,也直接关乎政府运行的正常化和政权稳定。

3.税收是促进现代市场体系构建、促进社会公平正义的重要手段

现代市场体系要求市场的公开、公正和有效,我国传统经济体制下政府对宏观经济过多的干预,影响了市场的公正性,其中税收是一个重要的经济手段。为适应现代市场经济要求,税收应以不影响市场主体的正常经营决策为前提,尽量保持"中性"。当然,要通过税收的再分配功能,纠正国民收入初次分配中的不平衡,才能有助于实现分配的公平化也是税收的重要社会功能。

4.税收是促进依法治国、促进法治社会建立、促进社会和谐的重要载体

当今一个国家中政府和公民或法人的最基本的关系是税收法律关系。政府根据税法征税,公民和法人依照税法纳税,由此形成的税收法律关系是政府和公民的最基本关系之一。因为税收涉及了公民的基本利益,征税直接影响了公民和法人可直接支配的收入;税收的使用即通过预算进行的财政支出也直接影响到公民和法人的公共需要的满足。在现代国家治理中,税收的开征、征收过程和税款的使用过程无一不直接受到公民和法人的强烈关注,因此税收也直接影响到一国法治的进程。如果在税收征纳和税款使用过程中最大限度的公开、透明、高效,则税收会成为推进社会和谐的重要载体,否则将会成为影响社会稳定的直接因素。

5.税收是国际经济和政治交往中的重要政策工具,也是维护国家权益的重要手段

近几年国际贸易领域纷争不断,各国除了通过正常的国际贸易争端解决机制外还运用了包括惩罚性关税等在内的经济手段。在国际税收领域,通过税收协定的签订也是促进国际交往的重要方式。

(三)税收的特点

从税收的含义中,我们已经可以初步地看出税收所具有的基本特征:强制性、无偿性和

依法征税所具有的固定性。税收的特征反映了税收区别于其他财政收入形式,从中也可以理解税收为什么能成为财政收入的最主要形式。

1.强制性

税收的强制性是指税收参与社会物品的分配是依据国家的政治权力,而不是财产权力,即和生产要素的占有没有关系。税收的强制性具体表现在税收是以国家法律的形式规定的,而税收法律作为国家法律的组成部分,对不同的所有者都是普遍适用的,任何单位和个人都必须遵守,不依法纳税者要受到法律的制裁。税收的强制性说明,依法纳税是人们不应回避的法律义务。我国《宪法》第56条就明确规定:“中华人民共和国公民有依照法律纳税的义务。”正因为税收具有强制性的特点,所以它是国家取得财政收入的最普遍、最可靠的一种形式。

2.无偿性

税收的无偿性是就具体的征税过程来说的,表现为国家征税后税款即为国家所有,并不存在对纳税人的偿还问题。

税收的无偿性是相对的。对具体的纳税人来说,纳税后并未获得任何报酬。从这个意义上说,税收不具有偿还性或返还性。但若从财政活动的整体来看问题,税收是对政府提供公共物品和服务成本的补偿,这里又反映出有偿性的一面。特别在社会主义条件下,税收具有马克思所说的“从一个处于私人地位的生产者身上扣除的一切,又会直接或间接地用来为处于私人地位的生产者谋福利”的性质,即“取之于民、用之于民”。当然,就某一具体的纳税人来说,他所缴纳的税款与他从公共物品或劳务的消费中所得到的利益并不一定是对称的。

3.固定性

税收的固定性是指课税对象及每一单位课税对象的征收比例或征收数额是相对固定的,而且是以法律形式事先规定的,只能按预定标准征收,而不能无限度地征收。纳税人取得了应纳税的收入或发生了应纳税的行为,也必须按预定标准如数缴纳,而不能改变这个标准。同样,对税收的固定性也不能绝对化,以为标准确定后永远不能改变。随着社会经济条件的变化,具体的征税标准是可以修订的。

税收的特征是税收区别于其他财政收入形式如上缴利润、国债收入、规费收入、罚没收入等的基本标志。税收的“三性”集中体现了税收的权威性。维护和强化税收的权威性,是我国当前税收征管中一个极为重要的问题。

【例1-1 单选题】下列法律中,明确确定“中华人民共和国公民有依照法律纳税的义务”的是(　)。

A.《中华人民共和国宪法》　　B.《中华人民共和国民法通则》

C.《中华人民共和国个人所得税法》　　D.《中华人民共和国税收征收管理法》

【答案】A

【答案解析】《宪法》第56条规定:“中华人民共和国公民有依照法律纳税的义务”。

二、税法的概念

(一)税法的含义

税法是国家制定的用以调整国家与纳税人之间在征纳税方面的权利及义务关系的法律规范的总称。税法构建了国家及纳税人依法征税、依法纳税的行为准则体系,其目的是保障国家利益和纳税人的合法权益,维护正常的税收秩序,保证国家的财政收入。税法体现为法律这一规范形式,是税收制度的核心内容。一国税收制度是在税收分配活动中税收征纳双方所应遵守的行为规范的总和。其内容主要包括各税种的法律法规及为了保证这些税法得以实施的税收征管制度和税收管理体制。

(二)税法的特点

税法具有义务性法规和综合性法规的特点。首先,从法律性质上看,税法属于义务性法规,以规定纳税人的义务为主。税法属于义务性法规,并不是指税法没有规定纳税人的权利,而是指纳税人的权利是建立在其纳税义务的基础之上,处于从属地位。税法属义务性法规的这一特点是由税收的无偿性和强制性特点所决定的。税法的义务性、强制性,不仅有国家权力作为后盾,而且有一系列的制度措施作保障;税法作为强制性规范,即对于一切满足税收要素的纳税人,均应根据税法缴纳税款,而不允许行政机关与纳税人之间达成默契变动法定纳税义务的内容。其次,税法的另一特点是具有综合性,它是由一系列单行税收法律法规及行政规章制度组成的体系,其内容涉及课税的基本原则、征纳双方的权利和义务、税收管理规则、法律责任、解决税务争议的法律规范等。税法的综合性特点是由税收制度所调整的税收分配关系即税收法律关系的复杂性所决定的。

(三)税法的本质

税法的本质是正确处理国家与纳税人之间因税收而产生的税收法律关系和社会关系,既要保证国家税收收入,也要保护纳税人的权利,两者缺一不可。片面强调国家税收收入或纳税人权利都不利于社会的和谐发展。如果国家征收不到充足的税款,就无法履行其公共服务的职能,无法提供公共产品,最终也不利于保障纳税人的利益,从这个意义上讲,税法的核心在于兼顾和平衡纳税人权利,在保障国家税收收入稳步增长的同时,也保证对纳税人权利的有效保护,这是税法的核心要义。

【例 1-2 单选题】下列关于税收和税法的描述,正确的有(　　)。

A.税法是调整税务机关与纳税人关系的法律规范

B.税收从本质上讲是一种分配关系

C.税收的分配依据是基于生产要素进行分配

D.税法是授权性法规

【答案】B

【答案解析】选项A,税法是调整国家与纳税人关系的法律规范;选项C,税收的分配依据是凭借政治权利的分配;选项D,税法是义务性法规。

三、税法的目标

税法调整的对象涉及社会经济活动的各个方面,与国家的整体利益及企业、单位、个人的直接利益有着密切的关系。正确认识税法的目标和本身应具有的功能价值,对于我们在实际工作中准确地把握税法的基本价值取向,促进税收法制水平,推动税收事业各项工作,具有重要的意义。我国税法的主要目标和功能主要体现在:

(一)为国家组织财政收入提供法律保障

为了维护国家机器的正常运转及促进国民经济健康发展,必须筹集大量的资金,即组织国家财政收入。为了保证税收组织财政收入职能的发挥,必须通过制定税法,以法律的形式确定企业、单位和个人履行纳税义务的具体项目、数额和纳税程序,惩治偷、逃税款的行为,防止税款流失,保证国家依法征税,及时足额地取得税收收入。

(二)为国家调控宏观经济提供一种经济法律手段

我国建立和发展社会主义市场经济体制一个重要的改革目标,就是国家从过去主要运用行政手段直接管理经济,向主要运用法律、经济的手段宏观调控经济转变。税收作为国家宏观调控的重要手段,通过制定税法,以法律的形式确定国家与纳税人之间的利益分配关系,调节社会成员的收入水平,调整产业结构和社会资源的优化配置,使之符合国家的宏观经济政策;同时,以法律的平等原则,公平纳税人的税收负担,鼓励平等竞争,为市场经济的发展创造良好的条件。例如,1994年实施的增值税和消费税暂行条例,对于调整产业结构,促进商品的生产、流通,适应市场竞争机制的要求,都发挥了积极的作用。

(三)维护和促进现代市场经济秩序

由于税法的贯彻执行,涉及从事生产经营活动的每个单位和个人,一切经营单位和个人通过办理税务登记、建账建制、纳税申报,其各项经营活动都将纳入税法的规范制约和管理范围,都将较全面地反映出纳税人的生产经营情况。这样税法就确定了一个规范有效的纳税秩序和经济秩序,监督经营单位和个人依法经营,加强经济核算,提高经营管理水平;同时,税务机关按照税法规定对纳税人进行税务检查,严肃查处偷、逃税款及其他违反税法规定的行为,也将有效地打击各种违法经营活动,为现代市场经济发展提供公正、健康良好、稳定的市场环境和秩序。

(四)规范税务机关合法征税,有效保护纳税人的合法权益

由于国家征税直接涉及纳税人的切身利益,如果税务机关随意征税,就会侵犯纳税人的合法权益,影响纳税人的正常经营,这是法律所不允许的。税务机关不仅是收税的机关,最

重要的是它必须是依法征税的机关。税法严格规定了对税务机关执法行为的监督制约制度,例如,进行税收征收管理必须按照法定的权限和程序行事,造成纳税人合权益损失的要负赔偿责任等。因此,税法在确定税务机关征税权力和纳税人履行纳税义务的同时,相应规定了税务机关必尽的义务和纳税人享有的权利,如纳税人享有延期纳税权、申请减税免税权、多缴税款要求退还权、不服税务机关的处理决定申请复议或提起诉讼权等;所以,税法不仅是税务机关征税的法律依据,同时也是纳税人保护自身合法权益的重要法律依据。

(五)为维护国家利益,促进国际经济交往提供可靠保证

在国际经济交往中,任何国家对在本国境内从事生产、经营的外国企业或个人都拥有税收管辖权,这是国家权益的具体体现。我国自1979年实行对外开放以来,在平等互利的基础上,不断扩大和发展同各国、各地区的经济交流与合作,利用外资、引进技术的规模、渠道和形式都有了很大发展。我国在建立和完善涉外税法的同时,还同90多个国家签订了避双重征税的协定。这些税法规定既维护了国家的权益,又为鼓励外商投资、保护国外企业或个人在华合法经营、发展国家间平等互利的经济技术合作关系提供了可靠的法律保障。

思考讨论:解读“有税必有法,无法不成税”。

第二节 税法原则

税法的原则反映税收活动的根本属性,是税收法律制度建立的基础。税法原则包括税法基本原则和税法适用原则。

一、税法基本原则

税法基本原则是统领所有税收规范的根本准则,为包括税收立法、执法、司法在内的一切税收活动所必须遵守。其中税收法定原则是税法基本原则中的核心。

(一)税收法定原则

税收法定原则又称为税收法定主义,是指税法主体的权利义务必须由法律加以规定,税法的各类构成要素皆必须且只能由法律予以明确。如果没有相应法律作前提,国家则不能征税,公民也没有纳税的义务。税收法定主义贯穿税收立法和执法的全部领域,其内容包括税收要件法定原则和税务合法性原则。

税收要件法定原则是指有关纳税人、课税对象、课税标准等税收要件必须以法律形式作出规定,且有关课税要素的规定必须尽量明确。具体来说它要求:

(1)国家对其开征的任何税种都必须由法律对其进行专门确定才能实施。

(2)国家对任何税种征税要素的变动都应当按相关法律的规定进行。

(3)征税的各个要素不仅应当由法律作出专门的规定,这种规定还应当尽量明确。如果规定不明确,则一定会产生漏洞或者歧义。在税收的立法过程中对税收的各要素加以规定之后还应当采用恰当准确的用语,使之明确化,尽量避免使用模糊性的文字。

税务合法性原则是指税务机关按法定程序依法征税,不得随意减征、停征或免征,无法律依据不征税。

(二)税收公平原则

一般认为税收公平原则包括税收横向公平和纵向公平,即税收负担必须根据纳税人的负担能力分配,负担能力相等,税负相同;负担能力不等,税负不同。税收公平原则源于法律上的平等性原则,所以许多国家的税法在贯彻税收公平原则时,都特别强调"禁止不平等对待"的法理,禁止对特定纳税人给予歧视性对待,也禁止在没有正当理由的情况下对特定纳税人给予特别优惠。

(三)税收效率原则

税收效率原则包含两方面:一是经济效率;二是行政效率。前者要求税法的制定要有利于资源的有效配置和经济体制的有效运行,后者要求提高税收行政效率,节约税收征管成本。

(四)实质课税原则

实质课税原则指应根据客观事实确定是否符合课税要件,并根据纳税人的真实负担能力决定纳税人的税负,而不能仅考虑相关外观和形式。

二、税法适用原则

税法适用原则是指税务行政机关和司法机关运用税收法律规范解决具体问题所必须遵循的准则。税法适用原则并不违背税法基本原则,而且在一定程度上体现着税法基本原则。但是与其相比,税法适用原则含有更多的法律技术性准则,更为具体化。包括:

(一)法律优位原则

其基本含义为法律的效力高于行政立法的效力。法律优位原则在税法中的作用主要体现在处理不同等级税法的关系上。法律优位原则明确了税收法律的效力高于税收行政法规的效力,对此还可以进一步推论为税收行政法规的效力优于税收行政规章的效力。效力低的税法与效力高的税法发生冲突时,效力低的税法无效。

(二)法律不溯及既往原则

法律不溯及既往原则是绝大多数国家所遵循的法律程序技术原则。其基本含义为:一部新法实施后,对新法实施之前人们的行为不得适用新法,而只能沿用旧法。在税法领域内坚持这一原则,目的在于维护税法的稳定性和可预测性,使纳税人能在知道纳税结果的前提下作出相应的经济决策,税收的调节作用才会较为有效。

(三)新法优于旧法原则

新法优于旧法原则也称后法优于先法原则,其含义为:新法、旧法对同一事项有不同规定时,新法的效力优于旧法。其作用在于避免因法律修订带来新法、旧法对同一事项有不同的规定而引起法律适用的混乱,为法律的更新与完善提供法律适用上的保障。新法优于旧法原则在税法中普遍适用,但是当新税法与旧税法处于普通法与特别法的关系时,以及某些程序性税法引用"实体从旧,程序从新原则"时,可以例外。

(四)特别法优于普通法的原则

其含义为对同一事项两部法律分别定有一般和特别规定时,特别规定的效力高于一般规定的效力。特别法优于普通法原则打破了税法效力等级的限制,即居于特别法地位的级别较低的税法,其效力可以高于作为普通法的级别较高的税法。

(五)实体从旧、程序从新原则

这一原则的含义包括两个方面:一是实体税法不具备溯及力。即在纳税义务的确定上,以纳税义务发生时的税法规定为准,实体性的税法规则不具有向前的溯及力。二是程序性税法在特定条件下具备一定的溯及力。即对于新税法公布实施之前发生,却在新税法公布实施之后进人税款征收程序的纳税义务,原则上新税法具有约束力。

(六)程序优于实体原则

程序优于实体原则是关于税收诉讼法的原则,其基本含义为,在诉讼发生时税收程序法优于税收实体法。适用这一原则,是为了确保国家课税权的实现,不因争议的发生而影响税款的及时、足额入库。

【例1-3单选题】税务机关在税务检查过程中发现某企业在新所得税法实施前的某项偷税行为,在计算该企业应当补缴的税金时按原税法执行,该处理遵循了(　　)原则。

A.新法优于旧法　　B.特别法优于普通法

C.法律不溯及既往原则　　D.实体从旧程序从新

【答案】D

【答案解析】遵循了实体从旧程序从新的原则,实体税法不具备溯及力,纳税义务的确定以纳税义务发生时的税务为准,不具备向前的溯及力,即本题目里在计算该企业应当补缴的税金时按原税法执行。

三、税收法律关系

税收法律关系是税法所确认和调整的国家与纳税人之间、国家与国家之间及各级政府之间在税收分配过程中形成的权利与义务关系。国家征税与纳税人纳税形式上表现为利益分配的关系，但经过法律明确其双方的权利与义务后，这种关系实质上已上升为一种特定的法律关系。了解税收法律关系，对于正确理解国家税法的本质，严格依法纳税、依法征税都具有重要的意义。

（一）税收法律关系的构成

税收法律关系在总体上与其他法律关系一样，都是由税收法律关系的主体、客体和内容三方面构成的，但在三方面的内涵上，税收法律关系又具有一定的特殊性。

1.税收法律关系的主体

法律关系的主体是指法律关系的参加者。税收法律关系的主体即税收法律关系中享有权利和承担义务的当事人。在我国，税收法律关系的主体包括征纳双方，一方是代表国家行使征税职责的国家行政机关，包括国家各级税务机关、海关和财政机关，另一方是履行纳税义务的人，包括法人、自然人和其他组织，在华的外国企业、组织、外籍人、无国籍人，以及在华虽然没有机构、场所但有来源于中国境内所得的外国企业或组织。这种对税收法律关系中权利主体另一方的确定，在我国采取的是属地兼属人的原则。

2.税收法律关系的客体

客体即税收法律关系主体的权利、义务所共同指向的对象，也就是征税对象。例如，所得税法律关系客体就是生产经营所得和其他所得，财产税法律关系客体即是财产，流转税法律关系客体就是货物销售收入或劳务收入。税收法律关系客体也是国家利用税收杠杆调整和控制的目标，国家在一定时期根据客观经济形势发展的需要，通过扩大或缩小征税范围调整征税对象，以达到限制或鼓励国民经济中某些产业、行业发展的目的。

3.税收法律关系的内容

税收法律关系的内容就是主体所享有的权利和所应承担的义务，这是税收法律关系中最实质的东西，也是税法的灵魂。它规定权利主体可以有什么行为，不可以有什么行为，若违反了这些规定，须承担相应的法律责任。

税务机关的权利主要表现在依法进行征税、税务检查及对违章者进行处罚；其义务主要是向纳税人宣传、咨询、辅导解税法，及时把征收的税款解缴国库，依法受理纳税人对税收争议的申诉等。

纳税义务人的权利主要有多缴税款申请退还权、延期纳税权、依法申请减免税权、申请复议和提起诉讼权等。其义务主要是按税法规定办理税务登记、进行纳税申报、接受税务检查、依法缴纳税款等。

（二）税收法律关系的产生、变更与消灭

税法是引起税收法律关系的前提条件，但税法本身并不能产生具体的税收法律关系。税收法律关系的产生、变更和消灭必须有能够引起税收法律关系产生、变更或消灭的客观情况，也就是由税收法律事实来决定。税收法律事实可以分为税收法律事件和税收法律行为，

税收法律事件是指不以税收法律关系权力主体的意志为转移的客观事件。例如，自然灾害可以导致税收减免，从而改变税收法律关系内容的变化。税收法律行为是指税收法律关系主体在正常意志支配下作出的活动。例如，纳税人开业经营即产生税收法律关系，纳税人转业或停业就会造成税收法律关系的变更或消灭。

（三）税收法律关系的保护

税收法律关系是同国家利益及企业和个人的权益相联系的。保护税收法律关系，实质上就是保护国家正常的经济秩序、保障国家财政收入、维护纳税人的合法权益。税收法律关系的保护形式和方法是很多的，税法中关于限期纳税、征收滞纳金和罚款的规定，《刑法》对构成逃税、抗税罪给予刑罚的规定，以及税法中对纳税人不服税务机关征税处理决定，可以申请复议或提出诉讼的规定等都是对税收法律关系的直接保护。税收法律关系的保护对权利主体双方是平等的，不能只对一方保护，而对另一方不予保护。同时对其享有权利的保护，就是对其承担义务的制约。

【例 1-4 单选题】下列关于税收法律关系的表述中，正确的是（　　）。

A.税法是引起法律关系的前提条件，税法可以产生具体的税收法律关系

B.税收法律关系中权利主体双方法律地位并不平等，双方的权利义务也不对等

C.代表国家行使征税职责的各级国家税务机关是税收法律关系中的权利主体之一

D.税收法律关系总体上与其他法律关系一样，都是由权利主体、权利客体两方面构成

【答案】C

【答案解析】选项 A，税法是引起税收法律关系的前提条件，但税法本身并不能产生具体的税收法律关系；选项 B，税收法律关系中权利主体双方法律地位平等；选项 D，税收法律关系在总体上与其他法律关系一样，都是由权利主体、客体和法律关系内容三方面构成的。

思考讨论：我国离“税收法定”还有多远？

第三节　税法要素

税法要素是指各种单行税法具有的共同的基本要素的总称。首先，税法要素既包括实体性的，也包括程序性的；其次，税法要素是所有完善的单行税法都共同具备的，仅为某一税法所单独

具有而非普遍性的内容，不构成税法要素，如扣缴义务人。税法要素一般包括总则、纳税义务人、征税对象、税目、税率、纳税环节、纳税期限、纳税地点、减税免税、罚则、附则等项目。

一、总则

总则主要包括立法依据、立法目的、适用原则等。

二、纳税义务人

纳税义务人或纳税人又叫纳税主体，是税法规定的直接负有纳税义务的单位和个人。任何一个税种首先要解决的就是国家对谁征税的问题，如我国个人所得税法、增值税、消费税、资源税及印花税等暂行条例的第一条规定的都是该税种的纳税义务人。

纳税人有自然人和法人两种基本形式，我国税法还规定了与纳税人紧密联系的两个概念是代扣代缴义务人和代收代缴义务人。另外，纳税人与负税人也是不同的概念。如图1-1所示为纳税人与负税人、扣缴义务人的关系。

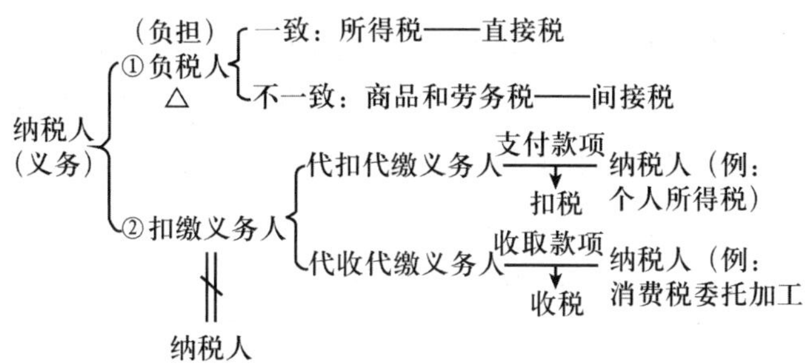

图 1-1　纳税人与负税人、扣缴义务人的关系

三、征税对象

征税对象又叫课税对象、征税客体，指税法规定对什么征税，是征纳税双方权利义务共同指向的客体或标的物，是区别一种税与另一种税的重要标志。如消费税的征税对象是消费税条例所列举的应税消费品，房产税的征税对象是房屋等。征税对象是税法最基本的要素，因为它体现着征税的最基本界限，决定着某一种税的基本征税范围，同时，征税对象也决定了各个不同税种的名称。如消费税、土地增值税、个人所得税等，这些税种因征税对象不同、性质不同，税名也就不同。征税对象按其性质的不同，通常可划分为流转额、所得额、财产、资源、特定行为五大类，通常也因此将税收分为相应的五大类，即流转税或称商品和劳务税、所得税、财产税、资源税和特定行为税。

与课税对象相关的还有两个概念：税目和税基。税目本身也是一个重要的税法要素，下面将单独讨论。而税基又叫计税依据，是据以计算征税对象应纳税款的直接数量依据，它解决对征税对象课税的计算问题，是对课税对象的量的规定。如企业所得税应纳税额的基本计算方法是应纳税所得额乘以适用税率，其中，应纳税所得额是据以计算所得税应纳税额的数量基础,为所得税的税基。计税依据按照计量单位的性质划分,有两种基本形态:价值形态和物理形态。价值形态包括应纳税所得额、销售收入、营业收入等;物理形态包括面积、体积、容积、重量等。以价值形态作为税基,又称为从价计征,即按征税对象的货币价值计算,如生产销售化妆品应纳消费税税额是由化妆品的销售收入乘以适用税率计算产生,其税基为销售收入,属于从价计征的方法。另一种是以物理形态作为税基,又称为从量计征,即直接按征税对象的自然单位计算,如城镇土地使用税应纳税额是由占用土地面积乘以每单位面积应纳税额计算产生,其税基为占用土地的面积,属于从量计征的方法。

四、税目

税目是在税法中对征税对象分类规定的具体的征税项目,反映具体的征税范围,是对课税对象质的界定。设置税目的目的首先是明确具体的征税范围,凡列入税目的即为应税项目,未列入税目的,则不属于应税项目。其次,划分税目也是贯彻国家税收调节政策的需要,国家可根据不同项目的利润水平及国家经济政策等为依据制定高低不同的税率,以体现不同的税收政策。并非所有税种都需规定税目,有些税种不分课税对象的具体项目,一律按照课税对象的应税数额采用同一税率计征税款,因此一般无须设置税目,如企业所得税。有些税种具体课税对象比较复杂,需要规定税目,如消费税、资源税等,一般都规定有不同的税目。征税对象与税目、税基的关系如表 1-1 所示。

表 1-1　征税对象与税目、税基的关系

概念	含义	与课税对象关系	作用或形式
税目	税法中对征税对象分类规定的具体的征税项目,反映具体的征税范围	对课税对象质的界定	①明确具体的征税范围; ②贯彻国家税收调节政策的需要
税基(计税依据)	据以计算征税对象应纳税款的直接数量依据,解决对征税对象课税的计算问题	对课税对象的量的规定	①价值形态(从价计征); ②物理形态(从量计征)

五、税率

税率是对征税对象的征收比例或征收额度。税率是计算税额的尺度,也是衡量税负轻重与否的重要标志。我国现行的税率主要有:

(一)比例税率

即对同一征税对象,不分数额大小,规定相同的征收比例。我国的增值税、城市维护建设税、企业所得税等采用的是比例税率。

比例税率具有计算简单、税负透明度高、有利于保证财政收入、有利于纳税人公平竞争、不妨碍商品流转额或非商品营业额扩大等优点,符合税收效率原则。但比例税率不能针对不同的收入水平实施不同的税收负担，在调节纳税人的收入水平方面难以体现税收的公平原则。

（二）累进税率

累进税率是指随着征税对象数量增大而随之提高的税率，即按征税对象数额的大小划分为若干等级，不同等级的课税数额分别适用不同的税率，课税数额越大，适用税率越高。累进税率一般在所得课税中使用，可以充分体现对纳税人收入多的多征、收入少的少征、无收入的不征的税收原则，从而有效地调节纳税人的收入，正确处理税收负担的纵向公平问题。

累进税率按累进方式不同又分为全额累进税率、超额累进税率和超率累进税率 3 种。

（三）定额税率

即按征税对象确定的计算单位，直接规定一个固定的税额。目前采用定额税率的有城镇土地使用税、耕地占用税等和车船税等。

【例 1-5 多选题】下列税种中，采用比例税率征收的有（ ）。

A.消费税 B.企业所得税 C.城镇土地使用税 D.城市维护建设税

【答案】ABD

【答案解析】城镇土地使用税采用的是定额税率征收。

六、纳税环节

纳税环节主要指税法规定的征税对象在从生产到消费的流转过程中应当缴纳税款的环节。如流转税在生产和流通环节纳税、所得税在分配环节纳税等。商品从生产到消费要经历诸多流转环节，按照某种税征税环节的多少，可以将税种划分为一次课征制或多次课征制。合理选择纳税环节，对加强税收征管、有效控制税源、保证国家财政收入的及时、稳定、可靠，方便纳税人生产经营活动和财务核算，灵活机动地发挥税收调节经济的作用，具有十分重要的理论和实践意义。

七、纳税期限

纳税期限是指税法规定的关于税款缴纳时间方面的限定。税法关于纳税时限的规定，有 3 个概念：

（1）纳税义务发生时间：指应税行为发生的时间。如增值税条例规定采取预收货款方式销售货物的，其纳税义务发生时间为货物发出的当天。

（2）纳税计算期限：纳税人每次发生纳税义务后，不可能马上去缴纳税款。税法规定了每种税的纳税期限，即每隔固定时间汇总一次纳税义务的时间。如增值税条例规定，增值税的具体纳税期限分别为 1 日、3 日、5 日、10 日、15 日、1 个月或者 1 个季度。纳税人的具体纳税期限，由主管税务机关根据纳税人应纳税额的大小分别核定；不能按照固定期限纳税的，可以按次纳税。

(3)缴库期限:即税法规定的纳税期满后,纳税人将应纳税款缴入国库的期限。如增值税暂行条例规定,纳税人以 1 个月或者 1 个季度为 1 个纳税期的,自期满之日起 15 日内申报纳税;以 1 日、3 日、5 日、10 日或者 15 日为 1 个纳税期的,自期满之日起 5 日内预缴税款,于次月 1 日起 15 日内申报纳税并结清上月应纳税款。图 1-2 所示为纳税期限的说明。

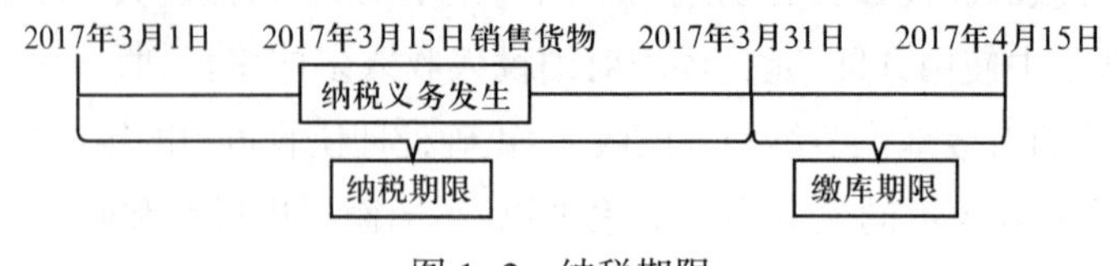

图 1-2　纳税期限

八、纳税地点

纳税地点主要是指根据各个税种纳税对象的纳税环节和有利于对税款的源泉控制而规定的纳税人(包括代征、代扣、代缴义务人)的具体纳税地点。如机构所在地、经济活动发生地、财产所在地、报关地等。

九、减税免税

减税免税主要是对某些纳税人和征税对象采取减少征税或者免予征税的特殊规定。减税是对应纳税额少征一部分税款;免税是对应纳税额全部免征。减税免税是对某些纳税人和征税对象给予鼓励和照顾的一种措施。减免税的主要形式有 3 种:

(1)税基式减免:即通过直接缩小计税依据的方式来实现的减税免税,具体包括起征点、免征额等。其中起征点是税法规定的征税对象开始征税的数额起点。征税对象数额未达到起征点的不征税,达到或超过起征点的,就其全部数额征税。免征额是税法规定的征税对象全部数额中免与征税的数额。

(2)税率式减免:即通过直接减低税率的方式来实现减税免税。

(3)税额式减免:即通过直接减少应纳税额的方式来实现的减税免税,具体包括全部免征、减半征收等。

十、罚则

罚则主要是指对纳税人违反税法的行为采取的处罚措施。

十一、附则

附则一般都规定与该法紧密相关的内容,例如该法的解释权、生效时间等。

【例 1-6 单选题】下列各项中,表述正确的是(　　)。

A.税目是区分不同税种的主要标志

B.税率是衡量负轻重的重要标志

C.纳税人就是履行纳税义务的法人和自然人

D.征税对象就是税收法律关系中征纳双方权利义务所指的物品

【答案】B

【答案解析】选项A,税目是征税对象的具体化,征税对象是区分不同税种的主要标志;选项C,纳税人就是履行纳税义务的法人和自然人还包括组织;选项D,征税对象就是税收法律关系中征纳双方权利义务所指的物品或行为。

理解指引:

谁来缴纳?——纳税义务人

为啥要交?——征税对象、税目

要交多少?——税率、计税依据

怎么去交?——征税环节、纳税期限、纳税地点

能打折吗?——减税免税

不交怎样?——罚则

(以上合称)“纳税人与征税人的对白”

第四节　税收立法

一、税收立法权的划分

税收立法权是制定、修改、解释或废止税收法律、法规、规章和规范性文件的权力。它包括两方面的内容:一是什么机关有税收立法权;二是各级机关的税收立法权是如何划分的。

税收立法权的明确有利于保证国家税法的统一制定和贯彻执行,充分、准确地发挥各级有权机关管理税收的职能作用,防止各种越权自定章法、随意减免税收现象的发生。我国税收立法权划分的现状是:

第一,中央税、中央与地方共享税及全国统一实行的地方税的立法权集中在中央,以保证中央政令统一,维护全国统一市场和企业平等竞争。其中,中央税是指维护国家权益、实施宏观调控所必需的税种,具体包括消费税、关税、车辆购置税等。中央和地方共享税是指同经济发展直接相关的主要税种,具体包括增值税、企业所得税、个人所得税。地方税具体包括资源税、土地增值税、印花税、城市维护建设税、城镇土地使用税、房产税、车船税等。

第二,依法赋予地方适当的地方税收立法权。我国地域辽阔,地区间经济发展水平很不

平衡，经济资源包括税源都存在着较大差异，这种状况给全国统一制定税收法律带来一定的难度。因此，随着分税制改革的进行，有前提地、适当地给地方下放一些税收立法权，使地方可以实事求是地根据自己特有的税源开征新的税种，促进地方经济的发展。这样，既有利于地方因地制宜地发挥当地的经济优势，同时也便于同国际税收惯例对接。

具体地说，我国税收立法权划分的层次是这样的：

(1)全国性税种的立法权，即包括全部中央税、中央与地方共享税和在全国范围内征收的地方税税法的制定、公布和税种的开征、停征权，属于全国人民代表大会(以下简称"全国人大")及其常务委员会(以下简称"常委会")。

(2)经全国人大及其常委会授权，全国性税种可先由国务院以"条例"或"暂行条例"的形式发布施行。经一段时期后，再行修订并通过立法程序，由全国人大及其常委会正式立法。

(3)经全国人大及其常委会授权，国务院有制定税法实施细则、增减税目和调整税率的权力。

(4)经全国人大及其常委会的授权，国务院有税法的解释权；经国务院授权，国家税务主管部门(财政部和国家税务总局及海关总署)有税收条例的解释权和制定税收条例实施细则的权力。

(5)省级人民代表大会及其常务委员会有根据本地区经济发展的具体情况和实际需要，在不违背国家统一税法，不影响中央的财政收入，不妨碍我国统一市场的前提下，开征全国性税种以外的地方税种的税收立法权。税法的公布，税种的开征、停征，由省级人民代表大会及其常务委员会统一规定，所立税法在公布实施前须报全国人大常委会备案。

(6)经省级人民代表大会及其常务委员会授权，省级人民政府有本地区地方税法的解释权和制定税法实施细则、调整税目、税率的权力，也可在上述规定的前提下，制定一些税收征收办法，还可以在全国性地方税条例规定的幅度内，确定本地区适用的税率或税额。上述权力除税法解释权外，在行使后和发布实施前须报国务院备案。

二、税收立法机关

根据我国《宪法》《全国人民代表大会组织法》《国务院组织法》《立法法》及《地方各级人民代表大会和地方各级人民政府组织法》的规定，我国的立法体制是：全国人大及其常委会行使立法权，制定法律；国务院及所属各部委，有权根据宪法和法律制定行政法规和规章；地方人民代表大会及其常务委员会，在不与宪法、法律、行政法规抵触的前提下，有权制定地方性法规，但要报全国人大常委会和国务院备案；民族自治地方的人大有权依照当地民族政治、经济和文化的特点，制定自治条例和单行条例。由于制定税收法律、法规和规章的机关不同，其法律级次不同，因此其法律效力也不同。

(一)全国人大和全国人大常委会制定的税收法律

《宪法》第五十八条规定："全国人民代表大会和全国人民代表大会常务委员会行使国家立法权。"上述规定确定了我国税收法律的立法权由全国人大及其常委会行使，其他任何机关都没有制定税收法律的权力。在现行税法中，如《企业所得税法》《个人所得税法》《税收征收管理法》等都是税收法律。除《宪法》外，在税法体系中，税收法律具有最高的法律效力，是其他有权机关制定税收法规、规章的法律依据，其他各级有权机关制定的税收法规、规章，都不得与《宪法》和税收法律相抵触。

（二）全国人大或人大常委会授权立法

授权立法是指全国人民代表大会及其常务委员会根据需要授权国务院制定某些具有法律效力的暂行规定或者条例。授权立法与制定行政法规不同。国务院经授权立法所制定的规定或条例等，具有国家法律的性质和地位，它的法律效力高于行政法规，在立法程序上还需报全国人大常委会备案。1984 年 9 月 1 日，全国人大常委会授权国务院改革工商税制和发布有关税收条例。1985 年，全国人大授权国务院在经济体制改革和对外开放方面可以制定暂行的规定或者条例，都是授权国务院立法的依据。按照这两次授权立法，国务院从 1994 年 1 月 1 日起实施工商税制改革，制定实施了增值税、消费税、资源税、土地增值税、企业所得税等 6 个暂行条例。授权立法，在一定程度上解决了我国经济体制改革和对外开放工作急需法律保障的当务之急。税收暂行条例的制定和公布施行，也为全国人大及常委会立法工作提供了有益的经验和条件，将这些条例在条件成熟时上升为法律做好了准备。

（三）国务院制定的税收行政法规

国务院作为最高国家权力机关的执行机关，是最高的国家行政机关，拥有广泛的行政立法权。我国《宪法》规定，国务院可“根据宪法和法律，规定行政措施，制定行政法规，发布决定和命令”。行政法规作为一种法律形式，在中国法律形式中处于低于宪法、法律和高于地方法规、部门规章、地方规章的地位，也是在全国范围内普遍适用的。行政法规的立法目的在于保证宪法和法律的实施，行政法规不得与宪法、法律相抵触，否则无效。国务院发布的《企业所得税法实施条例》《税收征收管理法实施细则》等，都是税收行政法规。

（四）地方人民代表大会及其常委会制定的税收地方性法规

根据《地方各级人民代表大会和地方各级人民政府组织法》的规定，省、自治区、直辖市的人民代表大会及省、自治区的人民政府所在地的市和经国务院批准的较大的市的人民代表大会有制定地方性法规的权力。由于我国在税收立法上坚持“统一税法”的原则，因此地方权力机关制定税收地方法规不是无限制的，而是要严格按照税收法律的授权行事。目前，除了海南省、民族自治地区按照全国人大授权立法规定，在遵循宪法、法律和行政法规的原则基础上，可以制定有关税收的地方性法规外，其他省、市一般都无权自定税收地方性法规。

（五）国务院税务主管部门制定的税收部门规章

《宪法》第九十条规定：“国务院各部、各委员会根据法律和国务院的行政法规、决定、命令，在本部门的权限内，发布命令、指示和规章。”有权制定税收部门规章的税务主管机关是财政部、国家税务总局及海关总署。其制定规章的范围包括对有关税收法律、法规的具体解释、税收征收管理的具体规定、办法等，税收部门规章在全国范围内具有普遍适用效力，但不得与税收法律、行政法规相抵触。例如,财政部颁布的《增值税暂行条例实施细则》、国家税务总局颁发的《税务代理试行办法》等都属于税收部门规章。

(六)地方政府制定的税收地方规章

《地方各级人民代表大会和地方各级人民政府组织法》规定:“省、自治区、直辖市以及省、自治区的人民政府所在地的市和国务院批准的较大的市的人民政府,可以根据法律和国务院的行政法规,制定规章。”按照“统一税法”的原则,上述地方政府制定税收规章,都必须在税收法律、法规明确授权的前提下进行,并且不得与税收法律、行政法规相抵触。没有税收法律、法规的授权,地方政府是无权自定税收规章的,凡是越权自定的税收规章没有法律效力。例如,国务院发布实施的城市维护建设税、房产税等地方性税种暂行条例,都规定省、自治区、直辖市人民政府可根据条例制定实施细则。税收立法机关、主要内容及表现形式如表 1-2 所示。

表 1-2 税收立法机关、主要内容及表现形式

分类	立法机关	主要内容	表现形式
税收法律	全国人大及其常务委员会立法	仅次于宪法,税法中最高级次。在税收法律体系中具有最高的法律效力	①《企业所得税法》; ②《个人所得税法》; ③《税收征收管理法》; ④《关于外商投资企业和外国企业适用增值税、消费税、营业税等税收条例的决定》; ⑤《环境保护税法》
	全国人大及其常务委员会授权立法	具有国家法律的性质和地位,法律效力高于行政法规	《增值税暂行条例》等
税收法规	国务院制定的税收行政法规	低于宪法、法律,高于地方法规、部门规章、地方规章,全国适用	①《企业所得税法实施条例》; ②《税收征收管理法实施细则》
	地方人大及常委会制定的税收地方性法规:目前仅限海南、民族自治地区		
税收规章	国务院税务主管部门制定的税收部门规章	有权机关包括:财政部、国家税务总局和海关总署。不得与税收法律、行政法规相抵触	①《增值税暂行条例实施细则》; ②《税务代理试行办法》
	地方政府制定的税收地方规章	在税收法律、法规明确授权的前提下进行,不得与税收法律、行政法规相抵触	如城市维护建设税、房产税等地方性税种暂行条例实施细则

【例 1-7 单选题】下列各项税收法律法规中，属于部门规章的是(　　)。

A.《中华人民共和国个人所得税法》

B.《中华人民共和国消费税暂行条例》

C.《中华人民共和国企业所得税法实施条例》

D.《中华人民共和国消费税暂行条例实施细则》

【答案】D

【答案解析】选项 A 属于全国人大及其常委会制定的税收法律；选项 B 属于全国人大或人大常委会授权立法；选项 C 属于国务院制定的税收行政法规。

三、我国税法体系

从法律角度来讲，一个国家在一定时期内、一定体制下以法定形式规定的各种税收法律、法规的总和，被称为税法体系。但从税收工作的角度来讲，所谓税法体系往往被称为税收制度(简称税制)。

税法体系中各税法按基本内容和效力、职能作用、征收对象、权限范围的不同，可分为不同类型。

(一)按照税法基本内容和效力的不同分类

按照税法基本内容和效力的不同，可分为税收基本法和税收普通法。

税收基本法也称税收通则，是税法体系的主体和核心，在税法体系中起着税收母法的作用。其基本内容一般包括税收制度的性质、税务管理机构、税收立法与管理权限、纳税人的基本权利与义务、征税机关的权利和义务、税种设置等。我国目前还没有制定统一的税收基本法，随着我国税收法制建设的发展和完善，将研究制定税收基本法。税收普通法是根据税收基本法的原则，对税收基本法规定的事项分别立法实施的法律。如个人所得税法、税收征收管理法等。

(二)按照税法职能作的不同分类

按照税法职能作用的不同，可分为税收实体法和税收程序法。

税收实体法主要是指确定税种立法，具体规定各税种的征收对象、征收范围、税目、税率、纳税地点等。例如，《中华人民共和国企业所得税法》《中华人民共和国个人所得税法》就属于税收实体法。税收程序法是指税务管理方面的法律，主要包括税收管理法、纳税程序法、发票管理法、税务机关组织法、税务争议处理法等。《税收征收管理法》就属于税收程序法。

1.税收实体法体系

主要是经 1994 年税制改革后形成的，按征税对象大致可分为以下五类：

(1)商品(货物)和劳务税类。包括增值税、消费税和关税。主要在生产、流通或者服务业中发挥调节作用。

(2)所得税类。包括企业所得税、个人所得税、土地增值税，主要是国民收入形成后，对生产经营者的利润和个人的纯收入发挥调节作用。

(3)财产和行为税类。包括房产税、车船税、印花税、契税,主要是对某些财产和行为发挥调节作用。

(4)资源税和环境保护税类。包括资源税、环境保护税、城镇土地使用税,主要是对因开发和利用资源资源差异而形成的级差收入发挥调节作用。

(5)特定目的税类。包括城市维护建设税、车辆购置税、耕地占用税、船舶吨税和烟叶税,主要是为了达到特定目的,对特定对象和特定行为发挥调节作用。

现行18个税种中,除企业所得税、个人所得税、车船税、环境保护税、烟叶税、船舶吨税、车辆购置税和耕地占用税是以国家法律的形式发布实施外,其他各税种都是经全国人民代表大会授权立法,由国务院以暂行条例的形式发布实施的。这些法律法规共同组成了我国的税收实体法体系。

上述18个税种中,除进口的增值税和消费税、关税和船舶吨税由海关负责征收管理外,其他税种均由税务机关负责征收管理。

2.税收程序法体系

除税收实体法外,我国对税收征收管理适用的法律制度,是按照税收管理机关的不同而分别规定的:

(1)由税务机关负责征收的税种的征收管理,按照《税收征收管理法》及各实体税法中的征管规定执行。

(2)由海关负责征收的税种的征收管理,按照《海关法》及《进出口关税条例》等有关规定执行。

上述税收实体法和税收征收管理法的程序法共同构成了我国现行税法体系。

(三)按照主权国家行使税收管辖权的不同分类

按照主权国家行使税收管辖权的不同,可分为国内税法、国际税法、外国税法等。

国内税法一般是按照属人或属地原则,规定一个国家的内部税收制度。国际税法是指国家间形成的税收制度,主要包括双边或多边国家间的税收协定、条约和国际惯例等,一般而言,其效力高于国内税法。外国税法是指外国各个国家制定的税收制度。

现行18个税种中,除企业所得税、个人所得税、车船税、环境保护税是以国家法律的形式发布实施外,其他各税种都是经全国人民代表大会授权立法,由国务院以暂行条例的形式发布实施的。这些法律法规共同组成了我国的税收实体法体系。

上述税收实体法和《税收征收管理法》《海关法》及《进出口关税条例》等程序法共同构成了我国现行税法体系。

思考讨论:我国现行18种税是通过怎样的税收立法而来的?

第五节　税法实施

税法的实施即税法的执行。它包括税收执法和守法两个方面:一方面要求税务机关和税务人员正确运用税收法律,并对违法者实施制裁;另一方面要求税务机关、税务人员、公民、法人、社会团体及其他组织严格遵守税收法律。

一、税收执法

税收执法权和行政管理权是国家赋予税务机关的基本权力,是税务机关实施税收管理和系统内部行政管理的法律手段。其中税收执法权是指税收机关依法征收税款,依法进行税收管理活动的权力。具体包括税款征收管理权、税务检查权、税务稽查权、税务行政复议裁决权及其他税务管理权。

(一)税务机构的设置

税务机构是为实现税收职能行使国家征税权力而设立的专门职能机构,是国家机关的组成部分。2018 年根据我国经济和社会发展及推进国家治理体系和治理能力现代化的需要,对国税地税征管体制进行了改革。现行税务机构设置是中央政府设立国家税务总局(正部级),原有的省及省以下国税地税机构两个系统通过合并整合,统一设置,至 2018 年 7 月 20 日形成了国家税务总局,省(自治区、直辖市)税务局,市(地区、省辖市、自治州)税务局,县(市、自治县)税务局四级税务机构。基层税务分局和税务所按经济区划设置,作为市、县税务局的派出机构,各级税务局可根据税收工作需要,经上级局批准,设置稽查队、组,检查站、室,治安派出所,驻厂组,发票管理所等。另外,由海关总署及下属机构负责关税征收管理和受托征收进出口增值税、消费税等税收。

国税地税机构合并后,实行以国家税务总局为主与省(自治区、直辖市)人民政府双重领导管理体制。

(二)管理权限的划分

1.税收征收管理范围的划分

目前,我国的税收分别由财政、税务、海关等系统负责征收管理。

(1)税务系统即国家税务总局系统负责征收和管理的税种有:增值税、消费税、车辆购置税、企业所得税、个人所得税、资源税、城镇土地使用税、耕地占用税、土地增值税、房产税、车船税、印花税、契税、城市维护建设税、环境保护税和烟叶税,共 16 个税种。

另外,从2019年1月1日起,将基本养老保险费、基本医疗保险费、失业保险费、工伤保险费等各项社会保险费交由税务部门统一征收。

(2)海关系统负责征收和管理的项目有:关税、船舶吨税,同时负责代征进出口环节的增值税和消费税。

【例1-8 多选题】某汽车制造企业缴纳的下列税种中,应向国家税务总局系统申报缴纳的有(　　)。

A.消费税

B.车辆购置税

C.船舶吨税

D.城市维护建设税

【答案】ABD

【答案解析】船舶吨税由海关负责征管。

2.税收收入的划分

根据国务院关于实行分税制财政管理体制的规定,我国的税收收入分为中央政府固定收入、地方政府固定收入和中央政府与地方政府共享收入。

(1)中央政府固定收入包括消费税(含进口环节海关代征的部分)、车辆购置税、关税、海关代征的进口环节增值税等。

(2)地方政府固定收入包括城镇土地使用税、耕地占用税、土地增值税、房产税、车船税、契税、环境保护税和烟叶税。

(3)中央政府与地方政府共享收入主要包括:

①增值税(不含进口环节由海关代征的部分):中央政府分享50%,地方政府分享50%。

②企业所得税:中国铁路总公司(原铁道部)、各银行总行及海洋石油企业缴纳的部分归中央政府,其余部分中央与地方政府按60%与40%的比例分享。

③个人所得税:除储蓄存款利息所得的个人所得税外,其余部分的分享比例与企业所得税相同。

④资源税:海洋石油企业缴纳的部分归中央政府,其余部分归地方政府。

⑤城市维护建设税:中国铁路总公司、各银行总行、各保险总公司集中缴纳的部分归中央政府,其余部分归地方政府。

⑥印花税:证券交易印花税收入的97%归中央政府,其余3%和其他印花税收入归地方政府。2016年1月1日起全部调整为中央收入。

现行18个税种的分布如表1-3所示。

表 1–3　现行 18 个税种的分布

<table>
<tr><th>征税对象</th><th>交易过程中缴纳的税收</th><th>资产持有过程中缴纳的税收</th><th>所得形成过程中缴纳的税收</th></tr>
<tr><td>房屋</td><td>增值税、土地增值税、契税</td><td>房产税</td><td rowspan="4">企业所得税
个人所得税</td></tr>
<tr><td>土地</td><td>增值税、土地增值税、耕地占用税、契税</td><td>城镇土地使用税</td></tr>
<tr><td>有形动产</td><td>增值税、消费税、车辆购置税、资源税、关税、船舶吨税、烟叶税等</td><td>车船税</td></tr>
<tr><td>行为</td><td>城市维护建设税、教育费附加、印花税、环境保护税</td><td></td></tr>
</table>

(三)税务检查与稽查

1.税务检查

税务检查是税务机关依据国家的税收法律、法规对纳税人等管理相对人履行法定义务的情况进行审查、监督的执法活动。有效的税务检查可以抑制不法纳税人的侥幸心理,提高税法的威慑力,减少税收违法犯罪行为,保证国家收入,维护税收公平与合法纳税人的合法利益。税务检查包括两类:

(1)税务机关为取得确定税额所需资料,证实纳税人纳税申报的真实性与准确性而进行的经常性检查,其依据是税法赋予税务机关的强制行政检查权。

(2)为打击税收违法犯罪而进行的特别调查,它可以分为行政性调查和刑事调查两个阶段。行政性调查属于税务检查权范围之内,从原则上讲,纳税人有违反税法的刑事犯罪嫌疑的情况下,即调查的刑事性质确定后,案件应开始适用刑事调查程序。

2.税务稽查权

税务稽查是税务机关依法对纳税人、扣缴义务人履行纳税义务、扣缴义务情况所进行的税务检查和处理工作的总称。税务稽查权是税收执法权的一个重要组成部分,也是整个国家行政监督体系中的一种特殊的监督权行使形式。

根据相关法律规定,税务稽查的基本任务是:依照国家税收法律、法规,查处税收违法行为、保障税收收入、维护税收秩序、促进依法纳税、保证税法的实施。税务稽查必须以事实为根据,以税收法律、法规、规章为准绳,依靠人民群众,加强与司法机关及其他有关部门的联系和配合。各级税务机关设立的税务稽查机构应按照各自的税收管辖范围行使税务稽查职能。

(四)税务行政复议与行政处罚

1.税务行政复议

税务行政复议裁决权的行使是税收执法权的有机组成部分,该权力的实现对保障和监督税务机关依法行使税收执法权，防止和纠正违法或者不当的具体税务行政行为，保护纳税人和其他有关当事人的合法权益发挥着积极作用。

纳税人及其他当事人认为税务机关的具体行政行为侵犯其合法权益，可依法向税务行政复议机关申请行政复议；税务行政复议机关受理行政复议申请，作出行政复议决定。税务行政复议机关，是指依法受理行政复议申请，对具体行政行为进行审查并作出行政复议决定的税务机关。

行政复议活动应当遵循合法、公正、公开、及时、便民的原则。纳税人及其他当事人对行政复议决定不服的，可以依照行政诉讼法的规定向人民法院提起行政诉讼。

2.税务行政处罚

税务行政处罚权是指税务机关依法对纳税主体违反税法尚未构成犯罪，但应承担相应法律责任的行为实施制裁措施的权力。税务行政处罚是行政处罚的基本组成部分，税务行政处罚权的行使对于保证国家税收利益，督促纳税人依法纳税有重要作用。税务行政处罚权的法律依据是行政处罚法和税收征管法等法律法规。根据《税收征收管理法》相关规定，税务行政处罚的种类应当有警告(责令限期改正)、罚款、停止出口退税权、没收违法所得、收缴发票或者停止发售发票、提请吊销营业执照、通知出境管理机关阻止出境等。

【例1-9 多选题】税收执法权是指税务机关依法征收税款，依法进行税收管理活动的权力，具体包括(　　)。

A.税收减免权　　B.税收征收管理权　　C.税务检查权　　D.税务行政处罚权

【答案】BCD

【答案解析】税收执法权包括税款征收管理权、税务稽查权、税务检查权、税务行政复议裁决权及其他税务管理权。

二、税法遵从

(一)税务行政主体、税务行政管理相对人必须正确行使权利和履行义务

我国的税收法律包括税收实体法和税收程序法，其中税收实体法即各个税种的具体规定，主要规定了各实体税种的具体要素，主要规定的是纳税人的纳税义务，当然也规定了各税种的减免税等纳税人可以享受的权利；而税收程序法，目前由税务机关征收的税种适用《税收征收管理法》。在该项法规中主要规定了在税收征收管理中，税务机关和纳税人的权利和义务。税务行政主体是税务机关，税务行政管理相对人是纳税人、扣缴义务人和其他有关单位。

1.税务机关和税务人员的权利和义务

(1)税务机关和税务人员的权利：

①负责税收征收管理工作；

②税务机关依法执行职务，任何单位和个人不得阻挠。

（2）税务机关和税务人员的义务：

①税务机关应当广泛宣传税收法律、行政法规，普及纳税知识，无偿地为纳税人提供纳税咨询服务；

②税务机关应当加强队伍建设，提高税务人员的政治业务素质；

③税务机关、税务人员必须秉公执法、忠于职守、清正廉洁、礼貌待人、文明服务，尊重和保护纳税人、扣缴义务人的权利，依法接受监督；

④税务人员不得索贿受贿、徇私舞弊、玩忽职守，不征或者少征应征税款；不得滥用职权多征税款或者故意刁难纳税人和扣缴义务人；

⑤各级税务机关应当建立、健全内部制约和监督管理制度；

⑥上级税务机关应当对下级税务机关的执法活动依法进行监督；

⑦各级税务机关应当对其工作人员执行法律、行政法规和廉洁自律准则的情况进行监督检查；

⑧税务机关负责征收、管理、稽查，行政复议人员的职责应当明确，并相互分离、相互制约；

⑨税务机关应为检举人保密，并按照规定给予奖励；

⑩税务人员在核定应纳税额、调整税收定额、进行税务检查、实施税务行政处罚、办理税务行政复议时，与纳税人、扣缴义务人或者其法定代表人、直接责任人有下列关系之一的，应当回避：夫妻关系，直系血亲关系，三代以内旁系血亲关系，近姻亲关系，可能影响公正执法的其他利益关系。

2.纳税人、扣缴义务人的权利与义务

（1）纳税人、扣缴义务人的权利：

①纳税人、扣缴义务人有权向税务机关了解国家税收法律、行政法规的规定及与纳税程序有关的情况。

②纳税人、扣缴义务人有权要求税务机关为纳税人、扣缴义务人的情况保密。税务机关应当为纳税人、扣缴义务人的情况保密，法律另有规定的除外。

保密是指纳税人、扣缴义务人的商业秘密及个人隐私。纳税人、扣缴义务人的税收违法行为不属于保密范围。

③纳税人依法享有申请减税、免税、退税的权利。

④纳税人、扣缴义务人对税务机关所作出的决定，享有陈述权、申辩权；依法享有申请行政复议、提起行政诉讼、请求国家赔偿等权利。

⑤纳税人、扣缴义务人有权控告和检举税务机关、税务人员的违法违纪行为。

（2）纳税人、扣缴义务人的义务：

①纳税人、扣缴义务人必须依照法律、行政法规的规定缴纳税款、代扣代缴、代收代缴税款。

②纳税人、扣缴义务人及其他有关单位和个人应当按照国家有关规定如实向税务机关提供与纳税和代扣代缴、代收代缴税款有关的信息及其他涉税信息。

③纳税人、扣缴义务人和其他有关单位应当接受税务机关依法进行的税务检查。

3.地方各级人民政府、有关部门和单位的权利与义务

(1)地方各级人民政府、有关部门和单位的权利：

①地方各级人民政府应当依法加强对本行政区域内税收征收管理工作的领导或者协调,支持税务机关依法执行职务,依照法定税率计算税额,依法征收税款。

②各有关部门和单位应当支持、协助税务机关依法执行职务。

③任何单位和个人都有权检举违反税收法律、行政法规的行为。

(2)地方各级人民政府、有关部门和单位的义务：

①任何机关、单位和个人不得违反法律、行政法规的规定,擅自作出税收开征、停征以及减税、免税、退税、补税和其他与税收法律、行政法规相抵触的决定。

②收到违反税收法律、行政法规行为检举的机关和负责查处的机关应当为检举人保密。

(二)发展涉税专业服务是促进税法遵从的重要途径

涉税专业服务是指涉税专业服务机构接受委托,利用专业知识和技能,就涉税事项向委托人提供的税务代理等服务。涉税专业服务机构是指税务师事务所和从事涉税专业服务的会计师事务所、律师事务所、代理记账机构、税务代理公司、财税类咨询公司等机构。

1.涉税专业服务机构涉税业务内容

(1)纳税申报代理。对纳税人、扣缴义务人提供的资料进行归集和专业判断,代理纳税人、扣缴义务人进行纳税申报准备和签署纳税申报表、扣缴税款报告表以及相关文件。

(2)一般税务咨询。对纳税人、扣缴义务人的日常办税事项提供税务咨询服务。

(3)专业税务顾问。对纳税人、扣缴义务人的涉税事项提供长期的专业税务顾问服务。

(4)税收策划。对纳税人、扣缴义务人的经营和投资活动提供符合税收法律法规及相关规定的纳税计划、纳税方案。

(5)涉税鉴证。按照法律、法规以及依据法律、法规制定的相关规定要求,对涉税事项真实性和合法性出具鉴定和证明。

(6)纳税情况审查。接受行政机关、司法机关委托,依法对企业纳税情况进行审查,作出专业结论。

(7)其他税务事项代理。接受纳税人、扣缴义务人的委托,代理建账记账、发票领用、减免退税申请等税务事项。

(8)其他涉税服务。

2.税务机关对涉税专业服务机构实施监管内容

(1)对税务师事务所实施行政登记管理。

(2)对涉税专业服务机构及其从事涉税服务人员进行实名制管理。

(3)建立业务信息采集制度,利用现有的信息化平台分类采集业务信息,加强内部信息共享,提高分析利用水平。

(4)对涉税专业服务机构从事涉税专业服务的执业情况进行检查,根据举报、投诉情况进行调查。

(5)建立信用评价管理制度,对涉税专业服务机构从事涉税专业服务情况进行信用评价,对其从事涉税服务人员进行信用记录。

(6)加强对税务师行业协会的监督指导,与其他相关行业协会建立工作联系制度。

(7)在门户网站、电子税务局和办税服务场所公告纳入监管的涉税专业服务机构名单及其信用情况,同时公告未经行政登记的税务师事务所名单。

(8)为涉税专业服务机构提供便捷的服务,依托信息化平台为信用等级高的涉税专业服务机构开展批量纳税申报、信息报送等业务提供便利化服务。

(三)税务筹划对纳税人和完善税法具有积极意义

1.税收筹划是纳税人的一项基本权利

现代企业一般有四大基本权利,即生存权、发展权、自主权和自保权。其中自保权就包含了企业对自己经济利益的保护。纳税是有关企业的重大利益之事,享受法律的保护并进行合理合法的税收筹划是企业最正当的权利之一。

税收筹划是纳税人的一项基本权利,纳税人在法律允许或不违反税法的前提下,有从事经济活动获取收益的权利,有选择生存与发展、兼并与破产的权利,税收筹划所取得的收益应属合法权益。税收筹划既是纳税人对其资产、收益的正当维护,属于纳税人应有的经济权利,也是纳税人对社会赋予其权利的具体运用,属于纳税人应有的社会权利。

对企业纳税人而言,企业税收筹划的权利与企业的其他权利一样,都有特定的界限,超越这个界限就不再是企业的权利,而是违背了企业的义务,就不再是合法,而是违法。企业的权利与义务不仅互为条件,相辅相成,而且可以相互转换。在纳税上其转换的条件是:

(1)当税法中存在的缺陷被纠正或税法中不明确的地方被明确后,企业相应的筹划权利就会转换成纳税义务,如某种税由超额累进税率改为固定比例税率后,纳税人利用累进级距的不同税率而实施的筹划就不存在了。

(2)当国家或政府对税法或条例中的某项(些)条款或内容重新解释并明确其适用范围时,纳税人原有的权利就可能转变成义务。由于税法或条例中的某项(些)条款或内容规定不明确或不适当,纳税人就有了税收筹划的权利,如果国家或政府发现后予以新解释或明确其适用范围,那么,对有些纳税人就可能不再享有税收筹划的权利了,而且再发生这种经济行为就可能变为纳税义务了。

(3)当税法或条例中的某项(些)特定内容被取消后,税收筹划的条件随之消失,企业的税收筹划权利就转换为纳税义务。如某项税收优惠政策(对某一地区或某一行业)取消后,纳税人就不能再利用这项优惠政策实施税收筹划,而只能履行正常的纳税义务了。

（4）企业因实施税收筹划而对其他纳税人（法人、自然人）的正常权利构成侵害时，企业的筹划权利就会转换成纳税义务。企业的税收筹划权利的行使是以不伤害、不妨碍他人权利为前提。

2.税收筹划的作用和积极意义

税收征纳双方是一对矛盾体，既相互制约又相互合作，从企业和个人利益与国家整体利益整体一致的角度来看，双方是一致的；但就纳税人角度来看，税款的缴纳与从政府获得的服务不一定是完全等价的，因此存在着少缴税的动机。从国际经验来看，越是税法完善、征管严厉的国家越会刺激税收筹划，也越有利于税法完善与征管水平的提高，从而最终有利于贯彻税收法定主义。尤其在我国现阶段强调税收筹划的积极作用是有现实意义的。

（1）税收筹划有利于提高纳税人的纳税意识，抑制偷、逃税等违法行为。税收筹划与纳税意识的增强一般具有客观一致性的关系，税收筹划是企业纳税意识提高到一定程度的体现。企业进行税收筹划的初衷的确是为了少缴税或缓缴税，但是企业采取的是合法合理的方式，通过研究税收法律规定、关注税收政策变化、进行纳税方案的优化选择，以尽可能地减轻税收负担，获取最大的税收利益。应该说这样做纳税人的纳税意识不仅不差，而且可谓是相当强，而且这种筹划活动正是利用国家的税收调控杠杆取得成效的有力证明。税收筹划有利于促使纳税人在谋求合法税收利益的驱动下，主动自觉地学习和钻研税收法律法规，自觉、主动地履行纳税义务。

（2）税收筹划有助于税收法律法规的完善。我国的税收法律、法规、制度虽经不断完善，但在不同时期，仍可能存在覆盖面上的空白、衔接上的间隙处和掌握上的模糊处等，而且除了《个人所得税法》《税收征收管理法》《企业所得税法》《车船税法》外，我国现在大多是用条例、暂行条例、办法、通知等规范税收，内容分散，不易把握，有时甚至会出现税收规定与民法通则、刑法等其他相关法律、法规不协调之处。税收筹划是对税收优惠政策进行研究和运用，但是现行税收政策也有某些缺陷、不足和漏洞。因而进行税收筹划可以及时了解税收法规和税收征管中的不尽合理和不完善之处，为国家进一步完善税收政策、法律法规提供依据，起到对税收法规的验证作用，能够有效贯彻税收法定主义原则，推动依法治税的进程。同时，也有利于加快税收的立法过程及与相关法律、法规的相互协调与衔接，使我国法律成为一个相互协调的有机整体。

（3）税收筹划有助于实现纳税人利益最大化。税收的无偿性决定了企业税额的支付是资金的净流出，而没有与之匹配的收入。依法纳税虽然是企业应尽的义务，但是，对企业来说，无论纳税多么正当合理，都是纳税人经济利益的一种丧失。在收入、成本、费用等条件一定的情况下，企业的税后利润与纳税金额互为消长。因此，企业作为纳税人会将其注意力自觉不自觉地转移到应纳税额上。税收筹划可以减少纳税人税收成本，还可以防止纳税人陷入税法陷阱。企业在仔细研究税收法规的基础上，按照政府的税收政策安排自己的经营项目、经营规模等，最大限度利用税收法规中对自己有利的条款，无疑可以使企业的利益达到最大化。

(4)税收筹划有助于企业经营管理水平和财税管理水平的提高。企业经营管理不外乎是管好“人流”和“物流”两个流程。而税收筹划就是为了实现物流中的“资金流”的最优效果,是一种高智商的增值活动,为进行税收筹划而起用高素质、高水平人才必然为企业经营管理更上一层楼奠定良好基础。企业进行税收筹划离不开财务会计,这必然要建立健全财务会计制度,规范财税管理,同时,也要求财会人员具备相当水平的业务能力,熟悉会计与税法,可以正确进行纳税调整,准确计税,这一方面可以使企业经营管理水平不断跃上新台阶,而且也有利于提高企业的财税管理水平。

(5)税收筹划有助于税务服务行业的健康发展。随着依法治国进程的深入,我国法律、法规将不断完善,尤其随着新一轮税制改革的推进,提高税法的立法层次已是一个必然趋势。面对众多的税收法规及主管部门不断下发的各种税收政策文件,纳税人往往感到很难全部掌握,许多企业甚至对一些税收法规根本不了解,也就更谈不上如何利用政策空间进行合理的规划和操作,使企业实现利润最大化。目前许多企业对许多税收优惠政策并不清楚,只想通过其他渠道来达到少缴纳税款的目的。要解决这个问题,就需要有人提供税收筹划服务,帮助企业理解和运用这些优惠政策,以适应更复杂的税收环境。这就需要一批具有国际化视野、对国际国内税务法律、财务会计等熟悉的专业人才和专门的税务服务机构如税务师事务所来提供优质服务。通过税收筹划,从需求和供给角度促进税务服务行业的发展。

(6)从长远和整体上看税收筹划有助于国家增加税收。在目前国家减税政策有限的情况下,纳税人进行税收筹划,降低了企业的税收负担,这对企业的生存发展十分有利,特别是在当前困难企业较多、国家又难以一一兼顾的情况下,税负的减轻可以为企业渡过难关、赢得发展契机。税收筹划虽然在短期内减少了国家的财政收入,但是由于其符合国家的宏观调控政策,是有利于实现国民经济健康、有序地发展的,所以随着产业布局的逐步合理、资源的进一步优化配置,可以促进生产进一步发展。企业发展了、税源增加了,这样上缴给国家的税款也会获得同步增长。

思考讨论:税收筹划与偷逃税等违法行为有何本质区别?现阶段税收筹划有哪些空间?

本章小结

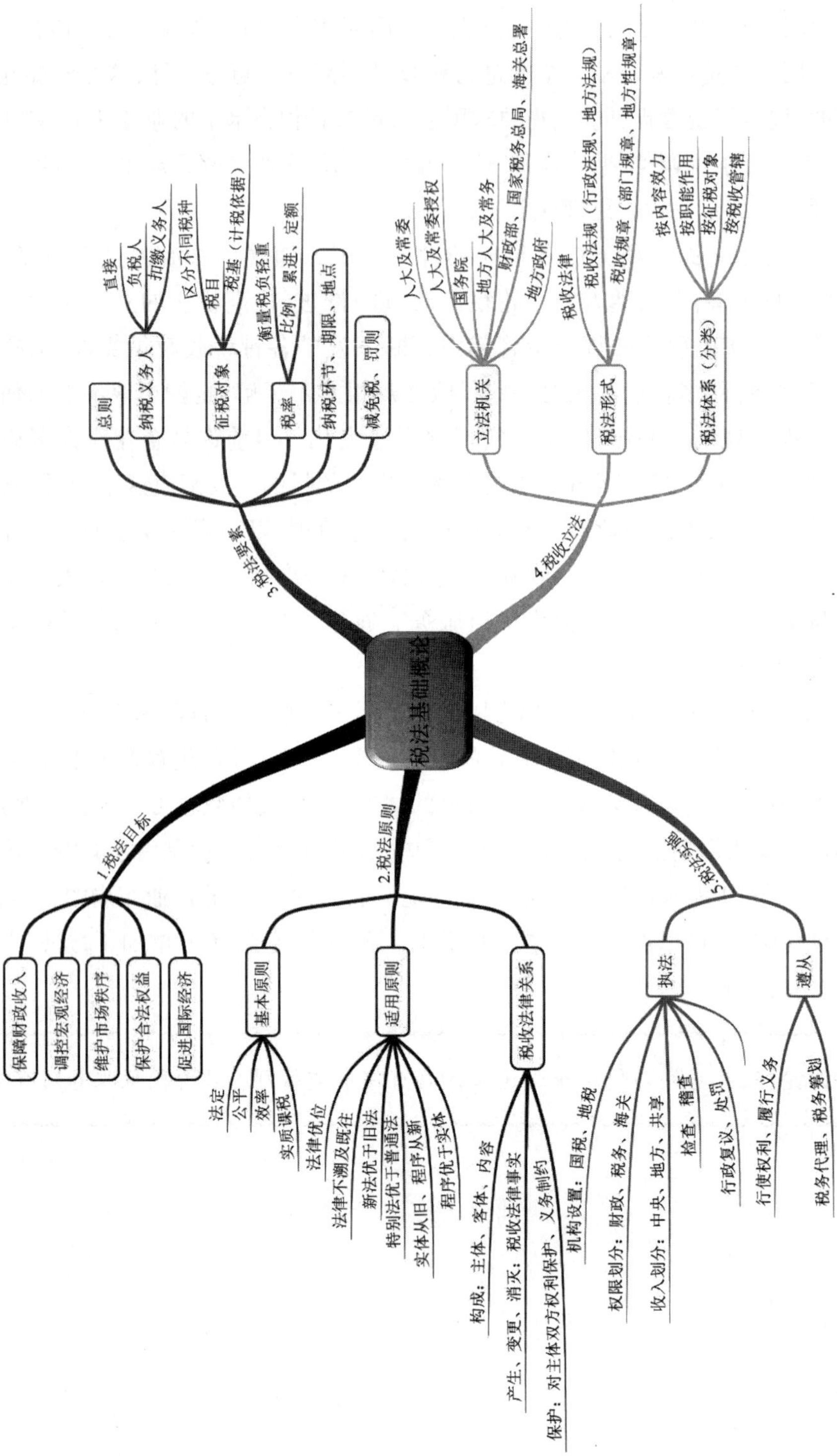

税法基础概论

- 1.税法目标
  - 保障财政收入
  - 调控宏观经济
  - 维护市场秩序
  - 保护合法权益
  - 促进国际经济
- 2.税法原则
  - 基本原则
    - 法定
    - 公平
    - 效率
    - 实质课税
  - 适用原则
    - 法律优位
    - 法律不溯及既往
    - 新法优于旧法
    - 特别法优于普通法
    - 实体从旧、程序从新
    - 程序优于实体
  - 税收法律关系
    - 构成：主体、客体、内容
    - 产生、变更、消灭：税收法律事实
    - 保护：对主体双方权利保护、义务制约
- 3.税法要素
  - 总则
  - 纳税义务人
    - 直接
    - 负税人
    - 扣缴义务人
  - 征税对象
    - 区分不同税种
    - 税目
    - 税基（计税依据）
  - 税率
    - 衡量税负轻重
    - 比例、累进、定额
  - 纳税环节、期限、地点
  - 减免税、罚则
- 4.税收立法
  - 立法机关
    - 人大及常委
    - 人大及常委授权
    - 国务院
    - 地方人大及常务
    - 财政部、国家税务总局、海关总署
    - 地方政府
  - 税法形式
    - 税收法律
    - 税收法规（行政法规、地方法规）
    - 税收规章（部门规章、地方性规章）
  - 税法体系（分类）
    - 按内容效力
    - 按职能作用
    - 按征税对象
    - 按税收管辖
- 5.税法实施
  - 执法
    - 机构设置：国税、地税
    - 权限划分：财政、税务、海关
    - 收入划分：中央、地方、共享
    - 检查、稽查
    - 行政复议、处罚
  - 遵从
    - 行使权利、履行义务
    - 税务代理、税务筹划

课后习题

一、单选题

1.下列各项税法原则中，属于税法基本原则核心的是(　　)。

A.税收公平原则　B.税收效率原则　C.实质课税原则　D.税收法定原则

2.下列关于税收法律关系描述正确的是(　　)。

A.在税收法律关系中，代表国家行使征税职权的税务机关是权利主体

B.在税收法律关系中，履行纳税义务的法人、自然人是义务主体或称为权利客体

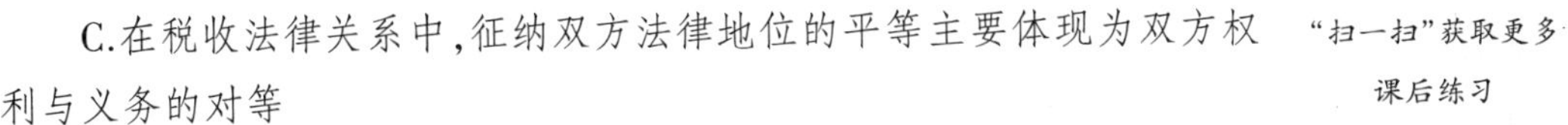

C.在税收法律关系中，征纳双方法律地位的平等主要体现为双方权利与义务的对等

“扫一扫”获取更多课后练习

D.税法是国家制定用以调整税务机关与纳税人之间在征纳方面权利及义务关系的法律规范的总称

3.税收是国家财政收入的主要形式，国家征税凭借的是(　　)。

A.国家权力　B.政治权利　C.行政权力　D.财产权力

4.纳税人是指(　　)的单位和个人。

A.最终负担税款　B.代收代缴税款

C.直接负有纳税义务　D.向税务机关缴纳税款

5.决定税收法律关系的产生、变更与消灭的是(　　)。

A.税收法律制度　B.税收法律实施　C.税收法律事实　D.税收法律本身

二、多选题

1.下列属于税法基本原则的有(　　)。

A.税收法定原则　B.税法公平原则　C.实质课税原则　D.法律优位原则

2.下列关于税收实体法构成要素的说法中，正确的有(　　)。

A.纳税义务发生时间是指应税行为发生的时间

B.税目是据以计算征税对象应纳税款的直接数量依据，解决对征税对象课税的计算问题

C.税率是对征税对象的征收比例或征收额度，是计算税额的尺度

D.纳税人就是负税人

3.下列关于税收实体法构成要素的说法中，正确的有(　　)。

A.纳税人是税法规定的直接负有纳税义务的单位和个人，是实际负担税款的单位和个人

B.征税对象是税法中规定的征税的标的物，是国家征税的依据

C.税率是对征税对象的征收比例或征收额度，是计算税额的尺度

D.税目是课税对象的具体化,反映课税对象质的规定

4.我国现行税收制度中,没有采用的税率形式有(　　)。

A.超率累进税率　B.定额税率　C.负税率　D.超倍累进税率

5.税收的形式特征包括(　　)。

A.普遍性　B.强制性　C.无偿性　D.固定性

三、判断题

1.纳税人是税法规定的直接负有纳税义务的单位和个人,是实际负担税款的单位和个人。(　　)

2.税目是征税对象的具体化,体现征税的广度 。(　　)

3.税率是计算税额的尺度,也是衡量税负轻重的重要标志,体现征税的深度。(　　)

4.税法是引起法律关系的前提条件,税法可以产生具体的税收法律关系。(　　)

5.税收法律关系中权利主体双方法律地位并不平等,双方的权利义务也不对等。(　　)

第二章

增值税法

☞**知识要点**

(1)理解增值税税制的设计原理,了解增值税的概念和特点。

(2)能正确界定增值税的征税范围,能确定一般纳税人和小规模纳税人纳税身份,能选择一般纳税人和小规模纳税人适用的税率。

(3)能准确计算一般纳税人和小规模纳税人应纳增值税额。

(4)掌握"营改增"新政策,能准确计算"营改增"企业应纳增值税额。

(5)熟悉增值税出口退税政策,能准确计算增值税应退税额。

第一节　增值税的概念和特点

增值税在我国开征虽然不过20余年,但已是我国第一大税种。随着营业税改征增值税(以下简称“营改增”)的不断深入,增值税的地位和重要性还在不断上升。2016年5月1日,全国实行全面“营改增”,增值税占到全部税收收入的40%以上,远超过第二大税种企业所得税占税收的比重。

一、增值税的概念

增值税是以商品(含应税劳务和应税服务)在流转过程中产生的增值额作为征税对象而征收的一种流转税。关于增值额,我们可以从下面两个角度来理解:一是从生产经营单位角度看,增值额是该单位销售商品、提供劳务或服务所取得的销售收入大于购进商品、劳务或服务所支付金额的差额;二是从某一货物角度看,其增值额就是该货物最终消费时的销售价格。以图2-1为例,某货物经历了原材料生产、产成品生产、批发和零售4个环节,对于原材料生产企业而言,其增值额即为销售额50元;对于产成品生产企业而言,其增值额即为30(80-50)元;对于批发企业而言,其增值额即为40(120-80)元;对于零售企业而言,其增值额即为20(140-120)元。而对于该货物而言,其增值税为最终零售价140元。

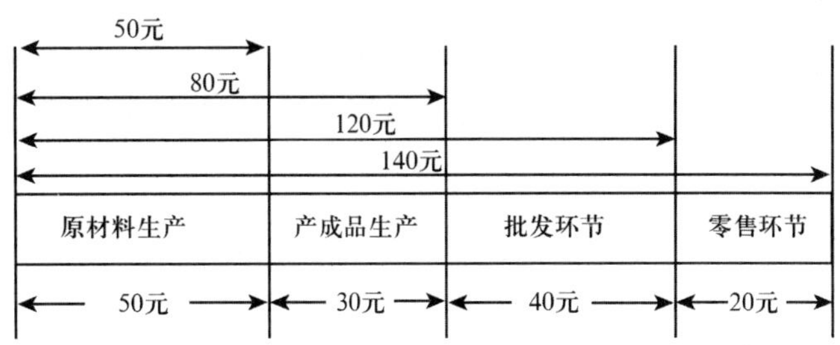

图2-1　某货物销售额与增值额的关系

我国现行的增值税法规定,增值税是对在我国境内销售或者进口货物、提供应税劳务、销售应税服务、无形资产或者不动产的企业单位和个人,就其取得的应税行为销售额,以及进口货物金额计算税款,并实现税款抵扣制的一种流转税。现行增值税法规是国务院在1993年底年颁布、1994年1月1日起实施的《中华人民共和国增值税暂行条例》,2008年11月进行了修订。2013年8月1日起,在全国范围内对交通运输业和部分现代服务业实现了营改增试点工作;2014年1月1日起,铁路运输和邮政业列入试点范围;2014年6月1日起电信业也列入试点范围;2016年5月1日起,在全国范围内全面推开营业税改征增值税试点,建筑业、房地产业、金融业、生活服务业等全部营业税纳税人,均纳入试点范围,由营业税改为缴纳增值税。

二、增值税的特点

增值税之所以能够在世界上众多国家推广，是因为其可以有效地防止商品在流转过程中的重复征税问题，并具备以下几个特点：

（一）不重复征税，体现税收中性

增值税以增值额为计税依据，流转额中的非增值因素已经在计税时被扣除，避免了原先按照全额计税带来的重复征税的弊端。对于一个企业而言，税负不会因产品构成协作件所占比重增加而加重；对于一件商品而言，无论流转环节的多与少，只要最终售价相同，税负就相同。这体现了税收的中性原则，有利于生产的专业化分工，提高社会经济资源的利用效率。

（二）税源宽广，普遍征税

从横向看，凡在中华人民共和国境内销售或者进口货物、提供应税劳务、销售应税服务、无形资产或者不动产的单位和个人，只要其经营收入产生增值额，都要缴纳增值税，征税范围具有广泛性。从纵向看，一个商品不论在生产经营中经历几个环节，每一个环节都需按其增值额纳税。

（三）实现税款抵扣制度，防范偷税漏税

增值税在计算时各国普遍推行间接计算法，按照销货发票上注明的税款进行扣税。一个纳税人的扣除税额，即是上一个环节纳税人向他销售货物、提供劳务或服务时已经缴纳的税款，这就使得购货双方形成了一种互相牵制的关系。销货方如果未缴税但却开具销货发票，税务机关就很容易通过发票管理发现逃避税款的行为；如果销货方不开具发票，则购货方则没有税款可以扣除，本应由销货方承担的税款就会落在购货方身上，后者就会要求销货方开具发票，或转而从其他购货商购买。这种相互牵制、相互监督的制度设计，在很大程度上堵塞了税收的漏洞，起到了防范偷税漏税的作用。

（四）税负具有转嫁性

增值税虽然是向纳税人征收，但是纳税人在销售商品的过程中会通过价格杠杆将税收负担转嫁给其他人，只要商品实现销售，该税收负担最后会由最终消费者承担。我国增值税实行价外税制度，在计税应纳增值税时，作为计税依据的销售额中是不含增值税税款的。这样有利于形成均衡的生产价格，并有利于税收负担的转嫁。

三、增值税的类型

按照对购入固定资产已纳税款的处理方式不同，可以将增值税分为生产型增值税、收入型增值税和消费型增值税。

(一)生产型增值税

生产型的增值税是以纳税人的销售收入(包含劳务和服务收入)减去用于生产、经营的外购原材料、燃料、动力等物质资料价值后的余额作为法定的增值额,其购入的固定资产及其折旧均不予扣除。从整个社会经济来看,它相当于国民生产总值,故被称为生产型增值税。这种计算方法对固定资产耗费形成的价值存在重复征税,不利于鼓励投资,但有利于确保财政收入。

(二)收入型增值税

收入型的增值税是以纳税人的销售收入减去用于生产、经营的外购原材料、燃料、动力等物质资料价值及固定资产已提折旧的价值后的余额作为法定的增值额。从整个社会经济来看,它相当于国民收入总值,故被称为收入型增值税。这种计算方法避免了重复征税,但外购固定资产的价值以折旧形式逐步抵扣,操作复杂,不利于以票管税。

(三)消费型增值税

消费型增值税除了可以将用于生产、经营的外购原材料、燃料、动力等物质资料价值扣除外,还可以在购置固定资产的当期将用于生产、经营的固定资产价值总所含的增值税税款全部一次性扣除。从整个社会经济来看,它相当于全部消费资料的价值,故被称为消费型增值税。由于外购固定资产成本允许一次性扣除,既方便操作和管理,又有利于设备的更新和技术进步,是世界各国普遍采用的方法。

2009 年 1 月 1 日,我国实现了增值税的转型,将生产型增值税转变为消费型增值税。

第二节　增值税的纳税人、征税范围和税率

一、增值税的纳税人

(一)增值税纳税人的一般规定

根据《增值税暂行条例》和“营改增”的规定,凡在中华人民共和国境内销售或者进口货物、提供应税劳务、销售应税服务、无形资产或者不动产的单位和个人都是增值税纳税义务人。单位,是指企业、行政单位、事业单位、军事单位、社会团体及其他单位。个人,是指个体工商户和其他个人。

单位以承包、承租、挂靠方式经营的,承包人、承租人、挂靠人(以下统称承包人)以发包人、出租人、被挂靠人(以下统称出包人)名义对外经营并由发包人承担相关法律责任的,以该发包人为纳税人。否则,以承包人为纳税人。

在我国境外的单位或者个人在境内发生应税行为,在境内未设有经营机构的,以其境内

代理人为扣缴义务人;在境内没有代理人的,以购买方为扣缴义务人。

(二)增值税纳税人的分类

增值税实行凭专用发票抵扣税款的制度,客观上要求纳税人具备健全的会计核算制度和能力。在实际经济生活中我国增值税纳税人众多,会计核算水平差异较大,大量的小企业和个人还不具备用发票抵扣税款的条件,为了既简化增值税计算和征收,也有利于减少税收征管漏洞,将增值税纳税人按会计核算水平和经营规模分为一般纳税人和小规模纳税人两类纳税人,分别采取不同的增值税计税方法。

1.小规模纳税人

根据财税〔2018〕33 号《关于统一增值税小规模纳税人标准的通知》,从 2018 年 5 月 1 日起,增值税小规模纳税人标准为年应征增值税销售额 500 万元及以下。所谓年应税销售额,是指纳税人在连续不超过 12 个月或四个季度的经营期内累计应征增值税销售额,包括纳税申报销售额、稽查查补销售额、纳税评估调整销售额。

2.一般纳税人

根据国家税务总局令第 43 号《增值税一般纳税人登记管理办法》,一般纳税人是指年应税销售额超过财政部、国家税务总局规定的小规模纳税人标准的企业。年应税销售额未超过规定标准的纳税人,会计核算健全,能够提供准确税务资料的,可以向主管税务机关办理一般纳税人登记。所称会计核算健全,是指能够按照国家统一的会计制度规定设置账簿,根据合法、有效凭证进行核算。

非企业性单位、不经常发生应税行为的企业、年应税销售额超过规定标准但不经常发生应税行为的单位和个体工商户可选择按照小规模纳税人纳税;年应税销售额超过规定标准的其他个人不办理一般纳税人登记。

纳税人登记为一般纳税人后,一般不得转为小规模纳税人,国家税务总局另有规定的除外。根据《国家税务总局关于明确二手车经销等若干增值税征管问题的公告》(国家税务总局公告 2020 年第 9 号)规定,一般纳税人转登记日前连续 12 个月(以 1 个月为 1 个纳税期)或者连续 4 个季度(以 1 个季度为 1 个纳税期)累计销售额未超过 500 万元的,在 2020 年 12 月 31 日前,可选择转登记为小规模纳税人,其未抵扣的进项税额作转出处理。

表 2-1　小规模纳税人和一般纳税人判断标准

	小规模纳税人	一般纳税人
标准	年应税销售额“500 万元以下”	超过小规模纳税人标准
特殊情况	(1)其他个人(非个体户); (2)非企业性单位; (3)不经常发生应税行为的企业 【注意】(1)“必须”按小规模纳税人纳税,(2)、(3)“可选择”按小规模纳税人纳税	小规模纳税人“会计核算健全”,可以申请登记为一般纳税人

【**例 2-1 单选题**】按照现行规定,下列各项中必须被认定为小规模纳税人的是( )。

A.年应税销售额 60 万元的汽车修理厂

B.年含税销售额 600 万元的广告公司

C.年不含税销售额超过 500 万元的其他个人

D.非企业性单位

【答案】C

【答案解析】其他个人(非个体户)是"必须"按小规模纳税人纳税的。

增值税一般纳税人须向税务机关办理认定手续,以取得法定资格。经税务机关审核认定的一般纳税人,可按规定领购和使用增值税专用发票,按增值税条例规定计算缴纳增值税。纳税人一经认定为正式一般纳税人,不得再转为小规模纳税人。

思考讨论:(1)是否年应税销售额达到标准就必须认定为一般纳税人?

(2)是否年应税销售额达不到标准就必须认定为小规模纳税人?

二、增值税的征税范围

增值税的征税范围,包括在我国境内售或者进口货物、提供应税劳务、销售服务、无形资产或者不动产。

(一)征税范围的一般规定

现行增值税征税范围的一般规定包括:

1.销售或者进口的货物

一般销售货物指的是在中国境内有偿转让货物的所有权。进口货物,是指进入中国境内的货物。其中,货物是指有形动产,包括电力、热力、气体在内,不包括土地、房屋和其他建筑物等不动产。

2.提供的加工、修理修配劳务

加工是指受托加工货物,即委托方提供原料及主要材料,受托方按照委托方的要求制造货物并收取加工费的业务;修理修配是指受托对损伤和丧失功能的货物进行修复,使其恢复原状和功能的业务。

需要注意:单位或者个体工商户聘用的员工为本单位或者雇主提供加工、修理修配劳务,不包括在内。

3 销售服务、无形资产或者不动产

根据"营改增"的规定,应税服务包括交通运输业、邮政业、电信业、建筑服务、金融服务、现代服务和生活服务，其中现代服务又包括研发和技术服务、信息技术服务、文化创意服务、物流辅助服务、租赁服务（包括融资租赁和经营租赁）、鉴证咨询服务、广播影视服务、商务辅助服务和其他现代服务。销售不动产包括技术、商标、著作权、商誉、自然资源使用权和其他权益性无形资产。具体详见本章后附件。

需要注意以下几点：

（1）单位或者个体工商户聘用的员工为本单位或者雇主提供取得工资的服务，以及单位或者个体工商户为聘用的员工提供服务，免征增值税。

（2）在境内销售服务、无形资产或者不动产，是指服务（租赁不动产除外）或者无形资产（自然资源使用权除外）的销售方或者购买方在境内；所销售或者租赁的不动产在境内；所销售自然资源使用权的自然资源在境内。下列情形不属于在境内销售服务或者无形资产：

①境外单位或者个人向境内单位或者个人销售完全在境外发生的服务；

②境外单位或者个人向境内单位或者个人销售完全在境外使用的无形资产；

③境外单位或者个人向境内单位或者个人出租完全在境外使用的有形动产；

④财政部和国家税务总局规定的其他情形。

【例2-2 多选题】下列属于“营改增”项目的是（　　）。

A.家政服务

B.铁路运输

C.房屋租赁

D.房屋销售

【答案】ABCD

【答案解析】家政服务属于生活服务，铁路运输属于交通运输业，房屋租赁属于租赁服务，而房屋销售属于销售不动产。

（二）对视同销售货物行为的征税规定

单位或个体工商户的下列行为，视同销售货物：

（1）将货物交付其他单位或者个人代销。

（2）销售代销货物。

（3）设有两个以上机构并实行统一核算的纳税人，将货物从一个机构移送至其他机构用于销售，但相关机构设在同一县（市）的除外。

（4）将自产、委托加工的货物用于集体福利或者个人消费。

（5）将自产、委托加工或者购进的货物作为投资，提供给其他单位或者个体工商户。

（6）将自产、委托加工或者购进的货物分配给股东或者投资者。

（7）将自产、委托加工或者购进的货物无偿赠送其他单位或者个人。

（8）单位或者个体工商户向其他单位或者个人无偿提供服务，但用于公益事业或者以社会公众为对象的除外。

(9)单位或者个人向其他单位或者个人无偿转让无形资产或者不动产,但用于公益事业或者以社会公众为对象的除外。

【提示】视同销售行为中,所涉及的外购货物进项税额,凡符合规定的,允许作为当期进项税额抵扣。其中,将购进的货物用于集体福利或者个人消费,无需视同销售缴纳增值税,相应的进项税额也不得抵扣,已经抵扣的,应作为进项税额转出处理。

【例 2-3 多选题】根据增值税法律制度的规定,下列行为中,应视同销售货物,征收增值税的有(　　)。

A.将自产货物用于集体福利

B.将外购货物用于个人消费

C.将自产货物无偿赠送他人

D.将外购货物分配给股东

【答案】ACD

【答案解析】将自产、委托加工的货物用于集体福利或者个人消费视同销售,不包括外购的货物用于个人消费。

对上述行为视同销售计算销售额并征收增值税,一是为了防止通过这些行为逃避纳税,造成税款流失;二是为了避免税款抵扣链条的中断,导致各环节间税负的不均衡。

(三)混合销售行为

一项销售行为如果既涉及货物又涉及服务,为混合销售。从事货物的生产、批发或者零售的单位和个体工商户的混合销售行为,按照销售货物缴纳增值税;其他单位和个体工商户的混合销售行为,按照销售服务缴纳增值税。

混合销售行为成立的行为标准有两点:一是必须是一项销售行为;二是该项行为必须既涉及货物又涉及服务,其“货物”是指增值税条例中规定的有形动产,包括电力、热力和气体,“服务”是指属于改征范围的交通运输服务、建筑服务、金融保险服务、邮政服务、电信服务、现代服务、生活服务等。例如,超市在销售货物的同时提供送货服务,这种销售货物及提供运输的行为属于混合销售行为,所收取的货物款项及运输费用应一律按销售货物计算缴纳增值税。

需要提醒注意,一般纳税人销售自产机器设备的同时提供安装服务,应分别核算机器设备和安装服务的销售额,安装服务可以按照甲供工程选择适用简易计税方法计税。一般纳税人销售外购机器设备的同时提供安装服务,如果已经按照兼营的有关规定,分别核算机器设备和安装服务的销售额,安装服务可以按照甲供工程选择适用简易计税方法计税。纳税人对安装运行后的机器设备提供的维护保养服务,按照“其他现代服务”缴纳增值税。

(四)兼营行为

纳税人销售货物、加工修理修配劳务、服务、无形资产或者不动产适用不同税率或者征收率的，应当分别核算适用不同税率或者征收率的销售额，未分别核算销售额的，按照以下方法适用税率或者征收率：

(1)兼有不同税率的销售货物、加工修理修配劳务、服务、无形资产或者不动产，从高适用税率(如超市既销售13%税率的服装，又销售9%税率的橄榄油)。

(2)兼有不同征收率的销售货物、加工修理修配劳务、服务、无形资产或者不动产，从高适用征收率。

(3)兼有不同税率和征收率的销售货物、加工修理修配劳务、服务、无形资产或者不动产，从高适用税率。

【例 2-4 多选题】下列各项中，属于混合销售行为的是(　　)。

A.建材商店在销售建材的同时又为其他客户提供装饰服务

B.汽车制造公司在生产销售汽车的同时又为该客户提供修理服务

C.塑钢门窗销售商店在销售产品的同时又为该客户提供安装服务

D.餐饮公司提供餐饮服务的同时销售酒水

【答案】CD

【答案解析】选项 A 属于兼营行为；选项 B 仅涉及货物和劳务，未涉及服务，因此非混合销售行为，也非兼营销售行为；选项 C、D 混合销售行为，其中 C 按照销售货物缴纳增值税，D 按照销售服务缴纳增值税。

比较分析：混合销售行为与兼营行为的异同点。

(五)不征收增值税的特殊规定

1.根据国家指令无偿提供的铁路运输服务、航空运输服务，属于《营业税改征增值税试点实施办法》规定的用于公益事业的服务。

2.房地产主管部门或者其指定机构、公积金管理中心、开发企业以及物业管理单位代收的住宅专项维修资金。

3.纳税人在资产重组过程中，通过合并、分立、出售、置换等方式，将全部或者部分实物资产以及与其相关联的债权、负债和劳动力一并转让给其他单位和个人，不属于增值税的征税范围，其中涉及的货物转让，不征收增值税。

4.存款利息。

5.被保险人获得的保险赔付。

三、增值税的税率

我国增值税是采用比例税率，按照一定的比例征收。为了发挥增值税的中性作用，原则上增值税的税率应该对不同行业不同企业实行单一税率，称为基本税率。实践中为照顾一些特殊行业增设了两档低税率，对出口产品实行零税率。由于增值税纳税人分成了两类，对这两类不同的纳税人又采用了不同的税率。

1.“13%”

(1)销售和进口除执行9%低税率的货物以外的货物。

(2)全部的加工、修理修配劳务。

(3)有形动产租赁服务。

2.“9%”

(1)交通运输、邮政、基础电信、建筑、不动产租赁服务、销售不动产、转让土地使用权。

(2)纳税人销售或者进口农产品(含粮食)、自来水、暖气、石油液化气、天然气、食用植物油、冷气、热水、煤气、居民用煤炭制品、食用盐、农机、饲料、农药、农膜、化肥、沼气、二甲醚、图书、报纸、杂志、音像制品、电子出版物。

3.“6%”

增值电信、金融、现代服务(租赁除外)、生活服务、销售无形资产(转让土地使用权除外)。

4.“0 ”

(1)纳税人“出口”货物，税率为零；但是，国务院另有规定的除外。

(2)单位和个人提供的“跨境应税行为”税率为零。

四、征收率

1.“3%”

(1)小规模纳税人：除销售“旧货”、“自己使用过的固定资产”和“进口货物”外的应税行为。

(2)一般纳税人下列销售行为，按照3%的征收率纳税。

①寄售商店代销寄售物品。

②典当业销售死当物品。

(3)一般纳税人销售下列自产货物，“可选择”按照3%的征收率纳税

①县级及以下小型水力发电单位生产的电力。

②建筑用和生产建筑材料所用的砂、土、石料。

③以自己采掘的砂、土、石料或其他矿物连续生产的砖、瓦、石灰。

④用微生物、人或动物的血液或组织等制成的生物制品。

⑤自来水。

⑥商品混凝土。

【注意1】上述六项内容是否执行3%的征收率由纳税人选择，如：自来水可以选择执行9%的税率，也可以执行3%的征收率，执行9%税率可以抵扣进项税额，执行3%的征收率按简易办法征税。

【注意 2】选择简易办法后,“36 个月”内不得变更。

(4)“营改增”行业一般纳税人“可以选择”适用简易计税方法的应税行为。

①公共交通运输服务。

②动漫产品的设计、制作服务,以及在境内转让动漫版权。

③电影放映服务、仓储服务、装卸搬运服务、收派服务。

④文化体育服务。

⑤以营改增试点前取得的有形动产,提供的“有形动产经营租赁服务”。

⑥营改增试点前签订的,尚未执行完毕的“有形动产租赁”合同。

2.依照 3%征收率减按“2%”征收

① 一般纳税人销售自己使用过的属于不得抵扣且未抵扣进项税额的固定资产,按简易办法依 3%征收率减按 2%征收增值税。

② 小规模纳税人(除其他个人外,下同)销售自己使用过的固定资产,减按 2%征收率征收增值税。

③纳税人销售旧货。所称旧货,是指进入二次流通的具有部分使用价值的货物,但不包括自己使用过的物品。

表 2-2　纳税人销售自己使用过的固定资产、旧货的增值税处理

<table>
<tr><th>纳税人身份</th><th>征税项目</th><th>计算方法</th></tr>
<tr><td rowspan="4">一般纳税人</td><td>销售 2009 年 1 月 1 日以后购进或自制的固定资产(注意:小汽车、摩托车和游艇指的是 2013 年 8 月 1 日以后购进的)</td><td rowspan="2">增值税 = 含税售价÷(1+13%)×13%</td></tr>
<tr><td>销售自己使用的固定资产以外的物品</td></tr>
<tr><td>销售自己使用过的“属于不得抵扣且未抵扣进项税额”的固定资产</td><td rowspan="4">增值税 = 含税售价÷(1+3%)×2%</td></tr>
<tr><td>销售旧货</td></tr>
<tr><td rowspan="3">小规模纳税人</td><td>销售自己使用过的固定资产</td></tr>
<tr><td>销售旧货</td></tr>
<tr><td>销售自己使用过的固定资产以外的物品</td><td>增值税 = 含税售价÷(1+3%)×3%</td></tr>
</table>

【例 2-5 计算题】某企业为增值税一般纳税人,主营二手车交易,2019 年 6 月取得含税销售额 206 万元;除上述收入外,该企业当月又将本企业于 2007 年 6 月购入自用的一辆货车和 2010 年 10 月购入自用的一辆货车分别以含税价 10.3 万元和 33.9 万元的价格出售。

要求:计算该企业当月应纳增值税。

【答案】销项税额＝206÷(1+3%)×2%+10.3÷(1+3%)×2%+33.9÷(1+13%)×13%＝8.1(万元)

【答案解析】一般纳税人销售旧货依照3%征收率减按2%征收增值税:206÷(1+3%)×2%＝4(万元);一般纳税人销售自己使用过的2009年1月1日以前购入的固定资产(未抵扣过进项),依照3%征收率减按2%征收增值税:10.3÷(1+3%)×2%＝0.2(万元);一般纳税人销售自己使用过的2009年1月1日以后购入的固定资产(已抵扣过进项),按适用税率征收:33.9÷(1+13%)×13%＝3.9(万元)。

3.征收率的特殊规定

自2020年3月1日至12月31日,对湖北省增值税小规模纳税人,适用3%征收率的应税销售收入,免征增值税;适用3%预征率的预缴增值税项目,暂停预缴增值税。除湖北省外,其他省、自治区、直辖市的增值税小规模纳税人,适用3%征收率的应税销售收入,减按1%征收率征收增值税;适用3%预征率的预缴增值税项目,减按1%预征率预缴增值税。

4."5%"

(1)个人出售住房。

购买年限	计税规定	
<2	全额	
≥2	北上广深非普通住房	差额
	其他	免征

(2)一般纳税适用5%征收率的情况。

一般纳税人销售、出租2016年4月30日前取得的不动产;房地产开发企业的一般纳税人销售自行开发的房地产老项目等。

(3)小规模纳税人适用5%征收率的情况。

小规模纳税人销售取得的不动产;其他个人销售其取得(不含自建)的不动产(不含其购买的住房);其他个人出租其取得的不动产(不含住房)等。

第三节　一般纳税人应纳税额的计算

我国目前对一般纳税人采用的计税方法是购进扣税法,即先按当期销售全额和适用税率计算出销项税额,然后对当期购进项目已经缴纳的税款进行抵扣,从而间接计算出对当期增值额部分的应纳税额。其计算公式如式2.1所示:

当期应纳税额 = 当期销项税额 - 当期进项税额　　（式 2-1）

一、销项税额的计算

销项税额是指纳税人发生应税行为，按照销售额和适用的税率计算，并向购买方收取的增值税税额，其计算公式为：

销项税额 = 销售额×适用税率　　（式 2-2）

销项税额是纳税人按照规定自行计算出来的，计算依据的是不含增值税的销售额。在具体计算时，销售额可以分为三类：一般销售方式下的销售额、特殊销售方式下的销售额、视同销售的销售额。

（一）一般销售方式下的销售额

一般销售方式下，销售额是指纳税人发生应税行为向购买方收取的全部价款和价外费用。需要特别注意的是：由于增值税属于价外税，因而销售额中不包括向购买方收取的销项税额。

价外费用，包括价外向购买方收取的手续费、补贴、基金、集资费、返还利润、奖励费、违约金、滞纳金、延期付款利息、赔偿金、代收款项、代垫款项、包装费、包装物租金、储备费、优质费、运输装卸费及其他各种性质的价外收费。但下列项目不包括在内：

（1）受托加工应征消费税的消费品所代收代缴的消费税。

（2）同时符合以下条件的代垫运输费用：

①承运部门的运输费用发票开具给购买方的；

②纳税人将该项发票转交给购买方的。

（3）同时符合以下条件代为收取的政府性基金或者行政事业性收费：

①由国务院或者财政部批准设立的政府性基金，由国务院或者省级人民政府及其财政、价格主管部门批准设立的行政事业性收费；

②收取时开具省级以上财政部门印制的财政票据；

③所收款项全额上缴财政。

（4）销售货物的同时代办保险等而向购买方收取的保险费，以及向购买方收取的代购买方缴纳的车辆购置税、车辆牌照费。

税法规定各种性质的价外收费都要并入销售额计算征税，目的是防止纳税人刻意分解销售额，以各种名目的收费减少销售额逃避纳税的现象。同时应当注意，根据国家税务总局规定：对增值税一般纳税人向购买方收取的价外费用，应视为含税收入，在征税时换算成不含税收入再并入销售额。具体公式如下：

不含税销售额 = 含增值税销售额÷（1+增值税税率）　　（式 2-3）

【提示】销售价款中是否含税的判断可遵循以下原则：

（1）增值税专用发票的价款是不含增值税的。

(2)普通发票的价款往往是含税的。

(3)商业企业的零售价,如果没有特别注明,一般是含税的。

(4)价外费用和逾期包装物押金是含税的。

【例 2-6 计算题】某企业为增值税一般纳税人,适用的税率为 13%,2019 年 6 月销售两批货物,分别是:

(1)销售给甲公司某商品 20 000 件,每件不含税售价为 10 元,另外收取包装费 1 130元。

(2)销售给乙公司同类商品 15 000 件,每件不含税售价为 11 元,交给 A 运输公司运输,代垫运输费用 3 000 元,运费发票已转交给乙公司。

要求:计算该企业当月增值税的销项税额。

【答案】销项税额 = 20000×10×13% + 1130÷(1+13%)×13% + 15000×11×13% = 47580(元)

【答案解析】企业收取的包装费属于价外费用,应包含在销售额中,而代垫运费不用包含在销售额中。另外,价外费用是含税价,在计算销售额时需先换算为不含税价。

(二)特殊销售方式下的销售额

在销售活动中,为了达到促销的目的,有多种销售方式。不同销售方式下,销售者取得的销售额会有所不同,税法对以下几种销售方式的销售额确定作了明确规定:

1.采取折扣方式销售

(1)折扣销售(商业折扣)。折扣销售是指销货方在销售货物、劳务、服务、无形资产或者不动产时,因购货方购货数量较大等原因而给予购货方的价格优惠。税法规定,如果销售额和折扣额在同一张发票上“金额”栏分别注明,可按折扣后的销售额征收增值税。未在同一张发票“金额”栏注明折扣额,而仅在发票的“备注”栏注明折扣额的,折扣额不得从销售额中减除。另外,折扣销售仅限于货物价格的折扣,不包括实物折扣。实物折扣不能从货物销售额中减除,应按增值税条例“视同销售货物”中的“赠送他人”计算征收增值税。

(2)销售折扣(现金折扣)。销售折扣是指销货方在销售货物、劳务、服务、无形资产或者不动产后,为了鼓励购货方及早偿还货款而协议许诺给予购货方的一种折扣优待,如 10 天内付款给与 1%的折扣优惠。销售折扣发生在销货之后,是一种融资性质的理财费用,因此,销售折扣不得从销售额中减除。

(3)销售折让。销售折让是指货物、劳务、服务、无形资产或者不动产销售后,由于其品种,质量等原因购货方未予退货,但销货方需给予购货方的一种价格折让。因为销售折让是由于货物的品种和质量引起销售额的减少,因此,对销售折让可以按照折让后的货款作为销售额。

【例 2-7 计算题】某商场为增值税一般纳税人,某月销售给甲企业电脑200台,每台不含税价为4 000元,由于购买方购买数量多,按八五折优惠价格成交,并将折扣部分与销售额同开在一张发票上。另合同规定,购买方10日内付款享受3%折扣,购买方如期付款。计算:该行为销项税额为多少?

【答案】销项税额=200×4 000×85%×13%=88 400(元)

【答案解析】商场采取的是折扣销售和销售折扣相结合的销售方式。其中八五折优惠属于折扣销售,发票开具符合税法规定,折扣额准予扣除;3/10付款条件属于销售折扣,折扣额不得从销售额中扣除。

2.采取以旧换新方式销售

以旧换新是指纳税人在销售自己的货物时,有偿收回旧货物的行为。为了防止出现销售额不实、减少纳税的现象,税法规定,采取以旧换新方式销售货物的,应按新货物的同期销售价格确定销售额,不得扣减旧货物的收购价格。考虑到金银首饰以旧换新业务的特殊情况,对金银首饰以旧换新业务,可以按销售方实际收取的不含增值税的全部价款征收增值税。

【例 2-8 计算题】苏宁电器杭州分店为增值税一般纳税人,采取以旧换新方式向消费者销售电高压锅,2019年5月销售电高压锅共收取现金100 000元,旧高压锅抵价10 000元。计算该业务增值税的销项税额。

【答案】销项税额=(100000+10000)÷(1+13%)×13%=12654.87(元)

【答案解析】除金银首饰外,采取以旧换新方式销售货物的,按新货物的同期销售价格确定销售额,不得扣减旧货物的收购价格。

3.采取还本销售方式销售

还本销售是指纳税人在销售货物后,到一定期限由销售方一次或分次退还给购货方全部或部分价款。这种方式实际上是一种筹资,是以货物换取资金的使用价值,到期还本不付息的方法。税法规定,采取还本销售方式销售货物,其销售额就是货物的销售价格,不得从销售额中减除还本支出。

4.采取以物易物方式销售

以物易物是一种较为特殊的购销活动,是指购销双方不是以货币结算,而是以同等价款的货物相互结算,实现货物购销的一种方式。税法规定,以物易物双方都应作购销处理,以各自发出的货物核算销售额并计算销项税额,以各自收到的货物按规定核算购货额并计算进项税额。应注意的是,在以物易物活动中,应分别开具合法的票据,如收到的货物不能取得相应的增值税专用发票或其他合法票据的,不能抵扣进项税额。

5.包装物押金是否计入销售额

包装物是指纳税人包装本单位货物的各种物品。纳税人销售货物时另收取包装物押金，目的是促使购货方及早退回包装物以便周转使用。根据税法规定，纳税人为销售货物而出租出借包装物收取的押金，单独记账核算的，时间在1年以内，又未过期的，不并入销售额征税，但对因逾期未收回包装物不再退还的押金，应按所包装货物的适用税率计算销项税额。当然，在将包装物押金并入销售额征税时，需要先将该押金换算为不含税价，再并入销售额征税。

酒类货物包装物押金的处理比较特殊。从1995年6月1日起，对销售除啤酒、黄酒外的其他酒类产品而收取的包装物押金，无论是否返还以及会计上如何核算，均应并入当期销售额征税。对销售啤酒、黄酒所收取的押金，按上述一般押金的规定处理。

包装物押金的增值税处理比较如表2-3所示。

表2-3　包装物押金的增值税处理比较

包装物押金	收取时	逾期时(1年以内)
一般应税消费品(包括啤酒、黄酒)	×	√
除啤酒、黄酒以外的酒类	√	×

另外，包装物押金不应混同于包装物租金，包装物租金在销货时作为价外费用并入销售额计算销项税额。

【例2-9 计算题】某酒厂为增值税一般纳税人，半年前销售啤酒收取的包装物押金逾期2万元、白酒的逾期包装物押金3万元，本月逾期均不再返还，计算该业务增值税的销项税额？

【答案】销项税额＝20 000÷(1+13%)×13%＝2 300.88(万元)

【答案解析】白酒包装物押金是除啤酒、黄酒以外的酒类，在收取时(半年前)已纳税款。啤酒包装物押金属于一般包装物押金，在逾期时纳税，而且包装物押金是含税收入，在计税时需换算为不含税价。

(三)视同销售方式下的销售额

本章第二节“征税范围”中已列明了单位和个体经营者9种视同销售货物行为，如将货物交付他人代销，将自产、委托加工或购买的货物无偿赠送他人等。这9种视同销售行为中某些行为由于不是以资金的形式反映出来，会出现无销售额的现象。因此，税法规定，对视同销售征税而无销售额的按下列顺序确定其销售额：

(1)按纳税人最近时期同类货物的平均销售价格确定。

(2)按其他纳税人最近时期同类货物的平均销售价格确定。

(3)按组成计税价格确定。组成计税价格的公式为：

$$组成计税价格=成本\times(1+成本利润率)\qquad(式2-4)$$

式 2.4 适用于征税增值税但不征税消费税的货物的组成价格。公式中的成本是指：销售自产货物的为实际生产成本，销售外购货物的为实际采购成本。公式中的成本利润率目前国家税务总局规定为 10%。

对于征收增值税又征收消费税的货物，其组成计税价格中应加上消费税税额。其组成计税价格公式为：

组成计税价格＝成本 ×(1+成本利润率)＋消费税税额 （式 2-5）

式 2.5 中的成本利润率不一定为 10%，按国家税务总局确定的第三章表 3-6 来执行。

【例 2-10 计算题】甲公司为增值税一般纳税人，12 月发生两笔经济业务：

(1)将一批老产品发放给职工，该商品的市场销售价格为 2 万元，已知该批产品的生产成本为 1.2 万元。

(2)将一批新研制的产品赠送给老顾客使用，甲公司并无同类产品销售价格，其他公司也无同类货物，已知该批产品的生产成本为 10 万元。已知：两种商品的成本利润率均为 10%。

要求：计算甲公司当月视同销售的增值税销项税额。

【答案】销项税额＝2×13%+10×(1+10%)×13%＝1.69(万元)

【答案解析】视同销售行为在确定销售额时，先看有无市场销售价格，如果没有市场销售价格再按照组成计税价格。

二、进项税额的计算

进项税额是纳税人购进货物、接受应税劳务或应税服务支付或者负担的增值税额。进项税额是与销项税额相对应的另一个概念。在开具增值税专用发票的情况下，它们之间的对应关系是，销售方收取的销项税额，就是购买方支付的进项税额。

增值税的核心就是用纳税人收取的销项税额抵扣其支付的进项税额，其余额为纳税人实际应缴纳的增值税税额。但是，并不是纳税人支付的所有进项税额都可以从销项税额中抵扣。为体现增值税的配比原则，即购进项目金额与销售产品销售额之间应有配比性，当纳税人购进的货物或接受的应税劳务不是用于增值税应税项目，而是用于非应税项目、免税项目或用于集体福利、个人消费等情况时，其支付的进项税额就不能从销项税额中抵扣。税法对不能抵扣进项税额的项目作了严格的规定，如果违反税法规定，随意抵扣进项税额就将以偷税论处。

(一)准予从销项税额中抵扣的进项税额

根据《增值税暂行条例》的规定，准予从销项税额中抵扣的进项税额，限于下列增值税扣税凭证上注明的增值税税额和按规定的扣除率计算的进项税额。

1.凭票抵扣进行税额的情况

(1)从销售方取得的增值税专用发票(含控税机动车销售统一发票)上注明的增值税额。

(2)从海关取得的海关进口增值税专用缴款书上注明的增值税额。

(3)从境外单位或者个人购进服务、无形资产或者不动产,自税务机关或者扣缴义务人取得的解缴税款的完税凭证上注明的增值税额。

(4)收费公路通行费增值税电子普通发票上注明的增值税税额。根据《交通运输部、国家税务总局关于收费公路通行费增值税电子普通发票开具等有关事项的公告》(交通运输部、国家税务总局公告2017年第66号)规定,增值税一般纳税人取得左上角标识“通行费”字样,且税率栏次显示适用税率或征收率的通行费电子发票,可以按发票上注明的增值税税额抵扣进项税额。

2.计算抵扣进项税额的情况

①购进农产品取得增值税专用发票或海关进口增值税专用缴款书的,“凭票抵扣”进项税额;

②从适用“3%征收率”的小规模纳税人处购入农产品,取得(3%税率的)“增值税专用发票”以及购进免税农产品,取得或开具“农产品收购(销售)发票”根据用途分别适用规定的扣除率计算抵扣进项税额。

后续用于生产或委托加工13%税率的货物:适用10%的扣除率。

后续用于生产或委托加工9%税率的货物或6%税率的服务:适用9%的扣除率。

进项税额计算公式为:进项税额=买价(金额)×扣除率(9%或10%)。 (式2-6)

【例2-11 计算题】甲公司为增值税一般纳税人,2019年10月发生以下经济业务:

(1)进口产品200000元,取得进口增值税专用缴款书上注明的增值税额为26000元,发生运输费用2000元,取得税收缴款凭证上注明的增值税额为180元。

(2)向农业生产者购入免税农产品30000元,开具农产品收购发票。

(3)购入原材料300000元,增值税专用发票上注明的增值税额为39000元。

(4)购入房屋建筑物一栋不含税价200万元,并取得相应的增值税专用发票。

已知:该企业取得发票、缴款书等均符合规定,并已认证、比对;购进和销售产品适用的增值税税率为13%,运输费用的增值税税率为9%,购入免税农产品的扣除率为9%,房屋建筑物的增值税税率为9%。

要求:计算该公司当月准予抵扣的进项税额 。

【答案】进项税额=26 000+180+30 000×9%+39 000+2 000 000×9%=247880(元)

(2)纳税人购进国内旅客运输服务,其进项税额允许从销项税额中抵扣。纳税人未取得增值税专用发票的,暂按照以下规定确定进项税额:

①取得增值税电子普通发票的,为发票上注明的税额;

②取得注明旅客身份信息的航空运输电子客票行程单的,为按照下列公式计算进项税额:

航空旅客运输进项税额=(票价+燃油附加费)÷(1+9%)×9%

③取得注明旅客身份信息的铁路车票的,为按照下列公式计算的进项税额:

铁路旅客运输进项税额=票面金额÷(1+9%)×9%

④取得注明旅客身份信息的公路、水路等其他客票的,按照下列公式计算进项税额:

公路、水路等其他旅客运输进项税额=票面金额÷(1+3%)×3%

(3)自2019年10月1日至2021年12月31日,允许生产、生活性服务业纳税人按照当期可抵扣进项税额加计15%,抵减应纳税额。需要注意:此处生产、生活性服务业纳税人,是指提供邮政服务、电信服务、现代服务、生活服务这四项服务取得的销售额占全部销售额的比重超过50%的纳税人。

(二)不得从销项税额中抵扣的进项税额

按《增值税暂行条例》规定,下列项目的进项税额不得从销项税额中抵扣:

(1)用于简易计税方法计税项目、免征增值税项目、集体福利或者个人消费的购进货物、加工修理修配劳务、服务、无形资产和不动产。

(2)非正常损失的购进货物,以及相关的加工修理修配劳务和交通运输服务。

所称非正常损失,是指因管理不善造成被盗、丢失、霉烂变质的损失,以及因违反法律法规造成货物或者不动产被依法没收、销毁、拆除的情形。

(3)非正常损失的在产品、产成品所耗用的购进货物(不包括固定资产)、加工修理修配劳务和交通运输服务。

(4)非正常损失的不动产,以及该不动产所耗用的购进货物、设计服务和建筑服务。

(5)非正常损失的不动产在建工程所耗用的购进货物、设计服务和建筑服务。纳税人新建、改建、扩建、修缮、装饰不动产,均属于不动产在建工程。

(6)购进的贷款服务、餐饮服务、居民日常服务和娱乐服务。注意:餐饮服务仅仅指餐饮,不包括住宿。

(7)适用一般计税方法的纳税人,兼营简易计税方法计税项目、免征增值税项目而无法划分不得抵扣的进项税额,按照下列公式计算不得抵扣的进项税额:

不得抵扣的进项税额=当月无法划分的全部进项税额×当月免税项目销售额、非增值税应税劳务营业额合计÷当月全部销售额、营业额合计

另外,纳税人购进货物、应税劳务或服务,取得的增值税扣税凭证不符合税法有关规定的,其进项税额不得从销项税额中抵扣。

不得抵扣的进项在现实中主要有两种情况:一是当期不可抵扣;二是已抵扣过进项税额的货物因改变用途等不再符合抵扣条件了,需要作进项税额转出处理。具体处理如表2-4所示。

表 2-4 不得抵扣增值税进项税额的两种处理方法比较

第一种，购入货物时不予抵扣：直接计入货物的成本	【例 2-12】某企业购入一批材料用于职工福利，增值税发票注明价款 10 万元，增值税 1.3 万元，则该批材料不得抵扣进项税额。该批材料的成本为 11.3 万元
第二种，已抵扣后改变用途不得抵扣税额：作进项税额转出处理	进项税额转出常见有 3 种情况： 1.直接计算进项税额转出的方法——适用于一般材料 【例 2-13】某企业将数月前购入已抵扣过进项的一批材料用于职工福利，账面成本 10 000 元，则进项税额转出 = 10 000×13% = 1300(元) 2.还原计算进项税额转出的方法——适用于农产品 【例 2-14】2017 年 10 月，某企业因管理不善使得 8 月购入并已抵扣过进项的农产品全部霉烂，账面成本 9100 元，则进项税额转出 = 9100/(1-9%)×9% = 900(元) 3.比例计算进项税额转出的方法——适用于半产品、产成品 【例 2-15】某服装厂某月自产的 1 000 件服装被盗，每件成本为 100 元(材料成本占 60%)，每件对外销售额为 200 元(不含税)，则进项税额转出 = 1 000×100×60%×13% = 7800

三、应纳税额的计算

一般纳税人在计算出销项税额和进项税额后就可以得出实际应纳税额，计算公式为：

$$应纳税额 = 当期销项税额 - 当期进项税额 \qquad (式 2\text{-}7)$$

式 2.7 计算结果为正数，为当期应纳增值税；如果计算结果为负数，则形成留抵税额，待下期抵扣。考虑到进项税额转出和留抵税额等因素，可将上述基本公式拓展为：

$$应纳税额 = 当期销项税额 - (当期进项税额 - 进项税额转出) - 留抵税额 \qquad (式 2\text{-}8)$$

为了保证计算应纳税额的合理、准确性，纳税人必须严格把握当期进项税额从当期销项税额中抵扣这个要点。

1.关于销项税额的“当期”

销项税额的“当期”与纳税义务发生时间相呼应。具体详见增值税征收管理中，纳税义务发生时间的规定。

2.关于进项税额的“当期”

(1)增值税专用发票进项税额抵扣的时间限定。一般纳税人取得增值税发票(包括增值税专用发票、机动车销售统一发票、收费公路通行费增值税电子普通发票)后，应自开票之日起 360 日内登录增值税发票选择确认平台进行确认，并在规定的纳税申报期内，向主管国税机关申报抵扣进项税额。自 2019 年 3 月 1 日起，所有一般纳税人都可以不再进行扫描认证。

(2)海关完税凭证进项税额抵扣的时间限定。自 2013 年 7 月 1 日起,纳税人进口货物取得的属于增值税扣税范围的海关缴款书,需经税务机关稽核比对相符后,才能抵扣。“先比对后抵扣”管理办法要求增值税一般纳税人在海关缴款书开具之日起 360 日内向主管税务机关报送《海关完税凭证抵扣清单》申请稽核比对。

3.同时符合以下条件的纳税人,可以向主管税务机关申请退还增量留抵税额:

①自 2019 年 4 月税款所属期起,连续六个月(按季纳税的,连续两个季度)增量留抵税额均大于零,且第六个月增量留抵税额不低于 50 万元;

②纳税信用等级为 A 级或者 B 级;

③申请退税前 36 个月未发生骗取留抵退税、出口退税或虚开增值税专用发票情形的;

④申请退税前 36 个月未因偷税被税务机关处罚两次及以上的;

⑤自 2019 年 4 月 1 日起未享受即征即退、先征后返(退)政策的。

纳税人当期允许退还的增量留抵税额=增量留抵税额×进项构成比例×60%

第四节　小规模纳税人应纳税额的计算

小规模纳税人由于规模和核算水平等原因,其销售货物、提供应税劳务或应税服务只能按照征收率计算应纳增值税。其计算公式如下:

应纳税额=销售额×征收率(3%)

=含税销售额÷(1+3%)×3%　　(式 2-9)

这里需要说明的是:

(1)小规模纳税人取得的销售额与一般纳税人的销售额所包含的内容是一致的,都是向购买方收取的全部价款和价外费用,但不包含按 3%征收率收取的增值税税额。

(2)小规模纳税人不得抵扣进项税额。即不管小规模纳税人购进货物是否取得增值税专用发票,都不得抵扣进项税额,但购进税控收款机除外。

(3)小规模纳税人销售自己使用过的固定资产或是销售旧货,减按 2%征收率征收增值税。

(4)增值税小规模纳税人(其他个人除外)发生增值税应税行为,需要开具增值税专用发票的,可以自愿使用增值税发票管理系统自行开具。选择自行开具增值税专用发票的小规模纳税人,税务机关不再为其代开增值税专用发票。

【例 2-12 计算题】某企业为增值税小规模纳税人,主要从事汽车修理和装潢业务。

12 月提供汽车修理业务取得收入 21 万元，销售汽车装饰用品取得收入 15 万元；购进的修理用配件被盗，账面成本 0.6 万元，计算该企业当月应纳增值税。

【答案】应纳税额＝(21+15)÷(1+3%)×3%＝1.05(万元)

第五节　进口货物应纳税额的计算

无论增值税的一般纳税人还是小规模纳税人，申报进口货物都应缴纳增值税。而个人携带或者邮寄进境自用物品的增值税，连同关税一并征收，不单独征收增值税。

进口货物需按规定的组成计税价格和规定的税率计算增值税税额。其计算公式为：

应纳税额＝组成计税价格×税率　　（式 2-10）

1.组成计税价格

组成计税价格有以下两种情况：

(1)进口货物只征收增值税的，其组成计税价格为：

组成计税价格＝关税完税价格+关税＝关税完税价格×(1+关税税率)　（式 2-11）

(2)进口货物同时征收增值税、消费税的，其组成计税价格为：

组成计税价格＝关税完税价格+关税+消费税　　（式 2-12）

关于“关税完税价格”的确认问题，将在关税法中详细介绍。

2.税率

进口货物所适用的增值税税率与国内一般纳税人销售该货物适用的税率相同。

另外，需要提醒注意的是：

(1)进口环节应纳增值税，不得抵扣任何税额。

(2)进口环节已纳增值税，符合抵扣范围的，可以凭海关进口增值税专用缴款书作为进项税额抵扣。

【例 2-13 计算题】某进出口公司 10 月进口办公设备 500 台，海关审定的每台进口完税价格为 1 万元。货物报关后，公司按规定缴纳了进口环节的关税和增值税，并取得海关进口增值税专用缴款书。假定该批货物当月售出 400 台，取得不含税销售额 680 万元。

要求：(1)计算海关代征的增值税。(假设进口关税税率为 15%。)

(2)计算企业当月应纳增值税。

【答案】(1)海关代征增值税＝500×(1+15%)×13%＝74.75(万元)。

(2)当月应纳增值税＝680×13%-74.75＝13.65(万元)。

第六节　出口货物退(免)税

出口货物退(免)税是指在国际贸易业务中,对报关出口的货物退还或免征其在国内各生产和流转环节按税法规定缴纳的增值税和消费税,即对增值税出口货物实行零税率政策,对消费税出口货物实行免税政策。增值税出口货物的零税率,从税法上理解有两层含义:一是对本道环节生产或销售货物的增值部分免征增值税;二是对出口货物前道环节所含的进项税额进行退付。

一、出口货物退(免)税基本政策

(一)出口免税并退税

出口免税是指对货物在出口销售环节不征增值税、消费税,这是把货物出口环节与出口前的销售环节都同样视为一个征税环节;出口退税是指对货物在出口前实际承担的税收负担,按规定的退税率计算后予以退还。

(二)出口免税不退税

出口免税与上述第(一)项含义相同。出口不退税是指适用这个政策的出口货物因在前一道生产、销售环节或进口环节是免税的,因此,出口时该货物的价格中本身就不含税,也无须退税。

(三)出口不免税也不退税

出口不免税是指对国家限制或禁止出口的某些货物的出口环节视同内销环节,照常征税;出口不退税是指对这些货物出口不退还出口前其所负担的税款。适用这个政策的主要是税法列举限制或禁止出口的货物,如天然牛黄、麝香、白银等。

二、出口货物和劳务及应税服务增值税免税政策

适用增值税免税政策的出口货物和劳务,是指:

(1)增值税小规模纳税人出口的货物。

(2)避孕药品和用具,古旧图书。

(3)软件产品。其具体范围是指海关税则号前四位为“9803”的货物。

(4)含黄金、铂金成分的货物,钻石及其饰品。

(5)国家计划内出口的卷烟。

(6)已使用过的设备。其具体范围是指购进时未取得增值税专用发票、海关进口增值税专用缴款书但其他相关单证齐全的已使用过的设备。

(7)非出口企业委托出口的货物。

(8)非列名生产企业出口的非视同自产货物。

(9)农业生产者自产农产品[农产品的具体范围按照《农业产品征税范围注释》(财税〔1995〕52号)的规定执行]。

(10)油画、花生果仁、黑大豆等财政部和国家税务总局规定的出口免税的货物。

(11)外贸企业取得普通发票、废旧物资收购凭证、农产品收购发票、政府非税收入票据的货物。

(12)来料加工复出口的货物。

(13)特殊区域内的企业出口的特殊区域内的货物。

(14)以人民币现金作为结算方式的边境地区出口企业从所在省(自治区)的边境口岸出口到接壤国家的一般贸易和边境小额贸易出口货物。

(15)以旅游购物贸易方式报关出口的货物。

(16)其他法律法规规定的情形。

对于适用增值税免税政策的出口货物劳务,出口企业或其他单位可以依照现行增值税有关规定放弃免税,并依照相关规定缴纳增值税。

三、出口货物和劳务及应税服务增值税退(免)税政策

(一)适用增值税退(免)税政策的范围

1.出口企业出口货物

出口企业是指依法办理工商登记、税务登记、对外贸易经营者备案登记,自营或委托出口货物的单位或个体工商户,以及依法办理工商登记、税务登记但未办理对外贸易经营者备案登记,委托出口货物的生产企业。生产企业是指具有生产能力(包括加工修理修配能力)的单位或个体工商户。

出口货物是指向海关报关后实际离境并销售给境外单位或个人的货物,分为自营出口货物和委托出口货物两类。

2.出口企业或其他单位视同出口货物

出口企业或其他单位视同出口货物具体是指:

(1)出口企业对外援助、对外承包、境外投资的出口货物。

(2)出口企业经海关报关进入国家批准的出口加工区、保税物流园区、保税港区、综合保税区、珠澳跨境工业区(珠海园区)、中哈霍尔果斯国际边境合作中心(中方配套区域)、保税物流中心(B型)(以下统称特殊区域)并销售给特殊区域内单位或境外单位、个人的货物。

(3)免税品经营企业销售的货物(国家规定不允许经营和限制出口的货物、卷烟和超出免税品经营企业《企业法人营业执照》规定经营范围的货物除外)。

(4)其他符合财政部和国家税务总局规定的各项视同出口货物。

3.境内的单位和个人提供适用增值税零税率的应税服务

境内的单位和个人提供适用增值税零税率应税服务的,如果属于适用简易计税方法的,实行免征增值税办法。如果属于适用增值税一般计税方法的,生产企业实行免抵退税办法,外贸企业外购研发服务和设计服务出口实行免退税办法,外贸企业自己开发的研发服务和设计服务出口,视同生产企业连同其出口货物统一实行免抵退税办法。

实行退(免)税办法的研发服务和设计服务,如果主管税务机关认定出口价格偏高的,有权按照核定的出口价格计算退(免)税,核定的出口价格低于外贸企业购进价格的,低于部分对应的进项税额不予退税,转入成本。

境内的单位和个人提供适用增值税零税率应税服务的,可以放弃适用增值税零税率,选择免税或按规定缴纳增值税。放弃适用增值税零税率后,36 个月内不得再申请适用增值税零税率。境内的单位和个人提供适用增值税零税率的应税服务,按月向主管退税的税务机关申报办理增值税免抵退税或免税手续。具体管理办法由国家税务总局商财政部另行制定。

(二)增值税退(免)税办法

1.免抵退税办法

生产企业出口自产货物和视同自产货物及对外提供加工修理修配劳务,以及列名生产企业出口非自产货物,免征增值税,相应的进项税额抵减应纳增值税额(不包括适用增值税即征即退、先征后退政策的应纳增值税额),未抵减完的部分予以退还。

零税率应税服务提供者提供零税率应税服务,如果属于适用增值税一般计税方法的,免征增值税,相应的进项税额抵减应纳增值税额(不包括适用增值税即征即退、先征后退政策的应纳增值税额),未抵减完的部分予以退还。

2.免退税办法

不具有生产能力的出口企业(以下称外贸企业)或其他单位出口货物劳务,免征增值税,相应的进项税额予以退还。

外贸企业外购研发服务和设计服务免征增值税,相应的进项税额予以退还。

(三)增值税出口退税率

除财政部和国家税务总局根据国务院决定而明确的增值税出口退税率(以下称退税率)外,出口货物的退税率为其适用税率。国家税务总局根据上述规定将退税率通过出口货物劳务退税率文库予以发布,供征纳双方执行。退税率有调整的,除另有规定外,其执行时间以货物(包括被加工修理修配的货物)出口货物报关单(出口退税专用)上注明的出口日期为准。

适用不同退税率的货物劳务,应分开报关、核算并申报退(免)税,未分开报关、核算或划分不清的,从低适用退税率。

(四)增值税退(免)税的计税依据

出口货物劳务的增值税退(免)税的计税依据,按出口货物劳务的出口发票(外销发票)、其他普通发票或购进出口货物劳务的增值税专用发票、海关进口增值税专用缴款书确定。

(1)生产企业出口货物劳务(进料加工复出口货物除外)增值税退(免)税的计税依据,为出口货物劳务的实际离岸价(FOB)。实际离岸价应以出口发票上的离岸价为准,但如果出口发票不能反映实际离岸价,主管税务机关有权予以核定。

(2)生产企业进料加工复出口货物增值税退(免)税的计税依据,按出口货物的离岸价(FOB)扣除出口货物所含的海关保税进口料件的金额后确定。此处海关保税进口料件,是指海关以进料加工贸易方式监管的出口企业从境外和特殊区域等进口的料件。包括出口企业从境外单位或个人购买并从海关保税仓库提取且办理海关进料加工手续的料件,以及保税区外的出口企业从保税区内的企业购进并办理海关进料加工手续的进口料件。

(3)生产企业国内购进无进项税额且不计提进项税额的免税原材料加工后出口的货物的计税依据,按出口货物的离岸价(FOB)扣除出口货物所含的国内购进免税原材料的金额后确定。

(4)外贸企业出口货物(委托加工修理修配货物除外)增值税退(免)税的计税依据,为购进出口货物的增值税专用发票注明的金额或海关进口增值税专用缴款书注明的完税价格。

(5)外贸企业出口委托加工修理修配货物增值税退(免)税的计税依据,为加工修理修配费用增值税专用发票注明的金额。外贸企业应将加工修理修配使用的原材料(进料加工海关保税进口料件除外)作价销售给受托加工修理修配的生产企业,受托加工修理修配的生产企业应将原材料成本并入加工修理修配费用开具发票。

(6)出口进项税额未计算抵扣的已使用过的设备(指出口企业根据财务会计制度已经计提折旧的固定资产)增值税退(免)税的计税依据,按下列公式确定:

退(免)税计税依据=增值税专用发票上的金额或海关进口增值税专用缴款书注明的完税价格×已使用过的设备固定资产净值÷已使用过的设备原值　　(式2-13)

已使用过的设备固定资产净值=已使用过的设备原值-已使用过的设备已提累计折旧　　(式2-14)

(7)免税品经营企业销售的货物增值税退(免)税的计税依据,为购进货物的增值税专用发票注明的金额或海关进口增值税专用缴款书注明的完税价格。

(8)增值税零税率应税服务的的退(免)税计税依据。

①实行免抵退税办法的退(免)税计税依据:

a.以铁路运输方式载运旅客的,为按照铁路合作组织清算规则清算后的实际运输收入;

b.以铁路运输方式载运货物的,为按照铁路运输进款清算办法,对“发站”或“到站(局)”名称包含“境”字的货票上注明的运输费用以及直接相关的国际联运杂费清算后的实际运输收入;

c.以航空运输方式载运货物或旅客的,如果国际运输或港澳台运输各航段由多个承运人承运的,为中国航空结算有限责任公司清算后的实际收入;如果国际运输或港澳台运输各航段由一个承运人承运的，为提供航空运输服务取得的收入；

d.其他实行免抵退税办法的增值税零税率应税服务，为提供增值税零税率应税服务取得的收入。

②实行免退税办法的退（免）税计税依据为购进应税服务的增值税专用发票或解缴税款的中华人民共和国税收缴款凭证上注明的金额。

（五）增值税免抵退税和免退税的计算

1.生产企业出口货物劳务增值税免抵退税

（1）当期应纳税额的计算。

当期应纳税额＝当期销项税额－（当期进项税额－当期不得免征和抵扣税额）（式2－15）

当期不得免征和抵扣税额＝当期出口货物离岸价×外汇人民币折合率×（出口货物适用税率－出口货物退税率）－当期不得免征和抵扣税额抵减额（式2－16）

当期不得免征和抵扣税额抵减额＝当期免税购进原材料价格×（出口货物适用税率－出口货物退税率）（式2－17）

（2）当期免抵退税额的计算。

当期免抵退税额＝当期出口货物离岸价×外汇人民币折合率×出口货物退税率－当期免抵退税额抵减额（式2－18）

当期免抵退税额抵减额＝当期免税购进原材料价格×出口货物退税率（式2－19）

（3）当期应退税额和免抵税额的计算。

①若当期期末留抵税额≤当期免抵退税额，则

当期应退税额＝当期期末留抵税额（式2－20）

当期免抵税额＝当期免抵退税额－当期应退税额（式2－21）

②若当期期末留抵税额>当期免抵退税额，则

当期应退税额＝当期免抵退税额（式2－22）

当期免抵税额＝0（式2－23）

当期期末留抵税额为当期增值税纳税申报表中“期末留抵税额”。

【例2－14计算题】某生产企业5月份出口销售收入为6000万元，内销收入为500万元，进项税额为700万元，上期留抵进项税额为100万元，6月出口销售收入为1000万元，内销收入为4000万元，进项税额为300万元，增值税率为13%，退税率为9%。假设企业全部报送单证，计算5月份和6月份的免抵退税情况。

【正确答案】

5月份：免抵退税不得免征和抵扣额＝6000×4%＝240万元

应纳税额＝500×13%－（100＋700－240）＝－495万元

“免、抵、退”税额＝6000×9%＝540万元

应退税额 = 495 万元

免抵税额 = 540 − 495 = 45 万元

6 月份：免抵退税不得免征和抵扣额 = 1000×4% = 40 万元

应纳税额 = 4000×13% − (0+300−40) = 260 万元

“免、抵、退”税额 = 1000×9% = 90 万元

免抵税额 = 90 万元

(4) 当期免税购进原材料价格包括当期国内购进的无进项税额且不计提进项税额的免税原材料的价格和当期进料加工保税进口料件的价格，其中当期进料加工保税进口料件的价格为组成计税价格。

当期进料加工保税进口料件的组成计税价格 = 当期进口料件到岸价格 + 海关实征关税 + 海关实征消费税　　（式 2−24）

①采用“实耗法”的，当期进料加工保税进口料件的组成计税价格为当期进料加工出口货物耗用的进口料件组成计税价格。其计算公式为：

当期进料加工保税进口料件的组成计税价格 = 当期进料加工出口货物离岸价×外汇人民币折合率×计划分配率　　（式 2−25）

计划分配率 = 计划进口总值÷计划出口总值×100%　　（式 2−26）

实行纸质手册和电子化手册的生产企业，应根据海关签发的加工贸易手册或加工贸易电子化纸质单证所列的计划进出口总值计算计划分配率。

实行电子账册的生产企业，计划分配率按前一期已核销的实际分配率确定；新启用电子账册的，计划分配率按前一期已核销的纸质手册或电子化手册的实际分配率确定。

②采用“购进法”的，当期进料加工保税进口料件的组成计税价格为当期实际购进的进料加工进口料件的组成计税价格。

若当期实际不得免征和抵扣税额抵减额大于当期出口货物离岸价×外汇人民币折合率×(出口货物适用税率 − 出口货物退税率)的，则：

当期不得免征和抵扣税额抵减额 = 当期出口货物离岸价×外汇人民币折合率×(出口货物适用税率 − 出口货物退税率)　　（式 2−27）

【例 2−15 计算题】某自营出口的生产企业为增值税一般纳税人，出口货物的增值税税率为 13%，出口货物的退税率为 9%。6 月的有关经营业务为：购进原材料一批，取得的增值税专用发票注明的价款 400 万元，外购货物准予抵扣的进项税额 68 万元，货已验收入库。另有免税购进货物一批，其组成计税价格 100 万(该企业采用购进法)。上月末留抵税款 5 万元。本月内销货物不含税销售额 100 万元；收款 113 万元存入银行。本月出口货物的销售额折合人民币 300 万元。试计算当期的“免、抵、退”税额。

【正确答案】

(1)免抵退税不得免征和抵扣税额=(300−100)×(13%−9%)=8 万元

(2)当期应纳税额=100×13%−(67−8)−5=−51 万元

(3)出口货物免、抵、退税额=(300−100)×9%=18 万元

(4)当期应退税额=18 万元

(5)当期免抵税额=18−18=0 万元

(6)6 月期末留抵结转下期继续抵扣税额为 22 万元

2.外贸企业出口货物劳务增值税免退税

(1)外贸企业出口委托加工修理修配货物以外的货物:

增值税应退税额=增值税退(免)税计税依据×出口货物退税率 （式 2−28）

(2)外贸企业出口委托加工修理修配货物:

出口委托加工修理修配货物的增值税应退税额=委托加工修理修配的增值税退(免)税计税依据×出口货物退税率 （式 2−29）

【例 2−16 计算题】某外贸公司与英国某客商签订销售箱包合同。合同约定为:出口箱包 10 万只,出口金额 500 万元。组织购货情况如下:箱包生产企业甲供货箱包 5 万只,增值税发票计税金额 200 万元,税额 34 万元;同时与生产企业乙签订购货合同,收购箱包 5 万只,增值税发票计税金额 150 万元,税额 25.5 万元。该出口合同已履行完毕,货物于 7 月出口。箱包的退税率为 11%,试计算该批出口箱包应退增值税。

【正确答案】

出口退税额=(200+150)×11%=385(万元)

3.退税率低于适用税率

退税率低于适用税率的,相应计算出的差额部分的税款计入出口货物劳务成本。

4.出口企业既有适用增值税免抵退项目,也有增值税即征即退、先征后退项目

增值税即征即退和先征后退项目不参与出口项目免抵退税计算。出口企业应分别核算增值税免抵退项目和增值税即征即退、先征后退项目,并分别申请享受增值税即征即退、先征后退和免抵退税政策。

用于增值税即征即退或者先征后退项目的进项税额无法划分的,按照下列公式计算:

无法划分进项税额中用于增值税即征即退或者先征后退项目的部分=当月无法划分的全部进项税额×当月增值税即征即退或者先征后退项目销售额÷当月全部销售额、营业额合计 （式 2−30）

四、出口货物和劳务增值税征税政策

(一)适用增值税征税政策的范围

适用增值税征税政策的出口货物劳务,是指:

(1)出口企业出口或视同出口财政部和国家税务总局根据国务院决定明确的取消出口退(免)税的货物(不包括来料加工复出口货物、中标机电产品、列名原材料、输入特殊区域的水电气、海洋工程结构物)。

(2)出口企业或其他单位销售给特殊区域内的生活消费用品和交通运输工具。

(3)出口企业或其他单位因骗取出口退税被税务机关停止办理增值税退(免)税期间出口的货物。

(4)出口企业或其他单位提供虚假备案单证的货物。

(5)出口企业或其他单位增值税退(免)税凭证有伪造或内容不实的货物。

(6)出口企业或其他单位未在国家税务总局规定期限内申报免税核销及经主管税务机关审核不予免税核销的出口卷烟。

(7)其他税法规定的情形。

(二)应纳增值税的计算

适用增值税征税政策的出口货物劳务,其应纳增值税按下列办法计算:

1.一般纳税人出口货物

销项税额=(出口货物离岸价-出口货物耗用的进料加工保税进口料件金额)÷(1+适用税率)×适用税率　　(式2-31)

出口货物若已按征退税率之差计算不得免征和抵扣税额并已经转入成本的,相应的税额应转回进项税额。

(1)主营业务成本、生产成本均为不予退(免)税的进料加工出口货物的主营业务成本、生产成本。当耗用的保税进口料件金额大于不予退(免)税的进料加工出口货物金额时,耗用的保税进口料件金额为不予退(免)税的进料加工出口货物金额。

出口货物耗用的进料加工保税进口料件金额=主营业务成本×(投入的保税进口料件金额÷生产成本)　　(式2-32)

(2)出口企业应分别核算内销货物和增值税征税的出口货物的生产成本、主营业务成本。未分别核算的,其相应的生产成本、主营业务成本由主管税务机关核定。

进料加工手册海关核销后,出口企业应对出口货物耗用的保税进口料件金额进行清算。清算公式为:

清算耗用的保税进口料件总额=实际保税进口料件总额-退(免)税出口货物耗用的保税进口料件总额-进料加工副产品耗用的保税进口料件总额　　(式2-33)

若耗用的保税进口料件总额与各纳税期扣减的保税进口料件金额之和存在差额时,应在清算的当期相应调整销项税额。当耗用的保税进口料件总额大于出口货物离岸金额时，其差额部分不得扣减其他出口货物金额。

2.小规模纳税人出口货物

应纳税额=出口货物离岸价÷(1+征收率)×征收率　　（式 2-34）

第七节　增值税的主要优惠政策

一、起征点

(1)纳税人(仅限于个人,但不包含登记为一般纳税人的个体工商户)的营业额或销售额未达到起征点的,免征增值税。具体增值税起征点的幅度规定如下:

①按期纳税的,为月销售额 5 000~20 000 元(含本数)。

②按次纳税的,为每次(日)销售额 300~500 元。

(2)小微企业免税规定

①增值税小规模纳税人,月销售额不超过“10 万元”(按季纳税,季销售额不超过 30 万元)免征。

②上述纳税人申请代开专用发票,已经缴纳过税款的,在专用发票“全部联次追回”或者按规定“开具红字增值税专用发票”后,可申请退还。

③其他个人出租不动产,月租金收入不超过 10 万元的,可享受小微企业免征增值税的优惠政策。

已经使用增值税发票管理系统的小规模纳税人,月销售额未超过 10 万元的,可以继续使用现有税控设备开具发票;已经自行开具增值税专用发票的,可以继续自行开具增值税专用发票,并就开具增值税专用发票的销售额计算缴纳增值税。

二、主要减免税规定

(1)农业生产者销售的自产农产品。

农业生产者,包括从事农业生产的单位和个人。农产品是指种植业、养殖业、林业、牧业、水产业生产的各类植物、动物的初级产品。

(2)避孕药品和用具。

(3)古旧图书。

(4)直接用于科学研究、科学试验和教学的进口仪器、设备。

(5)外国政府、国际组织无偿援助的进口物资和设备。

(6)由残疾人的组织直接进口供残疾人专用的物品。

(7)销售的自己使用过的物品。

(8)自2012年1月1日起,免征蔬菜流通环节增值税。自2012年10月1日起,免征部分鲜活肉蛋产品流通环节增值税。

(9)托儿所、幼儿园提供的保育和教育服务。

(10)养老机构提供的养老服务。

(11)残疾人福利机构提供的育养服务。

(12)婚姻介绍服务。

(13)殡葬服务。

(14)残疾人员本人为社会提供的服务。

(15)医疗机构提供的医疗服务。

(16)从事学历教育的学校提供的教育服务。

(17)学生勤工俭学提供的服务。

(18)农业机耕、排灌、病虫害防治、植物保护、农牧保险及相关技术培训业务,家禽、牲畜、水生动物的配种和疾病防治。

(19)纪念馆、博物馆、文化馆、文物保护单位管理机构、美术馆、展览馆、书画院、图书馆在自己的场所提供文化体育服务取得的第一道门票收入。

(20)寺院、宫观、清真寺和教堂举办文化、宗教活动的门票收入。

(21)行政单位之外的其他单位收取的符合《试点实施办法》第十条规定条件的政府性基金和行政事业性收费。

(22)个人转让著作权。

(23)个人销售自建自用住房。

(24)2018年12月31日前,公共租赁住房经营管理单位出租公共租赁住房。

(25)台湾航运公司、航空公司从事海峡两岸海上直航、空中直航业务在大陆取得的运输收入。

(26)纳税人提供的直接或者间接国际货物运输代理服务。

(27)以下利息收入:①自2018年9月1日至2020年12月31日,对金融机构向小型企业、微型企业和个体工商户发放小额贷款取得的利息收入,免征增值税;②国家助学贷款;③国债、地方政府债;④人民银行对金融机构的贷款;⑤住房公积金管理中心用住房公积金在指定的委托银行发放的个人住房贷款;⑥外汇管理部门在从事国家外汇储备经营过程中,委托金融机构发放的外汇贷款;⑦统借统还业务中,企业集团或企业集团中的核心企业以及集团所属财务公司按不高于支付给金融机构的借款利率水平或者支付的债券票面利率水平,向企业集团或者集团内下属单位收取的利息;⑧社保基金会、社保基金投资管理人在运用社保基金投资过程中,提供贷款服务取得的全部利息及利息性质的收入。

(28)保险公司开办的一年期以上人身保险产品取得的保费收入。

(29)下列金融商品转让收入:

①合格境外投资者(QFII)委托境内公司在我国从事证券买卖业务。

②香港市场投资者(包括单位和个人)通过沪港通买卖上海证券交易所上市A股。

③对香港市场投资者(包括单位和个人)通过基金互认买卖内地基金份额。

④证券投资基金(封闭式证券投资基金,开放式证券投资基金)管理人运用基金买卖股票、债券。

⑤个人从事金融商品转让业务。

⑥社保基金会、社保基金投资管理人在运用社保基金投资过程中金融商品转让收入。

(30)金融同业往来利息收入。

(31)同时符合下列条件的担保机构从事中小企业信用担保或者再担保业务取得的收入(不含信用评级、咨询、培训等收入)3年内免征增值税。

(32)国家商品储备管理单位及其直属企业承担商品储备任务,从中央或者地方财政取得的利息补贴收入和价差补贴收入。

(33)纳税人提供技术转让、技术开发和与之相关的技术咨询、技术服务。

(34)符合条件的合同能源管理服务。

(35)2017年12月31日前,科普单位的门票收入,以及县级及以上党政部门和科协开展科普活动的门票收入。

(36)政府举办的从事学历教育的高等、中等和初等学校(不含下属单位),举办进修班、培训班取得的全部归该学校所有的收入。

(37)政府举办的职业学校设立的主要为在校学生提供实习场所、并由学校出资自办、由学校负责经营管理、经营收入归学校所有的企业,从事《销售服务、无形资产或者不动产注释》中"现代服务"(不含融资租赁服务、广告服务和其他现代服务)、"生活服务"(不含文化体育服务、其他生活服务和桑拿、氧吧)业务活动取得的收入。

(38)家政服务企业由员工制家政服务员提供家政服务取得的收入。

(39)福利彩票、体育彩票的发行收入。

(40)军队空余房产租赁收入。

(41)为了配合国家住房制度改革,企业、行政事业单位按房改成本价、标准价出售住房取得的收入。

(42)将土地使用权转让给农业生产者用于农业生产。

(43)涉及家庭财产分割的个人无偿转让不动产、土地使用权。

(44)土地所有者出让土地使用权和土地使用者将土地使用权归还给土地所有者。

(45)县级以上地方人民政府或自然资源行政主管部门出让、转让或收回自然资源使用权(不含土地使用权)。

(46)随军家属就业。

(47)军队转业干部就业。

三、其他有关减免税规定

(1)纳税人兼营免税、减税项目的,应当分别核算免税、减税项目的销售额;未分别核算销售额的,不得免税、减税。

(2)纳税人销售货物或者应税劳务适用免税规定的,可以放弃免税,依照《增值税暂行条例》的规定缴纳增值税,放弃免税后,36 个月内不得再申请免税。

(3)个人将购买不足 2 年的住房对外销售的,按照 5%的征收率全额缴纳增值税;个人将购买 2 年以上(含 2 年)的住房对外销售的,免征增值税。上述政策适用于北京市、上海市、广州市和深圳市之外的地区。

个人将购买不足 2 年的住房对外销售的,按照 5%的征收率全额缴纳增值税;个人将购买 2 年以上(含 2 年)的非普通住房对外销售的,以销售收入减去购买住房价款后的差额按照 5%的征收率缴纳增值税;个人将购买 2 年以上(含 2 年)的普通住房对外销售的,免征增值税。上述政策仅适用于北京市、上海市、广州市和深圳市。

第八节　征收管理

增值税(包括营改增)由国家税务局负责征收。但纳税人销售取得的不动产和其他个人出租不动产的增值税,国家税务局暂委托地方税务局代为征收。

一、纳税义务发生时间

增值税的纳税义务发生时间,明确了企业在计算应纳税额时,对“当期销项税额”中“当期”时间的限定,是增值税计税和征收管理中的重要规定。

(1)纳税人发生应税行为,其纳税义务发生时间为收讫销售款项或者取得索取销售款项凭据的当天;先开具发票的,为开具发票的当天。按销售结算方式的不同,具体为:

①采取直接收款方式销售货物,不论货物是否发出,均为收到销售款或者取得索取销售款凭据的当天。

②采取托收承付和委托银行收款方式销售货物,为发出货物并办妥托收手续的当天。

③采取赊销和分期收款方式销售货物,为书面合同约定的收款日期的当天,无书面合同的或者书面合同没有约定收款日期的,为货物发出的当天。

④采取预收货款方式销售货物,为货物发出的当天,但销售生产工期超过 12 个月的大型机械设备、船舶、飞机等货物,为收到预收款或者书面合同约定的收款日期的当天;采取预收款方式提供建筑服务、租赁服务的,其纳税义务发生时间为收到预收款的当天。

⑤委托其他纳税人代销货物,为收到代销单位的代销清单或者收到全部或者部分货款

的当天。未收到代销清单及货款的，为发出代销货物满 180 天的当天。

⑥销售应税劳务，为提供劳务同时收讫销售款或者取得索取销售款的凭据的当天。

⑦视同销售货物行为的第 3 项至第 8 项所列，为货物移送的当天；第 9 项至第 10 项所列为服务、无形资产转让完成的当天或者不动产权属变更的当天。

⑧纳税人从事金融商品转让的，为金融商品所有权转移的当天。

(2)纳税人进口货物，其纳税义务发生时间为报关进口的当天。

(3)增值税扣缴义务发生时间为纳税人增值税纳税义务发生的当天。

二、纳税期限

增值税的纳税期限分别为 1 日、3 日、5 日、10 日、15 日、1 个月或者 1 个季度。纳税人的具体纳税期限，由主管税务机关根据纳税人应纳税额的大小分别核定。以 1 个季度为纳税期限的规定适用于小规模纳税人、银行、财务公司、信托投资公司、信用社，以及财政部和国家税务总局规定的其他纳税人。不能按照固定期限纳税的，可以按次纳税。

纳税人以 1 个月或者 1 个季度为 1 个纳税期的，自期满之日起 15 日内申报纳税；以 1 日、3 日、5 日、10 日或者 15 日为 1 个纳税期的，自期满之日起 5 日内预缴税款，于次月 1 日起 15 日内申报纳税并结清上月应纳税款。

纳税人进口货物，应当自海关填发税款缴纳书之日起 15 日内缴纳税款。

三、纳税地点

为了保证纳税人按期申报纳税，根据企业跨地区经营和搞活商品流通的特点及不同情况，税法还具体规定了增值税的纳税地点：

(1)固定业户应当向其机构所在地的主管税务机关申报纳税。总机构和分支机构不在同一县(市)的，应当分别向各自所在地的主管税务机关申报纳税；经国务院财政、税务主管部门或者其授权的财政、税务机关批准，可以由总机构汇总向总机构所在地的主管税务机关申报纳税。

(2)固定业户到外县(市)发生应税行为，应当向其机构所在地的主管税务机关申请开具外出经营活动税收管理证明、并向其机构所在地的主管税务机关申报纳税；未开具证明的，应当向应税行为发生地的主管税务机关申报纳税；未向应税行为发生地的主管税务机关申报纳税的，由其机构所在地的主管税务机关补征税款。

(3)非固定业户应当向应税行为发生地主管税务机关申报纳税；未申报纳税的，由其机构所在地或者居住地主管税务机关补征税款。

(4)其他个人提供建筑服务，销售或者租赁不动产，转让自然资源使用权，应向建筑服务发生地、不动产所在地、自然资源所在地主管税务机关申报纳税。

(5)进口货物，应当向报关地海关申报纳税。

(6)扣缴义务人应当向其机构所在地或者居住地的主管税务机关申报缴纳其扣缴的税款。

第九节　增值税专用发票的使用及管理

增值税实行凭国家印发的增值税专用发票注明的税款进行抵扣的制度。增值税专用发票(以下简称“专用发票”)不仅是纳税人经济活动中的重要商业凭证,而且是兼记销货方销项税额和购货方进项税额进行税款抵扣的凭证,对增值税的计算和管理起着决定性的作用,因此,正确使用增值税专用发票是十分重要的。

一、专用发票领购使用范围

一般纳税人凭《发票领购簿》、IC 盘和经办人身份证明领购专用发票。一般纳税人有下列情形之一的,不得领购开具专用发票:

(1)会计核算不健全,不能向税务机关准确提供增值税销项税额、进项税额、应纳税额数据及其他有关增值税税务资料的。

(2)有《税收征管法》规定的税收违法行为,拒不接受税务机关处理的。

(3)有下列行为之一,经税务机关责令限期改正而仍未改正的:虚开增值税专用发票;私自印制专用发票;向税务机关以外的单位和个人买取专用发票;借用他人专用发票;未按规定开具专用发票;未按规定保管专用发票和专用设备;未按规定申请办理防伪税控系统变更发行;未按规定接受税务机关检查。

二、专用发票开具范围

纳税人销售货物或者应税劳务,应当向索取增值税专用发票的购买方开具增值税专用发票,并在增值税专用发票上分别注明销售额和销项税额。

属于下列情形之一的,不得开具增值税专用发票:

(1)向消费者个人销售货物或者应税劳务的。

(2)销售货物或者应税劳务适用免税规定的。

(3)除规定 8 个行业以外的其他小规模纳税人销售货物或者应税劳务的。

增值税小规模纳税人需要开具专用发票的,可向主管税务机关申请代开。

三、专用发票的联次及开具要求

专用发票由基本联次或者基本联次附加其他联次构成,基本联次为三联:发票联、抵扣联和记账联。发票联,作为购买方核算采购成本和增值税进项税额的记账凭证;抵扣联,作为购买方报送主管税务机关认证和留存备查的凭证;记账联,作为销售方核算销售收入和增值税销项税额的记账凭证。其他联次用途,由一般纳税人自行确定。

专用发票应按下列要求开具:项目齐全,与实际交易相符;字迹清楚,不得压线、错格;发票联和抵扣联加盖财务专用章或者发票专用章;按照增值纳税义务的发生时间开具。一般纳税人销售货物或者提供应税劳务可汇总开具专用发票。汇总开具专用发票的,同 时使用防伪税控系统开具《销售货物或者提供应税劳务清单》,并加盖财务专用章或者发票。

四、开具专用发票后发生退货或开票有误的处理

增值税一般纳税人开具增值税专用发票后,发生销货退回、销售折让及开票有误等情况需要开具红字专用发票的,视不同情况分别按以下办法处理:

(1)因专用发票抵扣联、发票联均无法认证的,由购买方填报《开具红字增值税专用发票申请单》并在申请单上填写具体原因及相对应蓝字专用发票的信息,主管税务机关审核后出具《开具红字增值税专用发票通知单》。购买方不作进项税额转出处理。

(2)购买方所购货物不属于增值税扣税项目范围,取得的专用发票未经认证的,由购买方填报申请单,并在申请单上填写具体原因及相对应蓝字专用发票的信息,主管税务机关审核后出具通知单。购买方不作进项税额转出处理。

(3)因开票有误购买方拒收专用发票的,销售方须在专用发票认证期限内向主管税务机关填报申请单,并在申请单上填写具体原因及相对应蓝字专用发票的信息,同时提供由购买方出具的写明拒收理由、错误具体项目及正确内容的书面材料,主管税务机关审核确认后出具通知单。销售方凭通知单开具红字专用发票。

(4)因开票有误等原因尚未将专用发票交付购买方的,销售方须在开具有误专用发票的次月内向主管税务机关填报申请单,并在申请单上填写具体原因及相对应蓝字专用发票的信息,同时提供由销售方出具的写明具体理由、错误具体项目及正确内容的书面材料,主管税务机关审核确认后出具通知单。销售方凭通知单开具红字专用发票。

(5)发生销货退回或销售折让的,除按照《通知》的规定进行处理外,销售方还应在开具红字专用发票后将该笔业务的相应记账凭证复印件报送主管税务机关备案。

附件:

销售服务、无形资产、不动产注释

一、销售服务

销售服务是指提供交通运输服务、邮政服务、电信服务、建筑服务、金融服务、现代服务、生活服务。

(一)交通运输服务

交通运输服务是指利用运输工具将货物或者旅客送达目的地,使其空间位置得到转移的业务活动。包括陆路运输服务、水路运输服务、航空运输服务、管道运输服务和无运输工具承运业务。

(1)陆路运输服务是指通过陆路(地上或者地下)运送货物或者旅客的运输业务活动,包括铁路运输服务和其他陆路运输服务。

(2)水路运输服务是指通过江、河、湖、川等天然、人工水道或者海洋航道运送货物或者旅客的运输业务活动。

水路运输的程租、期租业务属于水路运输服务。程租业务是指运输企业为租船人完成某一特定航次的运输任务并收取租赁费的业务;期租业务是指运输企业将配备有操作人员的船舶承租给他人使用一定期限,承租期内听候承租方调遣,不论是否经营,均按天向承租方收取租赁费,发生的固定费用均由船东负担的业务。

(3)航空运输服务是指通过空中航线运送货物或者旅客的运输业务活动。

航空运输的湿租业务属于航空运输服务。湿租业务是指航空运输企业将配备有机组人员的飞机承租给他人使用一定期限,承租期内听候承租方调遣,不论是否经营,均按一定标准向承租方收取租赁费,发生的固定费用均由承租方承担的业务。

(4)管道运输服务是指通过管道设施输送气体、液体、固体物质的运输业务活动。

(5)无运输工具承运业务(如滴滴打车业务),按照交通运输服务缴纳增值税,是指经营者以承运人身份与托运人签订运输服务合同,收取运费并承担承运人责任,然后委托实际承运人完成运输服务的经营活动。

(二)邮政服务

邮政服务是指中国邮政集团公司及其所属邮政企业提供邮件寄递、邮政汇兑和机要通信等邮政基本服务的业务活动。包括邮政普遍服务、邮政特殊服务和其他邮政服务。

(1)邮政普遍服务是指函件、包裹等邮件寄递,以及邮票发行、报刊发行和邮政汇兑等业务活动。

(2)邮政特殊服务是指义务兵平常信函、机要通信、盲人读物和革命烈士遗物的寄递等业务活动。

(3)其他邮政服务是指邮册等邮品销售、邮政代理等业务活动。

（三）电信服务

电信服务是指利用有线、无线的电磁系统或者光电系统等各种通信网络资源，提供语音通话服务，传送、发射、接收或者应用图像、短信等电子数据和信息的业务活动。包括基础电信服务和增值电信服务。

（1）基础电信服务是指利用固网、移动网、卫星、互联网，提供语音通话服务的业务活动，以及出租或者出售带宽、波长等网络元素的业务活动。

（2）增值电信服务是指利用固网、移动网、卫星、互联网、有线电视网络，提供短信和彩信服务、电子数据和信息的传输及应用服务、互联网接入服务等业务活动。卫星电视信号落地转接服务，按照增值电信服务缴纳增值税。

（四）建筑服务

建筑服务是指各类建筑物、构筑物及其附属设施的建造、修缮、装饰，线路、管道、设备、设施等的安装及其他工程作业的业务活动。包括工程服务、安装服务、修缮服务、装饰服务和其他建筑服务。

（1）工程服务是指新建、改建各种建筑物、构筑物的工程作业，包括与建筑物相连的各种设备或者支柱、操作平台的安装或者装设工程作业，以及各种窑炉和金属结构工程作业。

（2）安装服务是指生产设备、动力设备、起重设备、运输设备、传动设备、医疗实验设备及其他各种设备、设施的装配、安置工程作业，包括与被安装设备相连的工作台、梯子、栏杆的装设工程作业，以及被安装设备的绝缘、防腐、保温、油漆等工程作业。

固定电话、有线电视、宽带、水、电、燃气、暖气等经营者向用户收取的安装费、初装费、开户费、扩容费及类似收费，按照安装服务缴纳增值税。

（3）修缮服务是指对建筑物、构筑物进行修补、加固、养护、改善，使之恢复原来的使用价值或者延长其使用期限的工程作业。

（4）装饰服务是指对建筑物、构筑物进行修饰装修，使之美观或者具有特定用途的工程作业。

（5）其他建筑服务是指上列工程作业之外的各种工程作业服务，如钻井（打井）、拆除建筑物或者构筑物、平整土地、园林绿化、疏浚（不包括航道疏浚）、建筑物平移、搭脚手架、爆破、矿山穿孔、表面附着物（包括岩层、土层、沙层等）剥离和清理等工程作业。

（五）金融服务

金融服务，是指经营金融保险的业务活动。包括贷款服务、直接收费金融服务、保险服务和金融商品转让。

（1）贷款服务。贷款是指将资金贷与他人使用而取得利息收入的业务活动。各种占用、拆借资金取得的收入，包括金融商品持有期间（含到期）利息（保本收益、报酬、资金占用费、补偿金等）收入、信用卡透支利息收入、买入返售金融商品利息收入、融资融券收取的利息收入，以及融资性售后回租、押汇、罚息、票据贴现、转贷等业务取得的利息及利息性质的收入，按照贷款服务缴纳增值税。

融资性售后回租是指承租方以融资为目的,将资产出售给从事融资性售后回租业务的企业后,从事融资性售后回租业务的企业将该资产出租给承租方的业务活动。

以货币资金投资收取的固定利润或者保底利润,按照贷款服务缴纳增值税。

(2)直接收费金融服务是指为货币资金融通及其他金融业务提供相关服务并且收取费用的业务活动。包括提供货币兑换、账户管理、电子银行、信用卡、信用证、财务担保、资产管理、信托管理、基金管理、金融交易场所(平台)管理、资金结算、资金清算、金融支付等服务。

(3)保险服务是指投保人根据合同约定,向保险人支付保险费,保险人对于合同约定的可能发生的事故因其发生所造成的财产损失承担赔偿保险金责任,或者当被保险人死亡、伤残、疾病或者达到合同约定的年龄、期限等条件时承担给付保险金责任的商业保险行为。包括人身保险服务和财产保险服务。

(4)金融商品转让是指转让外汇、有价证券、非货物期货和其他金融商品所有权的业务活动。其他金融商品转让包括基金、信托、理财产品等各类资产管理产品和各种金融衍生品的转让。

(六)现代服务

现代服务是指围绕制造业、文化产业、现代物流产业等提供技术性、知识性服务的业务活动。包括研发和技术服务、信息技术服务、文化创意服务、物流辅助服务、租赁服务、鉴证咨询服务、广播影视服务、商务辅助服务和其他现代服务。

(1)研发和技术服务包括研发服务、合同能源管理服务、工程勘察勘探服务、专业技术服务。

(2)信息技术服务是指利用计算机、通信网络等技术对信息进行生产、收集、处理、加工、存储、运输、检索和利用,并提供信息服务的业务活动。包括软件服务、电路设计及测试服务、信息系统服务、业务流程管理服务和信息系统增值服务。

(3)文化创意服务包括设计服务、知识产权服务、广告服务和会议展览服务。

(4)物流辅助服务包括航空服务、港口码头服务、货运客运场站服务、打捞救助服务、装卸搬运服务、仓储服务和收派服务。

(5)租赁服务,包括融资租赁服务和经营租赁服务。

①融资租赁服务是指具有融资性质和所有权转移特点的租赁活动。按照标的物的不同,融资租赁服务可分为有形动产融资租赁服务和不动产融资租赁服务。融资性售后回租不按照本税目缴纳增值税。

②经营租赁服务是指在约定时间内将有形动产或者不动产转让他人使用且租赁物所有权不变更的业务活动。按照标的物的不同,经营租赁服务可分为有形动产经营租赁服务和不动产经营租赁服务。

水路运输的光租业务和航空运输的干租业务属于经营租赁。光租业务是指运输企业将船舶在约定的时间内出租给他人使用,不配备操作人员,不承担运输过程中发生的各项费用,只收取固定租赁费的业务活动;干租业务是指航空运输企业将飞机在约定的时间内出租给他人使用,不配备机组人员,不承担运输过程中发生的各项费用,只收取固定租赁费的业务活动。

(6)鉴证咨询服务,包括认证服务、鉴证服务和咨询服务。

(7)广播影视服务,包括广播影视节目(作品)的制作服务、发行服务和播映(含放映,下同)服务。

(8)商务辅助服务,包括企业管理服务、经纪代理服务、人力资源服务、安全保护服务。拍卖行受托拍卖取得的手续费或佣金收入,按照"经纪代理服务"缴纳增值税。

(9)其他现代服务是指除研发和技术服务、信息技术服务、文化创意服务、物流辅助服务、租赁服务、鉴证咨询服务、广播影视服务和商务辅助服务以外的现代服务。

(七)生活服务

生活服务是指为满足城乡居民日常生活需求提供的各类服务活动,包括文化体育服务、教育医疗服务、旅游娱乐服务、餐饮住宿服务、居民日常服务和其他生活服务。

二、销售无形资产

销售无形资产是指转让无形资产所有权或者使用权的业务活动。无形资产是指不具实物形态,但能带来经济利益的资产,包括技术、商标、著作权、商誉、自然资源使用权(包括土地使用权)和其他权益性无形资产。

三、销售不动产

销售不动产是指转让不动产所有权的业务活动。不动产是指不能移动或者移动后会引起性质、形状改变的财产,包括建筑物、构筑物等。

本章小结

增值税法
1.概念和特点
2.基本要素
纳税人
一般纳税人
小规模纳税人
征税范围
一般规定:货物、劳务、服务
视同销售
混合、兼营销售
税率
13%
9%、6%
5%、3%
零税率
3.一般纳税人税额计算
销项税额
一般：价款+价外费
特殊：折扣、以旧换新、包
视同销售
进项税额
准予抵扣
不予抵扣
4.小规模纳税人税额计算
5.进口货物税额计算
6.出口退税
出口退税政策
生产企业
外贸企业
7.征税管理

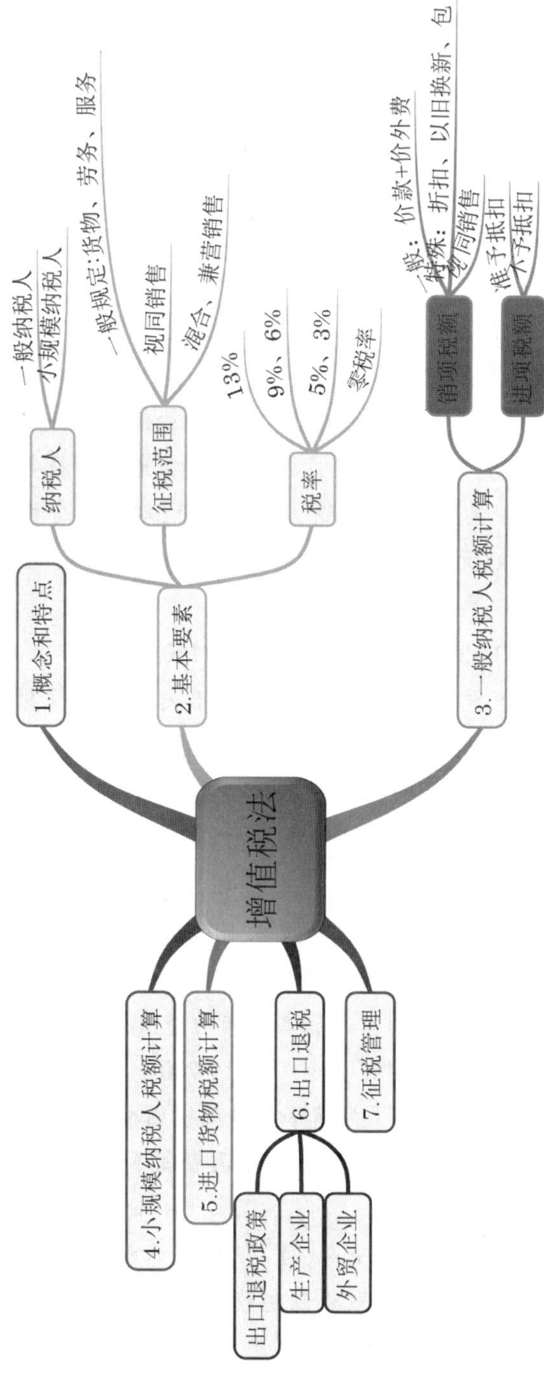

课后习题

一、单选题

1.下列关于增值税纳税人的说法中,错误的是(　　)。

A.年应税销售额在500万元(含)以下的企业,为小规模纳税人

B.小规模纳税人会计核算健全,能提供准确税务资料,可申请不作为小规模纳税人

C.除国家税务总局另有规定外,已登记为小规模纳税人的企业不得再转为一般纳税人

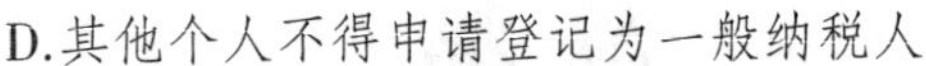

D.其他个人不得申请登记为一般纳税人

“扫一扫”获取更多课后练习

2.下列各项中,增值税税率为13%的是(　　)。

A.销售不动产　　B.提供加工、修理修配服务

C.提供租赁服务　　D.提供交通运输服务

3.甲公司为增值税一般纳税人,本月销售产品一批,取得不含税销售额10万元,同时向对方收取包装物押金1 000元,已知增值税税率为13%,则甲公司本月增值税销项税额为(　　)元。

A.13 115.04　　B.13 000　　C.13 130　　D.17 170

4.某市电视机厂为增值税一般纳税人,2019年10月销售电视机,向某代理商销售2 000台,由于量大,给对方5%折扣,开具增值税专用发票注明单价2 000元/台,在备注栏注明了折扣额;向某商场销售100台,不含税售价2 200元/台;当月取得进项税专用发票注明的税款为10万元(已认证),当月应纳增值税(　　)万元。

A.57.5　　B.5　　C.42.26　　D.44.86

5.甲公司为增值税一般纳税人,本月采用以旧换新的方式零售冰箱50台,冰箱每台零售价2 000元,同时收到旧冰箱50台,每台折价200元,实际收到销售款9万元,已知甲公司适用的增值税税率为13%,则甲公司本月销售冰箱的增值税销项税额为(　　)元。

A.10 353.98　　B.11 504.42　　C.11 700　　D.13 000

6.根据增值税法律制度的规定,下列情形中进项税额准予抵扣的是(　　)。

A.用于免征增值税项目生产的购进货物　　B.因管理不善造成的购进原材料损失

C.接受旅客运输服务　　D.属于一般纳税人的自来水公司销售自来水

7.某个体商店为增值税小规模纳税人。1月,该个体商店购置一批货物,取得的普通发票上注明金额3 200元,当月零售货物取得销售收入22 400元;用部分外购商品抵债,抵债商品的买价为1 200元,平均售价为1 500元,该商店同类产品的最高销售价格为1 800元。该个体商店当月应纳增值税(　　)元。

A.696.12　　B.602.91　　C.687.38　　D.717

8.某公司为增值税一般纳税人,12月从国外进口一批设备,海关核定的关税完税价格为

100 万元。已知进口关税税率为 26%，增值税税率为 13%。则该公司进口环节应缴纳的增值税合计为(　　)万元。

A.13　　B.16.38　　C.14.5　　D.84.6

9.根据营改增试点改革的相关规定，下列各项中执行 9%税率的是(　　)。

A.提供电信服务　　B.提供装卸搬运服务

C.提供邮政业服务　　D.有形动产租赁

10.某广告公司已认定为增值税一般纳税人。2019年 6 月，该公司取得广告制作费含税收入 800 万元，对外支付广告发布费不含税价 400 万元，取得增值税专用发票。此外，当期该广告公司可抵扣的进项税额为 15 万元，则当月该广告公司需缴纳的增值税为(　　)万元。

A.30.28　　B.7.64　　C.6.28　　D.43.11

二、多选题

1.下列各项中，应视同销售货物行为征收增值税的有(　　)。

A.将委托加工的货物用于无偿赠送　　B.用自产货物换取生产资料

C.销售代销的货物　　D.用自产产品对外投资

2.根据增值税法律制度的规定，一般纳税人收取的下列款项中，应当并入销售额计算销项税额的有(　　)。

A.延期付款利息　　B.手续费

C.违约金　　D.受托加工应税消费品代收代缴的消费税

3.下列关于纳税人以特殊方式销售货物的税务处理，错误的有(　　)。

A.纳税人用以物易物方式销售货物，双方都作购销处理

B.纳税人用以旧换新方式销售金银首饰，按新货物的同期销售价格确定销售额

C.纳税人以折扣方式销售货物，若将折扣额另开增值税专用发票，可从销售额中减除折扣额

D.纳税人发生视同销售货物行为，按组成计税价格确定其销售额

4.根据增值税法律制度的规定，下列进项税额准予抵扣的有(　　)。

A.运输公司购进燃料取得的增值税专用发票

B.纳税人委托运输公司运输货物取得的货物运输业增值税专用发票

C.纳税人购入自用的应征消费税的汽车取得的机动车辆销售统一发票

D.纳税人进口产品取得的海关进口增值税专用缴款书

5.下列各项业务中，涉及增值税进项税额不得抵扣的有(　　)。

A.甲公司用外购的汽车作为本公司年会职工奖品

B.乙公司用外购的汽车作为出资投资给 ABC 公司

C.丙公司用外购的水泥预制板建造库房

D.丁公司将外购的房屋作为集体宿舍，以福利方式供员工居住

三、判断题

1.某企业将一批自产的日用品发给职工作为福利,该日用品每件成本为100元,成本利润率为10%,该日用品的组成计税价格为110元。 ( )

2.现行增值税法规定,销售额没有达到起征点的,不征增值税;超过起征点的,应就超过起征点的部分销售额依法计算缴纳。 ( )

3.甲未按规定向乙支付货款,乙企业按合同规定向甲收取违约金,由于违约金是在销售实现后收取的,故不应征增值税。 ( )

4.增值税一般纳税人销售自己使用过得固定资产,一律按照3%的征收率减按2%征收增值税。 ( )

5.如果一般纳税人向小规模纳税人销售货物、提供服务等,则在收取销项税额时,应按照3%的征收率,而不是按照13%、9%或6%的税率。 ( )

四、计算题

1.某生产企业为增值税一般纳税人,2019年5月发生以下业务:

(1)销售A产品收入为80万元(不含增值税),负责运送A产品而取得的运输收入为8万元。

(2)为了促销,以折扣方式销售B产品的销售额为200万元(不含增值税),折扣额20万元,开在同一张发票上。

(3)由于上述B产品质量问题,购买方退货18万元,但尚未收到应退还的增值税专用发票。

(4)将自产产品用于职工福利10万元(同类不含税售价)。

(5)外购原材料一批,取得增值税专用发票上注明的价款为100万元,用于翻修办公楼。

(6)当月第一批购进原材料160万元,取得的增值税专用发票上注明的增值税为20.8万元,货款已经全部支付,取得的防伪税控发票已通过认证。

已知:该企业购销产品适用的增值税税率均为13%。

要求:计算该企业5月应纳的增值税税额。

2.甲公司为增值税一般纳税人,主要生产电动工具,6月,甲公司发生如下事项:

(1)6月3日,购入一批钢材,取得的增值税专用发票注明的价款为80万元,增值税额10.4万元。

(2)6月11日,处理一批下脚料,取得含税销售收入3.39万元。

(3)6月20日,购进一批低值易耗品,取得承运公司开具的增值税普通发票,发票上注明的价款合计金额为0.2万元。

(4)6月23日,因管理不善,当月购进的钢材部分被盗,价值12万元。

已知,甲公司取得的增值税专用发票已经主管税务机关认证,甲公司适用的增值税税率为13%。

要求:计算该企业6月应纳的增值税税额。

第三章

消费税法

☞**知识要点**

(1)熟悉消费税的概念和特点。

(2)能正确判断哪些项目应缴纳消费税,并选择出适用的税率。

(3)掌握消费税计税依据的确定方法,能准确计算应纳消费税税额。

(4)熟悉消费税出口退税政策,能准确计算消费税应退税额。

第一节　消费税的概念和特点

在我国的税收制度里，消费税是增值税的配套税种，凡征收消费税的商品一般都要征收增值税，而且该商品增值税的税率为13%。消费税征税的目的主要是为了调节产业结构，限制某些奢侈品、高能耗产品的生产，正确引导消费，保证国家财政收入。

一、消费税的概念

消费税是对在我国境内从事生产、委托加工和进口应税消费品的单位和个人，就其销售额或销售数量征收的一种税。简单地说，消费税是指对特定消费品征收的一种税。

消费税在我国具有悠久的历史。早在公元前81年，汉昭帝为避免酒的专卖“与商人争市利”，改酒专卖为普通征税，允许各地的地主、商人自行酿酒卖酒，每升酒缴税款四文，纳税环节在酒销售之后，而不是在出坊(酒坊)时缴纳税款，这可以说是我国较早的消费税。

新中国成立后，1950年统一全国税制，建立新税制，曾开征了特种消费行为税，这一税种包含娱乐、筵席、冷食、旅馆四个税目，在发生特种消费行为时征收。为适应建立社会主义市场经济体制的需要，配合新一轮税制改革主要是新增值税的推行，1993年底国务院正式颁布了《消费税暂行条例》，并于1994年1月1日起实施。2006年3月20日，财政部、国家税务总局发文，对消费税税目、税率及相关政策进行调整。新增高尔夫球及球具、高档手表、游艇、木制一次性筷子、实木地板5个税目；取消汽油、柴油税目，增列成品油税目；取消护肤护发品税目，将原属于护肤护发品征税范围的高档护肤类化妆品列入化妆品税目。2014年12月1日起，财政部、国家税务总局取消了汽车轮胎和酒精税目。2015年2月1日起，新增对电池和涂料两个税目。2016年10月1日起，财政部、国家税务总局取消对普通美容、修饰类化妆品征收消费税，将“化妆品”税目名称更名为“高档化妆品”，税率调整为15%。2016年12月1日起，在“小汽车”税目下增设“超豪华小汽车”子税目，对超豪华小汽车，在生产(进口)环节按现行税率征收消费税基础上，在零售环节加征消费税，税率为10%。

二、消费税的特点

(一)征收范围具有选择性

我国消费税在征收范围上根据产业政策与消费政策仅选择部分消费品征税，而不是对所有消费品都征收消费税。与国外消费税比较，我国的征税范围更显窄，仅包括15类应税消费品。

(二)征税环节具有单一性

除少数消费品(金银首饰)的纳税环节为零售环节外,应税消费品主要在生产、委托加工或进口的某一环节征收,之后再继续转销该消费品,不再征收消费税。

(三)平均税率水平比较高且税负差异大

为更好地发挥消费税的调节功能,消费税实行差别化税率。消费税的平均税率水平一般定得比较高,并且不同征税项目的税负差异较大,对需要限制或控制消费的消费品,通常税负较重。

(四)征收方法具有灵活性

消费税采取从价计征、从量计征和复合计征三种计征方法。对一部分价格变化较大,且便于按价格核算的应税消费品,实行从价计征;对一部分价格变动较小,品种、规格比较单一的大宗应税消费品,实行从量计征;对卷烟、白酒实行从价、从量相结合的复合计征方法。

(五)税负具有转嫁性

消费税作为一种流转税,无论是在哪一个环节征收,消费品销售价格中所含的消费税款最终都要转嫁到消费者头上,由消费者承担。

思考:根据消费税的特点,比较增值税和消费税的异同。

第二节　消费税的纳税人、征税范围和税率

一、消费税的纳税人

在中华人民共和国境内生产、委托加工和进口应税消费品的单位和个人,以及国务院确定的销售应税消费品的其他单位和个人,为消费税的纳税人。

单位,是指企业、行政单位、事业单位、军事单位、社会团体及其他单位。个人,是指个体工商户及其他个人。

在中华人民共和国境内,是指生产、委托加工和进口属于应当缴纳消费税的消费品的起运地或者所在地在境内。

二、消费税的征税范围

(一)税目

目前我国确定征收消费税的只有烟、酒、高档化妆品等 15 个税目,有的税目还进一步划

分若干子目。

1.烟

凡是以烟叶为原料加工生产的产品,不论使用何种辅料,均属于本税目的征收范围。下设卷烟(生产环节和批发环节)、雪茄烟和烟丝三类。

2.酒

酒是指酒精度在1°以上的各种酒类饮料,下设白酒、黄酒、啤酒和其他酒。

3.高档化妆品

包括高档美容、修饰类化妆品、高档护肤类化妆品和成套化妆品。

高档美容、修饰类化妆品和高档护肤类化妆品是指生产(进口)环节销售(完税)价格(不含增值税)在10元/毫升(克)或15元/片(张)及以上的美容、修饰类化妆品和护肤类化妆品。

4.贵重首饰及珠宝玉石

包括:凡以金、银、白金、宝石、珍珠、钻石、翡翠、珊瑚、玛瑙等高贵稀有物质及其他金属、人造宝石等制作的各种纯金银首饰及镶嵌首饰和经采掘、打磨、加工的各种珠宝玉石。

对非金银首饰(如镀金、包金首饰)目前在生产环节和零售环节均不计征消费税。

5.鞭炮、焰火

包括各种鞭炮、焰火。体育上用的发令纸、鞭炮药引线,不按本税目征收。

6.成品油

包括汽油、柴油、石脑油、溶剂油、润滑油、燃料油、航空煤油7个子目。

7.小汽车

本税目征收范围包括含驾驶员座位在内最多不超过9个座位(含)的,在设计和技术特性上用于载运乘客和货物的各类乘用车和含驾驶员座位在内的座位数在10座至23座(含23座)的在设计和技术特性上用于载运乘客和货物的各类中轻型商用客车。

超豪华小汽车指的是每辆零售价格130万元(不含增值税)及以上的乘用车和中轻型商用客车。

电动汽车、沙滩车、雪地车、卡丁车、高尔夫车不属于消费税征收范围,不征收消费税。

8.摩托车

包括轻便摩托车和摩托车两种。对最大设计车速不超过50km/h,发动机气缸总工作容量不超过50ml的三轮摩托车不征收消费税。

9.高尔夫球及球具

高尔夫球及球具是指从事高尔夫球运动所需的各种专用装备,包括高尔夫球、高尔夫球杆及高尔夫球包(袋)等。

10.高档手表

高档手表是指销售价格(不含增值税)每只在10 000元(含)以上的各类手表。

11.游艇

游艇是指长度大于8(含)米小于90(含)米,内置发动机,可以在水上移动,一般为私人或团体购置，主要用于水上运动和休闲娱乐等非牟利活动的各类机动艇。

12.木制一次性筷子

木制一次性筷子又称卫生筷子，是指以木材为原料经过锯段、浸泡、旋切、刨切、烘干、筛选、打磨、倒角、包装等环节加工而成的各类一次性使用的筷子。

13.实木地板

实木地板是指以木材为原料，经锯割、干燥、刨光、截断、开榫、涂漆等工序加工而成的块状或条状的地面装饰材料。本税目征收范围包括各类规格的实木地板、实木指接地板、实木复合地板及用于装饰墙壁、天棚的侧端面为榫、槽的实木装饰板。未经涂饰的素板也属于本税目征税范围。

14.电池

电池是一种将化学能、光能等直接转换为电能的装置，一般由电极、电解质、容器、极端，通常还有隔离层组成的基本功能单元，以及用一个或多个基本功能单元装配成的电池组，范围包括原电池、蓄电池、燃料电池、太阳能电池和其他电池。2015年 12 月 31 日前对铅蓄电池缓征消费税。

15.涂料

涂料是指涂于物体表面能形成具有保护、装饰或特殊性能的固态涂膜的一类液体或固体材料之总称。

(二)征税环节

除卷烟外，消费税实行单一环节征收。具体包括以下 5 个征税环节：

1.生产应税消费品

生产应税消费品销售是消费税征收的主要环节，因消费税具有单一环节征税的特点，在生产销售环节征税以后，货物在流通环节无论再流转多少次，不用再缴纳消费税。生产应税消费品除了直接对外销售应征收消费税外，纳税人将生产的应税消费品换取生产资料、消费资料、投资入股、偿还债务，以及用于继续生产应税消费品以外的其他方面都应缴纳消费税。

2.委托加工应税消费品

委托加工应税消费品是指委托方提供原料和主要材料，受托方只收取加工费和代垫部分 辅助材料加工的应税消费品。除受托方为个人外，由受托方在向委托方交货时代收代缴税款。

3.进口应税消费品

单位和个人进口货物属于消费税征税范围的，在进口环节也要缴纳消费税。为了减少征税成本，进口环节缴纳的消费税由海关代征。

4.零售应税消费品

自1995年 1 月 1 日起，金银首饰消费税由生产销售环节征收改为零售环节征收。改在零售环节征收消费税的金银首饰仅限于金基、银基合金首饰以及金、银和金基、银基合金的镶嵌首饰。

自2016年12月1日起，超豪华小汽车，在生产（进口）环节按现行税率征收消费税基础上，在零售环节加征消费税。

5.批发应税消费品

自2 009年5月1日起，在卷烟批发环节加征一道复合税，纳税义务人是在中华人民共和国境内从事卷烟批发业务的单位和个人。卷烟批发企业之间销售的卷烟不缴纳消费税，只有将卷烟销售给零售商等其他单位和个人才缴纳消费税。

【例3-1 多选题】下列各项中，属于消费税征收范围的是（　　）。

A.4S店销售的非豪华小汽车

B.木材公司销售自产的实木地板

C.百货公司销售的高尔夫球及球具

D.烟酒公司批发白酒

E.老凤祥门店销售金银首饰

【答案】BE

【答案解析】非豪华小汽车、实木地板、高尔夫球都只在生产环节征收消费税，4S店和百货公司不是生产公司，销售时不征消费税，选项AC错误；木材公司销售自产实木地板属于生产环节，选项B正确；白酒在批发环节不征消费税，选项D错误；金银首饰在零售环节征收消费税，选项E正确。

三、消费税的税率

（一）税率的一般规定

消费税采用比例税率和定额税率两种形式，以适应不同应税消费品的实际情况。具体税目及税率表如表3-1所示。

表3-1　消费税税目、税率表

税目	税率
一、烟	
1.卷烟	
（1）甲类卷烟	56%加0.003元/支（生产环节）
（2）乙类卷烟	36%加0.003元/支（生产环节）
（3）批发环节	11%加0.005元/支
2.雪茄烟	36%
3.烟丝	30%

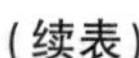
（续表）

税目	税率
二、酒	
1.白酒	20%加0.5元/500克(或者500毫升)
2.啤酒	
(1)甲类啤酒	250元/吨
(2)乙类啤酒	220元/吨
3.黄酒	240元/吨
4.其他酒	10%
三、高档化妆品	15%
四、贵重首饰及珠宝玉石	
1.金银首饰、铂金首饰、钻石及钻石饰品	5%(零售环节)
2.其他贵重首饰及珠宝玉石	10%(生产环节)
五、鞭炮、焰火	15%
六、成品油	
1.汽油	1.52元/升
2.柴油	1.2元/升
3.石脑油	1.52元/升
4.溶剂油	1.52元/升
5.润滑油	1.52元/升
6.燃料油	1.2元/升
7.航空煤油(暂缓征税)	1.2元/升
七、摩托车	
1.汽缸容量为250毫升	3%
2.汽缸容量为250毫升以上的	10%
八、小汽车	
1.乘用车	
(1)汽缸容量(排气量,下同)在1.0升(含)以下	1%
(2)汽缸容量在1.0升以上至1.5升(含)以下	3%
(3)汽缸容量在1.5升以上至2.0升(含)	5%
(4)汽缸容量在2.0升以上至2.5升(含)	9%
(5)汽缸容量在2.5升以上至3.0升(含)	12%
(6)汽缸容量在3.0升以上至4.0升(含)	25%

（续表）

税目	税率
（7）汽缸容量在4.0升以上 2.中轻型商用客车 3.超豪华小汽车（在生产环节基础上另征）	40% 5% 10%（零售环节）
九、高尔夫球及球具	10%
十、高档手表	20%
十一、游艇	10%
十二、木制一次性筷子	5%
十三、实木地板	5%
十四、电池	4%
十五、涂料	4%

注：①根据《财政部 国家税务总局关于调整消费税政策的通知》财税〔2 014〕93 号，自2014年 12 月 1 日起，取消汽车轮胎和酒精消费税；汽油税目不再划分二级子目，统一按照无铅汽油税率征收消费税。

②根据《财政部　国家税务总局关于对电池 涂料征收消费税的通知》财税〔2 015〕16 号，自2015年 2 月 1 日起对电池、涂料征收消费税。

③根据《财政部 国家税务总局关于调整卷烟消费税的通知》财税〔2 015〕60 号，自2015年 5 月 10 日起卷烟批发环节从价税税率由 5%提高至 11%，并按0.005元/支加征从量税。

④根据《财政部 国家税务总局关于调整化妆品消费税政策的通知》财税〔2 016〕103 号，自2016年 10 月 1 日起取消对普通美容、修饰类化妆品征收消费税，将“化妆品”税目名称更名为“高档化妆品”，税率调整为 15%。

⑤根据《财政部 国家税务总局关于对超豪华小汽车加征消费税有关事项的通知》财税〔2 016〕129 号，自2016年 12 月 1 日起，“小汽车”税目下增设“超豪华小汽车”子税目。对超豪华小汽车，在生产（进口）环节按现行税率征收消费税基础上，在零售环节加征消费税，税率为 10%。

（二）卷烟产品的税率

卷烟在生产和批发两个环节征税。生产环节采取复合计征方法，此外从价比例税率还分为两档：甲类卷烟，即每标准条（200 支）调拨价格在 70 元（含 70 元，不含增值税）以上的卷烟，比例税率为 56%；乙类卷烟，即每标准条（200 支）调拨价格在 70 元（不含增值税）以下的卷烟，比例税率为 36%；从量定额税率均为0.003元/支。批发环节也采取复合计征方法，比例税率为 11%，定额税率为0.005元/支。

（三）啤酒产品的税率

啤酒的定额税率为 250 元和 220 元两档，划分标准为：每吨出厂价格（含包装物及包装物押金）3 000元（含）以上的是甲类啤酒，适用于 250 元/吨的税额；每吨出厂价格（含包装物及包装物押金）3 000元以下的是乙类啤酒，适用于 220 元/吨的税额。对娱乐业和饮食业自制的啤酒，适用 250 元/吨的税额。

【例 3-2】某啤酒厂为增值税一般纳税人,5 月销售 A 啤酒 150 吨,每吨不含税售价 2 900元,另取得 A 啤酒收取包装物押金13 560元;销售 B 啤酒 100 吨,每吨不含税售价 2 800元,另取得 B 啤酒收取包装物押金33 900元。请判断 A、B 啤酒适用的消费税税率。

【答案】A 啤酒每吨出厂价格=(2 900×150+13 560÷1.13)÷150=2 980<3 000元,则 A 啤酒的消费税税率为 220 元/吨。

B 啤酒每吨出厂价格=(2 800×100+33 900÷1.13)÷100=3 100>3 000元,则 B 啤酒的消费税税率为 250 元/吨。

(四)税率的特殊规定

(1)纳税人兼营不同税率的应税消费品,应当分别核算不同税率应税消费品的销售额、销售数量。未分别核算销售额、销售数量,从高适用税率。

(2)纳税人将应税消费品与非应税消费品,或者将不同税率的应税消费品组成成套消费品销售的,应根据成套消费品的销售额按照应税消费品中适用的最高税率的消费品税率征税。

【例 3-3】某酒厂 10 月销售礼品盒6 000套,售价为 300 元/套,每套包括粮食白酒 2 斤、单价 80 元,干红酒 2 斤、单价 70 元(题中的价格均为不含税价格)。请判断该酒厂当月销售的粮食白酒和干红酒适用的税率?

【答案】本来粮食白酒复合计征,消费税税率为 20%加0.5元/500 克;干红酒属于其他酒,消费税税率为 10%。根据税法规定,成套应税消费品销售,需要按照最高税率,则该酒厂当月销售的粮食白酒和干红酒适用的税率都是 20%加0.5元/500 克。

第三节　消费税应纳税额计算

一、生产销售环节应纳消费税的计算

(一)直接对外销售应税消费品应纳税额的计算

按照现行消费税法的基本规定,消费税应纳税额的计算主要分为从价计征、从量计征和从价从量复合计征 3 种方法。

1.从价计征

我国现行消费税对大部分应税消费品实行从价计征,计算公式为:

应纳税额=应税消费品的销售额×比例税率　　(式 3-1)

(1)销售额的确定。销售额为纳税人销售应税消费品向购买方收取的全部价款和价外费用。在我国,缴纳增值税的货物并不都缴纳消费税,而缴纳消费税的货物都是增值税征税范围的货物,都同时缴纳增值税。为了方便和统一,实行从价计征的应税消费品,其销售额的确定与增值税中销售额的确定,除个别特殊情况外是一致的。所以在第二章中有关增值税销售额的确定规定同样适用于消费税,在此不再重复。

注意:增值税是价外税,消费税是价内税,因而计税依据销售额中包含消费税,但不含增值税。

【例 3-4 计算题】某化妆品生产企业为增值税一般纳税人,10 月份销售高档化妆品取得不含税收入为 100 万元,另外取得该批商品违约金 2 万元。要求计算该企业应缴纳的消费税。

【答案】应纳消费税=(100+2÷1.13)×15%=15.26(万元)

(2)销售额的特殊规定。

①包装物及押金的计税销售额。

包装物及押金规定基本上与增值税规定一致,不同地方在于啤酒、黄酒的包装物押金在逾期后需缴纳增值税,而不需要缴纳消费税。该区别存在的原因是,啤酒、黄酒属于从量计征的应税消费品,因而消费税与销售额无关。但是需要注意,啤酒在确定消费税税率时是包含包装物押金的。具体如表 3-2 所示。

表 3-2 包装物押金的税务处理比较

包装物押金	收取时		逾期时	
	增值税	消费税	增值税	消费税
一般应税消费品	×	×	√	√
除啤酒、黄酒以外的酒类	√	√	×	×
啤酒、黄酒	×	×	√	×(从量计征)

【例 3-5 计算题】某酒厂为增值税一般纳税人,主要生产粮食白酒和啤酒。2019年 5 月销售粮食白酒 30 吨,取得不含销售额105 000元;销售啤酒 150 吨,每吨不含税售价 2 900元。本月销售粮食白酒收取包装物押金9 040元,销售啤酒收取包装物押金2 260 元。(啤酒的消费税税率为 220 元/吨)

要求:计算该酒厂本月应纳的增值税和消费税税额。

【答案】①粮食白酒应纳增值税=(105 000+9 040÷1.13)×13%=14 690(元)

啤酒应纳增值税=2 900×150×13%=56 550(元)

该酒厂应纳增值税税额=14 690+56 550=71 240(元)

②粮食白酒应纳消费税=(105 000+9 040÷1.13)×20%+30×2 000×0.5=52 600(元)

啤酒应纳消费税=150×220=33 000(元)

该酒厂应纳消费税税额=52 600+33 000=85 600(元)

②纳税人通过自设非独立核算门市部销售的自产应税消费品,应当按照门市部对外销售额或者销售数量征收消费税。

③纳税人用于换取生产资料和消费资料,投资入股和抵偿债务等方面的应税消费品,应当以纳税人同类应税消费品的最高销售价格作为计税依据计算消费税。

在这需要注意的是:纳税人用于换取生产资料和消费资料,投资入股和抵偿债务等方面的应税消费品,增值税仍然是按照加权平均销售价格作为计税依据。

2.从量计征

我国现行消费税对啤酒、黄酒、成品油实行从量计征,计算公式为:

应纳税额=应税消费品的销售数量×定额税率　　(式 3-2)

(1)销售数量的确定。销售量是指纳税人生产、加工和进口应税消费品的数量。具体规定为:

①销售应税消费品的,为应税消费品的销售数量;

②自产自用应税消费品的,为应税消费品的移送使用数量;

③委托加工应税消费品的,为纳税人收回的应税消费品数量;

④进口的应税消费品,为海关核定的应税消费品进口征税数量。

(2)计量单位的换算标准。黄酒、啤酒是以吨为税额单位;汽油、柴油是以升为税额单位的。但是,考虑到在实际销售过程中,一些纳税人会把吨或升这两个计量单位混用,故规范了不同产品的计量单位;以准确计算应纳税额,吨与升两个计量单位的换算标准如表 3-3 所示。

表 3-3　吨、升换算表

名称	计量单位换算标准	名称	计量单位换算标准
啤酒	1 吨=988 升	汽油	1 吨=1 388 升
黄酒	1 吨=962 升	柴油	1 吨=1 176 升
石脑油	1 吨=1 385 升	溶剂油	1 吨=1 282 升
润滑油	1 吨=1 126 升	燃料油	1 吨=1 015 升
航空煤油	1 吨=1 246 升		

【例 3-6 计算题】某炼油厂销售汽油 120 吨,取得销售额 360 万元。计算该行为应纳的消费税税额。(已知:汽油的消费税税率为1.4元/升)

【答案】应纳消费税=120×1 388×1.4=233 184(元)

3.复合计征

现行消费税的征税范围中，只有卷烟、白酒采用复合计征方法，计算公式为：

应纳税额＝应税消费品的销售额×比例税率+销售数量×定额税率　（式 3-3）

销售额、销售数量的确定方法与从价计征、从量计征相同。

消费税计税方法及公式比较如表 3-4 所示。

表 3-4　消费税计税方法及公式比较

征收方法	税目	计税公式
复合计征	卷烟（生产环节）、白酒	应纳消费税＝销售额×比例税率+销售数量×定额税率
从量计征	啤酒、黄酒、成品油	应纳消费税＝销售数量×定额税率
从价计征	除上述以外的其他税目	应纳消费税＝销售额×比例税率

4.外购应税消费品已纳税款的扣除

为了避免重复征税，现行消费税规定，将外购应税消费品用于继续生产应税消费品销售的，可以将外购应税消费品和委托加工收回应税消费品已缴纳的消费税给予扣除。

（1）扣除范围。

按照税法规定，下列连续生产的应税消费品准予从应纳消费税税额中按当期生产领用数量计算外购应税消费品已纳消费税税款：

①外购已税烟丝为原料生产的卷烟；

②外购已税高档化妆品为原料生产的高档化妆品；

③外购已税珠宝玉石为原料生产的贵重首饰及珠宝玉石；

④外购已税鞭炮、焰火为原料生产的鞭炮、焰火；

⑤外购已税杆头、杆身和握把为原料生产的高尔夫球杆；

⑥外购已税木制一次性筷子为原料生产的木制一次性筷子；

⑦外购已税实木地板为原料生产的实木地板；

⑧外购已税石脑油、燃料油、润滑油为原料生产的成品油；

⑨外购已税汽油、柴油为原料生产的汽油、柴油。

（2）扣除方法。

上述当期准予扣除外购应税消费品已纳消费税税款的计算公式为：

当期准予扣除的外购应税消费品已纳税款＝当期准予扣除的外购应税消费品买价×外购应税消费品适用税率　（式 3-4）

当期准予扣除的外购应税消费品买价＝期初库存的外购应税消费品的买价+当期购进的应税消费品的买价-期末库存的外购应税消费品的买价　（式 3-5）

需要说明的是，纳税人用外购的已税珠宝玉石生产的改在零售环节征收消费税的金银首饰（镶嵌首饰），在计税时一律不得扣除外购珠宝玉石的已纳税款。

【例 3-7 计算题】某卷烟生产企业,某月初库存外购应税烟丝金额 50 万元,当月外购应税烟丝金额 500 万元(不含增值税),月末库存烟丝金额 30 万元,其余被当月生产卷烟领用。请计算卷烟厂当月准许扣除的外购烟丝已缴纳的消费税税额。

【答案】当月准许扣除的外购烟丝已缴纳的消费税税额=(50+500-30)×30%=156(万元)。

(二)自产自用应纳消费税的计算

所谓自产自用,是指纳税人生产应税消费品后,不是用于直接对外销售,而是用于自己连续生产应税消费品或用于其他方面。

1.用于连续生产应税消费品

所谓"连续生产应税消费品",是指作为生产最终应税消费品的直接材料、并构成最终产品实体的应税消费品。为体现税不重征且计税简便的原则,纳税人自产自用的应税消费品,用于连续生产应税消费品的,不纳税。例如,卷烟厂生产出烟丝,如果直接对外销售,则烟丝要缴纳消费税;但如果烟丝用于本厂连续生产卷烟,烟丝就不缴纳消费税,只对生产的卷烟征收消费税。

2.用于其他方面的应税消费品

所谓"用于其他方面",是指纳税人用于生产非应税消费品、在建工程、管理部门、非生产机构,提供劳务,以及用于馈赠、赞助、集资、广告、样品、职工福利、奖励等方面的应税消费品。纳税人将自产应税消费品用于其他方面的,视同销售,于移送使用时纳税。

【例 3-8 计算题】某汽车厂为增值税一般纳税人,5 月发生如下业务:本月销售小汽车3 600辆,将 2 辆小汽车移送本厂研究所作破坏性碰撞实验,3 辆作为广告样品,4 辆移送加工豪华小轿车。请指出该汽车厂哪些行为需缴纳消费税。

【答案】3 600辆的销售和 3 辆广告样品视同销售需要缴纳消费税;而 2 辆用于破坏性碰撞试验,不视同销售,不交消费税;4 辆用于继续加工成豪华小轿车,连续生产应税消费品不用交消费税。

3.组成计税价格及税额的计算

纳税人自产自用的应税消费品,凡用于其他方面,应当纳税的,其销售额的确定顺序如下:

(1)按照纳税人当月销售的同类消费品的销售价格计算纳税。如果当月同类消费品各期销售价格高低不同,应按销售数量加权平均计算。但销售的应税消费品有下列情况之一的,不得列入加权平均计算:①销售价格明显偏低又无正当理由的;②无销售价格的。

(2)如果当月无销售或者当月未完结,应按照同类消费品上月或者最近月份的销售价格计算纳税。

(3)没有同类消费品销售价格的,按照组成计税价格计算纳税。组成计税价格计算公式如表 3-5 所示。

表 3-5 自产自用应税消费品的组成计税价格

计税方法	组成计税价格	应纳消费税
从价计征	(成本+利润)/(1-比例税率)	组价×比例税率
从量计征		移送使用数量×定额税率
复合计征	(成本+利润+数量×定额税率)/(1-比例税率)	组价×比例税率+数量×定额税率

组成计税价格计算公式中的利润,是指根据应税消费品的全国平均成本利润率计算的利润。全国平均成本利润率由国家税务总局确定,具体规定如表 3-6 所示。

表 3-6 平均成本利润率 单位:%

货物名称	利润率	货物名称	利润率
甲类卷烟	10	摩托车	6
乙类卷烟	5	高尔夫球及球具	10
雪茄烟	5	高档手表	20
烟丝	5	游艇	10
粮食白酒	10	木制一次性筷子	5
薯类白酒	5	实木地板	5
其他酒	5	乘用车	8
高档化妆品	5	中轻型商务客车	5
鞭炮、焰火	5	电池	4
贵重首饰及珠宝宝石	6	涂料	7

【例 3-9 计算题】某化妆品公司为增值税一般纳税人,2019年 5 月份经营业务如下:

(1)销售自产的 A 高档化妆品 900 套,取得不含税收入 45 万元。

(2)将另外 100 套 A 高档化妆品用于职工福利。

(3) 新研发出 B 高档化妆品,将这批化妆品赠送于老顾客。

已知:该批 B 高档化妆品成本为 6 万元,成本利润率为 5%,高档化妆品消费税税率为 15%。

要求:计算该公司 11 月份应缴纳的消费税?

【答案】应纳消费税=(45+45÷900×100)×15%+6×(1+5%)÷(1-15%)×15% =8.61(万元)

二、委托加工环节应纳消费税的计算

(一)委托加工应税消费品的确定

委托加工的应税消费品是指由委托方提供原料和主要材料,受托方只收取加工费和代垫部分辅助材料加工的应税消费品。对于由受托方提供原材料生产的应税消费品,或者受托方先将原材料卖给委托方,然后再接受加工的应税消费品,以及由受托方以委托方名义购进原材料生产的应税消费品,不论纳税人在财务上是否作销售处理,都不得作为委托加工应税消费品,而应当按照销售自制应税消费品缴纳消费税。

(二)代收代缴税款的规定

税法规定,委托加工的应税消费品,除受托方为个人(含个体工商户)外,由受托方在向委托方交货时代收代缴消费税。受托方在代收代缴消费税时,按下列顺序来确定计税依据:

(1)按照受托方的同类消费品的销售价格计算纳税。"同类消费品的销售价格"与自产自用应税消费品确定同类消费品的销售价格的原则和方法相同。

(2)没有同类消费品销售价格的,按照组成计税价格计算纳税。组成计税价格计算公式如表 3-7 所示。

表 3-7　委托加工应税消费品的组成计税价格

委托加工应税消费品计税方法	组成计税价格	代收代缴消费税
从价计征	(材料成本+加工费)/(1-比例税率)	组价×比例税率
从量计征		委托方收回数量×定额税率
复合计征	(材料成本+加工费+数量×定额税率)/(1-比例税率)	组价×比例税率+数量×定额税率

组成计税价格公式中的"材料成本"是指委托方所提供加工材料的实际成本。委托加工应税消费品的纳税人,必须在委托加工合同上如实注明(或以其他方式提供)材料成本,凡未提供材料成本的,受托方所在地主管税务机关有权核定其材料成本。"加工费"是指受托方加工应税消费品向委托方所收取的全部费用(包括代垫辅助材料的实际成本,不包括增值税税金)。

对于受托方没有按规定代收代缴税款的,委托方要补缴税款,对受托方不再重复补税,但要按《税收征收管理法》的规定,处以应代收代缴税款 50%以上 3 倍以下的罚款。

【例 3-10 计算题】某筷子生产企业为增值税一般纳税人,将成本为 20 万元的原木移送给位于某市市区的另一加工企业,委托其加工成木制一次性筷子,本月收回并取得增值税专用发票,专用发票上注明的加工费及辅料费金额共计5.65万元。本月将其全部直接用于销售,取得不含税销售额 40 万元。

要求:计算加工企业应代收代缴的消费税(已知:木制一次性筷子的消费税税率为 5%)。

【答案】代收代缴消费税=(20+5.65)÷(1-5%)×5%=27×5%=1.35(万元)

（三）委托加工应税消费品收回后消费税的处理

1.受托方已代收代缴消费税的

委托加工的应税消费品，受托方在交货时已代收代缴消费税，委托方收回的应税消费品，以不高于受托方的计税价格出售的，为直接销售，不再缴纳消费税；委托方以高于受托方的计税价格出售的，不属于直接销售，须按规定申报缴纳消费税，在计税时准予扣除受托方已代收代缴的消费税。

2.受托方没有代收代缴消费税的

受托方没有代收代缴消费税的，委托方应补交税款。如果在检查时，收回的应税消费品已经直接销售的，按销售额计税；收回的应税消费品尚未销售或不能直接销售的（如收回后用于连续生产等），按组成计税价格计税。组成计税价格的计算公式与上述“（二）”组成计税价格公式相同。

3.受托方为个人（含个体工商户）的

纳税人委托个人（含个体工商户）加工应税消费品，一律由委托方在收回加工应税消费品后向所在地主管税务机关缴纳消费税。

【例 3-11 计算题】题目同例 3-10。

要求：计算该筷子生产企业应纳消费税。

【答案】应纳消费税＝40×5%－1.35＝0.65（万元）

【答案解析】售价 40 万元高于受托方计税价格 27 万元，所以委托方仍需缴纳消费税，但允许扣除受托方已代收代缴的消费税。

（四）委托加工收回的应税消费品已纳税款的扣除

委托加工的应税消费品因为已由受托方代收代缴消费税，因此，委托方收回货物后用于连续生产应税消费品的，其已纳税款准予按照规定从连续生产的应税消费品应纳消费税税额中抵扣。

1.扣除范围

按照税法规定，下列连续生产的应税消费品准予从应纳消费税税额中按当期生产领用数量计算扣除委托加工收回的应税消费品已纳消费税税款：

（1）以委托加工收回的已税烟丝为原料生产的卷烟。

（2）以委托加工收回的已税高档化妆品为原料生产的高档化妆品。

（3）以委托加工收回的已税珠宝玉石为原料生产的贵重首饰及珠宝玉石。

（4）以委托加工收回的已税鞭炮、焰火为原料生产的鞭炮、焰火。

（5）以委托加工收回的已税杆头、杆身和握把为原料生产的高尔夫球杆。

（6）以委托加工收回的已税木制一次性筷子为原料生产的木制一次性筷子。

（7）以委托加工收回的已税实木地板为原料生产的实木地板。

（8）以委托加工收同的已税石脑油、燃料油、润滑油为原料生产的成品油。

(9)以委托加工收同的已税汽油、柴油为原料生产的汽油、柴油。

2.扣除方法

当期准予扣除的委托加工应税消费品已纳税款=期初库存的委托加工应税消费品已纳税款+当期收回的委托加工应税消费品已纳税款-期末库存的委托加工应税消费品已纳税款

（式 3-6）

需要说明的是,纳税人用委托加工收回的已税珠宝玉石生产的改在零售环节征收消费税的金银首饰,在计税时一律不得扣除委托加工收回的珠宝玉石的已纳消费税税款。

【例 3-12 计算题】某化妆品生产企业为增值税一般纳税人,2019年5月份领用部分委托加工收回香水用于继续加工成高档化妆品,当月销售取得不含税销售额 20 万元。已知期初库存委托加工香水已纳税款为 3 万元,当期收回委托加工香水已纳税款为1.6万元,期末库存委托加工已纳税款为 2 万元。

要求:计算该化妆品企业 5 月份应缴纳的消费税。

【答案】化妆品企业当月可抵扣消费税=3+1.6-2=2.6(万元)

10 月份应缴纳的消费税=20×15%-2.6=0.4(万元)

【提示】委托加工收回的应税消费品已纳税款的扣除的规定与外购应税消费品已纳税款的扣除规定是一致的。

委托加工应税消费品委托方与受托方之间的关系比较如表 3-8 所示。

表 3-8　委托加工应税消费品委托方与受托方之间的关系比较

项目	委托方	受托方
委托加工成立的条件	提供原材料和主要材料	只收取加工费和代垫辅料
增值税税务处理	①购进材料涉及增值税进项税; ②支付加工费涉及增值税进项税	①购进辅料涉及增值税进项税; ②收取加工费和代垫辅料费涉及增值税销项税
委托加工环节消费税处理	提货时受托方代收代缴(受托方个体户除外)	交货时代收代缴委托方消费税
代收代缴后消费税的相关处理	①以不高于受托方的计税价格出售的,为直接销售,不再缴纳消费税; ②以高于受托方的计税价格出售的,不属于直接销售,须按规定申报缴纳消费税,在计税时准予扣除受托方已代收代缴的消费税; ③连续加工应税消费品后销售的,在出厂环节缴纳消费税,符合条件的可按生产领用抵扣消费税	及时到受托方所在地税务机关解缴税款

三、进口环节应纳消费税的计算

纳税人进口应税消费品，按照组成价格和规定的税率来计算消费税，具体计算如表 3-9 所示。

表 3-9　进口应税消费品的组成计税价格

计税方法	组成计税价格	应纳消费税
从价计征	(关税完税价格+关税)/(1-比例税率)	组价×比例税率
从量计征		海关核定数量×定额税率
复合计征	(关税完税价格+关税+数量×定额税率)/(1-比例税率)	组价×比例税率+数量×定额税率

进口的应税消费品，于报关进口时缴纳消费税；进口的应税消费品的消费税由海关代征；进口的应税消费品，由进口人或者其代理人向报关地海关申报纳税；纳税人进口应税消费品，按照关税征收管理的相关规定，应当自海关填发海关进口消费税专用缴款书之日起 15 日内缴纳税款。

【例 3-13 计算题】某企业进口粮食白酒 400 吨，关税完税价格为 100 万元，要求：计算进口环节缴纳税金。(已知：粮食白酒的关税税率为 15%)

【答案】关税 = 100×15% = 15(万元)

进口时缴纳的增值税 = (100 + 15 + 400×2 000÷10 000×0.5)÷(1-20%)×13% = 25.187 5(万元)

进口时缴纳的消费税 = (100+15+400×2 000÷10 000×0.5)÷(1-20%)×20%+400×2 000÷10 000×0.5 = 78.75(万元)

四、零售环节应纳消费税的计算

(一)金银首饰、铂金首饰、钻石及钻石饰品

零售环节的金银首饰指的是金基、银基合金首饰及金、银和金基、银基合金的镶嵌首饰，其他贵重首饰仍然在生产环节征税。对既销售金银首饰，又销售非金银首饰的生产、经营单位，应将两类商品划分清楚，分别核算销售额。凡划分不清楚或不能分别核算的，在生产环节销售的，一律从高适用税率征收消费税；在零售环节销售的，一律按金银首饰征收消费税。金银首饰与其他产品组成成套消费品销售的，应按销售额全额征收消费税。

带料加工的金银首饰，应按受托方销售同类金银首饰的销售价格确定计税依据征收消费 税。没有同类金银首饰销售价格的，按照组成计税价格计算纳税。

纳税人采用以旧换新(含翻新改制)方式销售的金银首饰，应按实际收取的不含增值税的全部价款确定计税依据征收消费税。

【例 3-14 计算题】某百货商场为增值税一般纳税人,2019年 5 月发生如下经营业务:①零售金银首饰取得含税销售额10.53万元(不包括以旧换新业务)。②采取以旧换新方式销售黄金首饰,新首饰的含税销售额5.85万元,旧首饰作价的含税金额为3.51万元,乙商场实际收取的含税金额为2.34万元。③零售玛瑙取得含税销售额1.17万元。④零售包金项链取得含税销售额4.68万元。

要求:计算乙商场零售金银首饰应缴纳的消费税。

【答案】应纳消费税=10.53÷1.13×5%+2.34÷1.13×5%=0.57(万元)

【答案解析】玛瑙属于应税消费品,但是在生产环节纳税;包金首饰属于非应税消费品,因而玛瑙和包金首饰的销售额不需缴纳消费税。

(二)超豪华小汽车

超豪华小汽车指的是每辆零售价格 130 万元(不含增值税)及以上的乘用车和中轻型商用客车。

超豪华小汽车零售环节消费税应纳税额计算公式:

应纳税额=零售环节销售额(不含增值税,下同)×零售环节税率　　(式 3-7)

国内汽车生产企业直接销售给消费者的超豪华小汽车,消费税税率按照生产环节税率和零售环节税率加总计算。消费税应纳税额计算公式:

应纳税额=销售额×(生产环节税率+零售环节税率)　　(式 3-8)

【例 3-15 计算题】4S 店销售一辆小汽车,零售价为 200 万元,判断该 4S 店是否需要缴纳消费税。

【答案】零售价为 200 万元的小汽车,不含税价为176.99万元超过 130 万元,因此为超豪华小汽车,需要在零售环节缴纳消费税。

消费税=200÷1.13×10%=17.7(万元)

五、批发环节应纳消费税的计算

批发环节的应税消费品仅指卷烟。在我国境内从事卷烟批发业务的单位和个人,应就其批发的卷烟,按复合的税率缴纳消费税。在计算批发环节卷烟消费税时要注意以下两个问题:

(1)卷烟批发企业之间销售的卷烟不缴纳消费税,只有将卷烟销售给零售商或其他单位和个人时才缴纳消费税。

(2)卷烟批发企业在计算卷烟消费税时不得扣除卷烟生产环节已缴纳的消费税。

【例 3-16 计算题】卷烟批发企业甲 1 月批发销售卷烟 400 箱，其中批发给另一卷烟批发企业 200 箱、零售专卖店 150 箱、个体烟摊 50 箱。每箱不含税批发价格为 13 000 元。卷烟批发环节的消费税税率为 11%，计算甲企业 1 月份应缴纳的消费税。

【答案】甲企业应缴纳的消费税 = 13 000×(150+50)×11%+200×50 000×0.005 = 336 000(元)

【答案解析】卷烟批发企业之间销售的卷烟不缴纳消费税，因而销售给另一卷烟批发企业不缴纳消费税。

第四节　出口应税消费品退(免)税

一、出口应税消费品的退税政策

(一)出口免税并退税

有出口经营权的外贸企业购进应税消费品直接出口的，以及外贸企业受其他外贸企业委托代理出口应税消费品。需要注意的是，外贸企业只有受其他外贸企业委托，代理出口应税消费品才可办理退税。外贸企业受其他企业(主要是非生产性的商贸企业)委托，代理出口应税消费品是不予退(免)税的。

(二)出口免税但不退税

有出口经营权的生产性企业自营出口或生产企业委托外贸企业代理出口自产的应税消费品，依据其实际出口数量免征消费税，不予办理退还消费税。免征消费税是指对生产性企业按其实际出口数量免征生产环节的消费税。消费税是单环节课税，生产环节免征消费税，则该应税消费品出口时已不含有消费税，所以无须再办理退还消费税。

(三)出口不免税也不退税

除生产企业、外贸企业以外的其他企业，具体是指一般商贸企业，这类企业委托外贸企业代理出口应税消费品一律不予退(免)税。

二、出口应税消费品的退税率

计算出口应税消费品应退消费税的税率或单位税额，依据《消费税暂行条例》所附的税目税率表执行。也就是说，出口应税消费品的退税率为应税消费品的征税率，这是增值税和消费税在计算退税时的一个重要区别。

出口企业应将适用不同消费税税率的出口商品分别核算与申报，划分不清的，一律从低适用税率来计算应退税额。

三、出口应税消费品退税额的计算

出口货物的消费税应退税额的计税依据,按购进出口货物的消费税专用缴款书或海关进口消费税专用缴款书确定。具体计算如表 3-10 所示。

表 3-10　出口应税消费品退税额的计算

征税方法	应退消费税额
从价计征	出口货物的工厂销售额×比例税率
从量计征	出口数量×定额税率
复合计征	出口货物的工厂销售额×比例税率+出口数量×定额税率

思考:比较生产企业和外贸企业在增值税与消费税出口退税政策上的异同。

【例 3-17 计算题】某自营出口的外贸企业为增值税一般纳税人,从某化妆品厂购进高档化妆品一批,增值税专用发票上注明的价款为 200 万元。外贸公司将该批高档化妆品销往国外,离岸价为 250 万元,并按规定申报办理消费税退税。已知:高档化妆品增值税的退税率为 9%。

要求:计算该外贸公司应退的增值税和消费税。

【答案】应退增值税=200×9%=18(万元)

应退消费税=200×15%=30(万元)

第五节　消费税的征收管理

一、纳税义务发生时间

消费税的纳税义务发生时间,以货款结算方式或行为发生时间分别确定。

(1)纳税人销售的应税消费品,其纳税义务的发生时间:

①纳税人采用赊销和分期收款结算方式的,其纳税义务的发生时间,为销售合同规定的收款日期的当天。书面合同没有约定收款日期或者无书面合同的,为发出应税消费品的当天。

②纳税人采取预收货款结算方式的,其纳税义务的发生时间,为发出应税消费品的

当天。

③纳税人采取托收承付和委托银行收款方式销售的应税消费品，其纳税义务的发生时间，为发出应税消费品并办妥托收手续的当天。

④纳税人采取其他销售方式的，其纳税义务的发生时间，为收讫销售款或者索取销售款凭据的当天。

(2)纳税人自产自用的应税消费品，其纳税义务的发生时间，为移送使用的当天。

(3)纳税人委托加工的应税消费品，其纳税义务的发生时间，为纳税人提货的当天。

(4)纳税人进口的应税消费品，其纳税义务的发生时间，为报关进口的当天。

二、纳税期限

消费税的纳税期限分别为1日、3日、5日、10日、15日、1个月或者1个季度。纳税人的具体纳税期限，由主管税务机关根据纳税人应纳税额的大小分别核定；不能按照固定期限纳税的，可以按次纳税。

纳税人以1个月或者1个季度为1个纳税期的，自期满之日起15日内申报纳税；以1日、3日、5日、10日或者15日为1个纳税期的，自期满之日起5日内预缴税款，于次月1日起15日内申报纳税并结清上月应纳税款。

纳税人进口应税消费品，应当自海关填发海关进口消费税专用缴款书之日起15日内缴纳税款。

【提示】消费税纳税义务发生时间、纳税期限的内容和增值税规定基本相同。只是注意委托加工的应税消费品，纳税义务发生时间为纳税人提货的当天。

三、纳税地点

(1)纳税人销售的应税消费品，以及自产自用的应税消费品，除国家另有规定的外，应当向纳税人机构所在地或者居住地的主管税务机关申报纳税。

(2)委托他人加工的应税消费品，除受托方为个人外，由受托方向其机构所在地或者居住地主管税务机关申报纳税。

(3)进口的应税消费品，由进口人或者其代理人向报关地海关申报纳税。

(4)纳税人到外县(市)销售或者委托外县(市)代销自产应税消费品的，于应税消费品销售后，向机构所在地或者居住地主管税务机关申报纳税。

纳税人的总机构与分支机构不在同一县(市)的，应当分别向各自机构所在地的主管税务机关申报纳税；经财政部、国家税务总局或者其授权的财政、税务机关批准，可以由总机构汇总向总机构所在地的主管税务机关申报纳税。

(5)纳税人销售的应税消费品，如因质量等原因由购买者退回时，经所在地主管税务机关审核批准后，可退还已征收的消费税税款。但不能自行直接抵减应纳税款。

本章小结

消费税
1. 概念和特点
2. 基本要素
纳税人
征税对象
15个税目
5个征税环节
税率
一般税率
卷烟税率
啤酒税率
两个从高
3.1生产销售环节税额计算
直接对外销售
从价计征
从量计征
复合计征
外购已纳税额扣除
自产自用
连续生产应税消费品
连续生产非应税消费品
其他方面
3.2委托加工环节税额计算
3.3进口环节税额计算
3.4零售环节税额计算
3.5批发环节税额计算
4. 消费税出口退税
退税政策
退税率
退税额计算
5. 征收管理

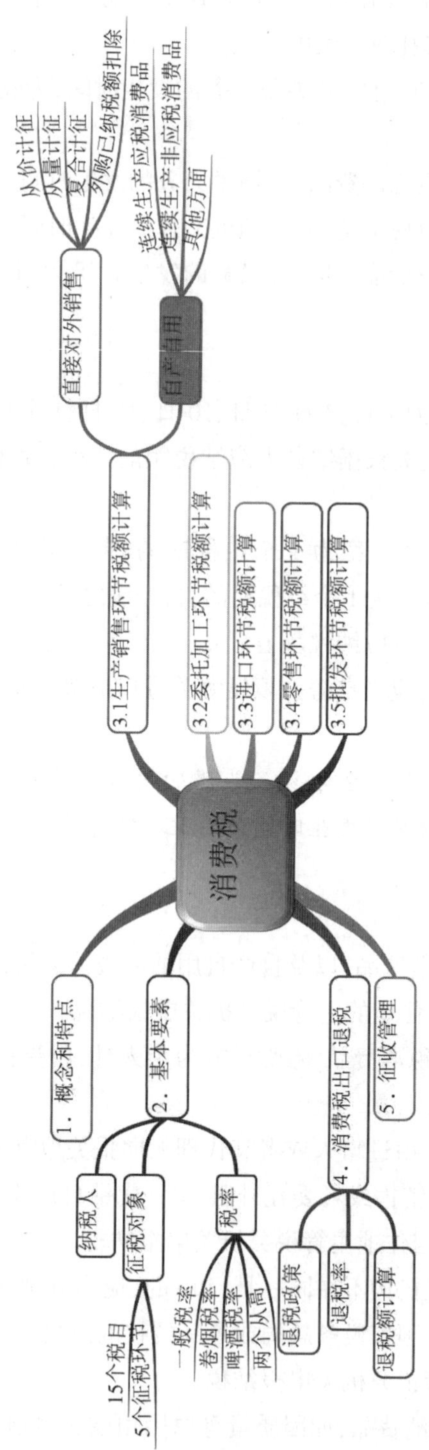

课后习题

一、单选题

1.根据消费税法律制度的规定,下列消费品中,不属于消费税征税范围的是(　　)。

A.小汽车　　B.汽车轮胎　　C.烟丝　　D.实木地板

2.某酒厂为增值税一般纳税人。4月销售粮食白酒4 000斤,取得销售收入13 560元(含增值税)。已知粮食白酒消费税定额税率为0.5元/斤,比例税率为20%。该酒厂4月应缴纳的消费税税额为(　　)元。

A.6 229.92　　B.5 510　　C.4 400　　D.4 000

“扫一扫”获取更多课后练习

3.甲公司是一家化妆品生产企业,属于增值税一般纳税人,11月该厂销售高档化妆品取得不含增值税销售收入100万元,销售护肤护发产品取得不含增值税销售收入80万元,将高档化妆品与护肤护发产品组成礼盒成套销售,取得不含增值税销售额50万元,已知化妆品的消费税税率为15%,则该企业当月应纳消费税税额为(　　)万元。

A.15　　B.19　　C.22.5　　D.34.5

4.根据《消费税暂行条例》的规定,下列各项中,纳税人不缴纳消费税的是(　　)。

A.将自产的应税消费品用于职工福利

B.随同应税消费品销售而取得的包装物作价收入

C.将自产的应税消费品用于连续生产应税消费品

D.销售应税消费品而收取的超过一年以上的包装物押金

5.甲烟草公司提供烟叶委托乙公司加工一批烟丝。甲公司将已收回烟丝中的一部分用于生产卷烟,另一部分烟丝以不高于受托方的计税价格卖给丙公司。在这项委托加工烟丝业务中,消费税的纳税义务人是(　　)。

A.甲公司　　B.乙公司　　C.丙公司　　D.甲公司和丙公司

二、多选题

1.根据消费税法律制度的规定,下列各项中,属于消费税征税范围的消费品有(　　)。

A.高档手表　　B.木制一次性筷子

C.电动汽车　　D.高档服饰

2.据《消费税暂行条例》的规定,纳税人自产的用于下列用途的应税消费品中,需要缴纳消费税的有(　　)。

A.用于赞助的消费品　　B.用于管理部门自用的消费品

C.用于广告的消费品　　D.用于连续生产应税消费品的消费品

3.下列关于消费税征收范围的表述中,正确的有(　　)。

A.纳税人自产自用的应税消费品,用于连续生产应税消费品的,不缴纳消费税

B.纳税人将自产自用的应税消费品用于馈赠、赞助的,缴纳消费税

C.委托加工的应税消费品,受托方在交货时已代收代缴消费税,委托方收回后直接销售,且售价大于受托方计税价格的,需要再缴纳一道消费税

D.卷烟在生产和批发两个环节均征收消费税

4.根据消费税法律制度的规定,纳税人外购和委托加工的应税消费品,用于连续生产应税消费品的,已缴纳的消费税税款准予从应纳消费税税额中抵扣。下列各项中,不得扣除已缴纳的消费税的有(　　)。

A.委托加工收回的酒精用于生产白酒

B.委托加工收回的已税玉石用于生产金银镶嵌首饰

C.委托加工收回的已税汽车轮胎用于生产小汽车

D.委托加工收回的香水生产护肤护发产品

5.根据消费税法律制度的规定,关于消费税纳税义务发生时间的下列表述中,正确的有(　　)。

A.纳税人采取预收货款结算方式销售应税消费品的,为收到预收款的当天

B.纳税人自产自用应税消费品的,为移送使用的当天

C.纳税人委托加工应税消费品的,为纳税人提货的当天

D.纳税人进口应税消费品的,为报关进口的当天

三、判断题

1.生产销售摩托车、委托加工摩托车、进口摩托车都应缴纳消费税。　(　　)

2.应税消费品征收增值税的,其计税依据中应含有消费税;应税消费品征收消费税的,其计税依据中不应含有增值税。　(　　)

3.在应税消费品15个应税项目中,仅卷烟和白酒采用复合计算方法计算征收消费税。　(　　)

4.某卷烟厂通过自设独立核算门市部销售自产卷烟,应当按照门市部对外销售额或销售数量计算征收消费税。　(　　)

5.委托加工应税消费品的组价公式中,加工费包括加工费和辅料费等向委托方收取的全部费用,但不含增值税税金。　(　　)

四、计算题

(一)某卷烟厂为增值税一般纳税人,10月份发生下列经济业务:

1.外购烟丝200吨,每吨不含税价2万元,取得烟丝厂开具的增值税专用发票,注明价款400万元、增值税52万元,烟丝已验收入库。另支付不含税运费3万元,取得运输公司开具的增值税专用发票。

2.卷烟厂生产领用上述外购已税烟丝150吨,生产乙类卷烟4 000标准箱,当月销售给卷烟专卖商3 600标准箱,取得不含税销售额3 600万元,送货上门收取运费2.26万元;100标准箱用于职工福利。

要求:(1)计算该企业应缴纳的增值税。

(2)该企业是否需要缴纳消费税？为什么？

(3)如果需要缴纳消费税,税额是多少？

(二)某进出口公司,10月发生如下经济业务：

1.进口办公设备500台,每台进口完税价格1万元,当月以每台1.8万元的不含税价格售出400台。

2.进口香水一批,关税完税价格17万元,当月销售该批香水,取得不含税销售收入40万元。

已知：办公设备进口关税税率为15%,香水进口关税税率为20%,高档化妆品的消费税税率为15%。

要求：计算并填制下列表格。

环节	税种	办公设备	香水
进口环节,海关征收	关税		
	增值税		
	消费税		
国内销售环节	增值税		
	消费税		

(三)A企业为增值税一般纳税人,2019年6月发生如下经济业务：

(1)1日,A企业将上月购进的粮食一批5万元,运往B企业,委托其加工成粮食白酒。

(2)11日,前往B企业收回全部粮食白酒10吨。支付B企业不含税加工费及辅料费2万元,并取得增值税专用发票,此外B企业代收代缴消费税(B企业无同类粮食白酒销售价格)。

(3)20日,将收回的粮食白酒60%直接销售,取得不含税销售额10万元,将其余的40%用于继续加工成高度粮食白酒4吨。

(4)30日,将高度粮食白酒全部销售,取得不含税收入12万元。

要求：(1)计算A企业应缴纳的增值税。

(2)A企业委托B企业加工,是否符合委托加工条件？

(3)如果符合委托加工条件,计算B企业应该代收代缴的消费税。

(4)计算A企业10月份应缴纳的消费税。

第四章

关税法

☞**知识要点**

(1)熟悉关税的概念和特点。

(2)熟悉关税的税率的不同设置方法。

(3)掌握进口货物关税完税价格的确定方法和出口货物关税完税价格的确定方法。

(4)能准确计算不同税率设置下关税应纳税额的计算方法。

(5)熟悉关税的法定减免税项目。

第一节　关税的概念和特点

一、关税的概念

关税是海关依法对进出境货物、物品征收的一种税。所谓"境"是指关境,又称"海关境域"或"关税领域",是国家《海关法》全面实施的领域。在通常情况下,一国关境与国境是一致的,包括国家全部的领土、领海、领空。但当某一国家在国境内设立了自由港、自由贸易区等时,这些区域就进出口关税而言则处在关境之外,这时,该国家的关境小于国境,如我国。根据《中华人民共和国香港特别行政区基本法》和《中华人民共和国澳门特别行政区基本法》,香港和澳门保持自由港地位,为我国单独的关税地区,即单独关境区。单独关境区是不适用该国海关法律、法规或实施单独海关管理制度的区域。当几个国家结成关税同盟,组成一个共同的关境,实施统一的关税法令和统一的对外税则时,这些国家彼此之间货物进出国境不征收关税,只对来自或运往其他国家的货物进出共同关境征收关税,这些国家的关境大于国境,如欧洲联盟,其范围大于任何一个成员国的国境。关税在各国一般属于国家最高行政单位指定税率的高级税种,按征收目的不同,关税可以分为财政关税和保护关税。对于对外贸易发达的国家而言,关税往往是国家税收乃至国家财政的主要收入。

关税法是指国家制定的调整关税征收与缴纳权利与义务关系的法律规范。我国现行关税法律规范以全国人民代表大会于2 000年 7 月修正颁布的《中华人民共和国海关法》为法律依据,以国务院于2003年 11 月发布的《中华人民共和国进出口关税条例》及由国务院关税税则委员会审定并报国务院批准、作为条例组成部分的《中华人民共和国海关进出口税则》和《中华人民共和国海关入境旅客行李物品和个人邮递物品征收进口税办法》为基本法规,由负责关税政策制定和征收管理的主管部门依据基本法规拟订的管理办法和实施细则为主要内容。

二、关税的特点

(一)以进出国境或关境的货物和物品为征税对象

关税的征税对象是进出国境或关境的货物和物品。属于贸易性进出口的商品称为货物;属于入境旅客携带的、个人邮递的、运输工具服务人员携带的,以及用其他方式进口个人自用的非贸易性商品称为物品。关税不同于因商品交换或提供劳务取得收入而课征的流转税,也不同于因取得所得或拥有财产而课征的所得税或财产税,而是对特定货物和物品途经海关通道进出口征税。

(二)以货物进出口统一的国境或关境为征税环节

关税是主权国家对进出国境或关境的货物和物品统一征收的税种。在封建社会里,由于封建割据,导致国内关卡林立,重复征税,所以那时的关税主要为国内关税或内地关税,它严重地阻碍着商品经济的发展。新的生产方式建立之后,随着商品经济的日益发展,要求实行国内自由贸易和商品自由流通,实行统一的国境关税,旧时的内陆关税被废除。进口货物征收关税之后,可以行销全国,不再征收进口关税。

(三)实行复式税则

关税的税则是关税课税范围及其税率的法则。复式税则又称多栏税则,是指一个税目设有两个或两个以上的税率,根据进口货物原产国的不同,分别适用高低不同的税率。复式税则是一个国家对外贸易政策的体现。目前,在国际上除极个别国家外,各国关税普遍实行复式税则。

(四)具有涉外统一性,执行统一的对外经济政策

关税是一个国家的重要税种。国家征收关税不单纯是为了满足政府财政上的需要,更重要的是,利用关税来贯彻执行统一的对外经济政策,实现国家的政治经济目的。在我国现阶段,关税被用来争取实现平等互利的对外贸易,保护并促进国内工农业生产发展,为社会主义市场经济服务。

(五)由海关机构代表国家征收

关税由海关总署及所属机构具体管理和征收,征收关税是海关工作的一个重要组成部分。《中华人民共和国海关法》规定:"中华人民共和国海关是国家的进出关境监督管理机关,海关依照本法和其他有关法律、法规,监督进出境的运输工具、货物、行李物品,征收关税和其他税费,查缉走私,并编制海关统计和其他海关业务。"监督管理、征收关税和查缉走私是当前我国海关的3项基本任务。

【例4-1单选题】下列各项关于关税特点的说法,正确的是(　　)。

A.关税的高低对进口国的生产影响较大,对国际贸易影响不大

B.关税是多环节价内税

C.关税是单一环节的价外税

D.关税不仅对进出境的货物征税,还对进出境的劳务征税

【答案】C

【答案解析】选项A,关税具有较强的涉外性,所以关税税则的制定、税率的高低,直接会影响到国际贸易的开展;选项B,关税是单一环节的价外税;选项D,关税征收的对象是进出境的货物和物品,对进出境的劳务不征收关税。

思考：根据关税的概念，比较国境和关境的区别，并举例说明。

第二节　关税的纳税人、征税对象和税率

一、关税的纳税人

进口货物的收货人、出口货物的发货人、进出境物品的所有人、购买跨境电子商务零售进口商品的个人，是关税的纳税义务人。进出口货物的收、发货人是依法取得对外贸易经营权，并进口或者出口货物的法人或者其他社会团体。进出境物品的所有人包括该物品的所有人和推定为所有人的人。一般情况下，对于携带进境的物品，推定其携带人为所有人；对分离运输的行李，推定相应的进出境旅客为所有人；对以邮递方式进境的物品，推定其收件人为所有人；以邮递或其他运输方式出境的物品，推定其寄件人或托运人为所有人。

二、关税的征税对象

关税的征税对象是准许进出境的货物和物品。货物是指贸易性商品；物品是指入境旅客随身携带的行李物品、个人邮递物品、各种运输工具上的服务人员携带进口的自用物品、馈赠物品以及其他方式进境的个人物品。

三、关税的税率

(一)进口关税税率

1.按差别待遇设置税率

在我国加入 WTO 之后，为履行我国在加入 WTO 关税减让谈判中承诺的有关义务，享有 WTO 成员应有的权利，自2002年 1 月 1 日起，我国进口税则设有最惠国税率、协定税率、特惠税率、普通税率、关税配额税率等税率。对进口货物在一定期限内可以实行暂定税率。最惠国税率适用原产于与我国共同适用最惠国待遇条款的 WTO 成员国或地区的进口货物，或原产于与我国签订有相互给予最惠国待遇条款的双边贸易协定的国家或地区进口的货物，以及原产于我国境内的进口货物；协定税率适用原产于我国参加的含有关税优惠条款的区域性贸易协定有关缔约方的进口货物；特惠税率适用原产于与我国签订有特殊优惠关税协定的国家或地区的进口货物；普通税率适用于原产于上述国家或地区以外的其他国家或地区的进口货物。按照普通税率征税的进口货物，经国务院关税税则委员会特别批准，可以适用

最惠国税率。适用最惠国税率、协定税率、特惠税率的国家或地区名单,由国务院关税税则委员会决定。

2.税率计征办法

按不同的税率计征办法,可以分为从价税、从量税、选择税、复合税和滑准税。

(1)从价税。从价税是以货物价格作为征收标准的关税。从价税的税率表现为货物价格的百分值。从价税的计算公式为:

从价税税额=进口货物总值×从价税率　　(式4-1)

目前,我国海关计征关税标准主要是从价税。

(2)从量税。从量税是以进口货物的重量、数量、长度、容量和面积等计量单位为标准计征的关税。其中,重量单位是最常用的从量税计量单位。从量税的计算公式为:

从量税税额=货物计量单位数×从量税率　　(式4-2)

目前我国对原油、啤酒和胶卷等进口商品计征从量税。

(3)复合税。复合税是征税时同时使用从量、从价两种税率计征,以两种税额之和作为该种商品的关税税额。复合税按从量、从价的主次不同又可分为两种情况:一种是以从量税为主加征从价税,即在对每单位进口商品征税的基础上,再按其价格加征一定比例的从价税。另一种是以从价税为主加征从量税,即在按进口商品的价格征税的基础上,再按其数量单位加征一定数额的从量税。目前,我国对一些录、播音电子设备实行复合税。

(4)选择税。选择税是指对某种商品同时订有从量和从价两种税率,征税时由海关选择其中一种征税,作为该种商品的应征关税额。一般是选择税额较高的一种税率征税,在物价上涨时使用从价税,物价下跌时使用从量税。有时,为了鼓励某种商品的进口,或给某出口国以优惠待遇,也有选择税额较低的一种税率征收关税的。目前,我国对天然橡胶实行选择税。

复合税和选择税都属于混合税。混合税结合使用了从量税和从价税,无论进口商品价格高低,都可起到一定的保护作用。目前世界上大多数国家或地区都使用混合税,如美国、欧盟、加拿大、澳大利亚、日本,以及一些发展中国家如印度、巴拿马等。

(5)滑准税。滑准税(Sliding Duties)也称滑动税,是对进口税则中的同一种商品按其市场价格标准分别制定不同价格档次的税率而征收的一种进口关税。其高档价格的税率低或不征税,低档价格的税率高。征收这种关税的目的是使该种进口商品,不论其进口价格高低,其税后价格保持在一个预定的价格标准上,以稳定进口国内该种商品的市场价格。1997年10月1日到2002年,我国首次对进口新闻纸实行滑准税。2005年5月1日至今,我国对关税配额外进口的棉花实行滑准税,较好地解决了国内棉花供应不足的问题,又稳定了国内棉花价格,保障了棉农利益。

3.暂定税率与关税配额税率

根据经济发展需要,国家对部分进口原材料、零部件、农药原药和中间体、乐器及生产设备实行暂定税率。这种税率一般按照年度制定,并且随时可以根据需要恢复按照法定税率征税。暂定税率优先适用于优惠税率或最惠国税率,按普通税率征税的进口货物不适用暂定税率。同时,对部分进口农产品和化肥产品实行关税配额,即一定数量内的上述进口商品适用税率较低的配额内税率,超出该数量的进口商品适用税率较高的配额外税率。现行税则对 700 多个税目进口商品实行了暂定税率,对小麦、玉米等 7 种农产品和尿素等 3 种化肥产品实行关税配额管理,并对尿素等 3 种化肥实施 1%的暂定配额税率。

(二)出口关税税率

目前,我国仅对少数资源性产品及易于竞相杀价、盲目进口、需要规范出口秩序的半制成品征收出口关税。1992年对 47 种商品计征出口关税,税率为 20%~40%。现行税则对 100 多种商品计征出口关税,主要是鳗鱼苗、部分有色金属矿砂及其精矿、生锑、磷、氟钽酸钾、苯、山羊板皮、部分铁合金、钢铁废碎料、铜和铝原料及其制品、镍锭、锌锭、锑锭。但对上述范围内的部分商品实行 0~25%的暂定税率。与进口暂定税率一样,出口暂定税率优先适用于出口税则中规定的出口税率。2015年我国继续以暂定税率的形式对煤炭、原油、化肥、铁合金等产品征收出口关税。

(三)特别关税

特别关税包括报复性关税、反倾销税与反补贴税、保障性关税。

报复性关税是指为报复他国对本国出口货物的关税歧视,而对相关国家的进口货物征收的一种进口附加税。任何国家或地区对其进口的原产于我国的货物征收歧视性关税或者给予其他歧视性待遇的,我国对原产于该国家或地区的进口货物征收报复性关税。

反倾销税与反补贴税是指进口国海关对外国的倾销商品,在征收关税的同时附加征收的一种特别关税,其目的在于抵消他国补贴。在激烈的市场竞争中,倾销和补贴行为在国际贸易中时常发生,且有愈演愈烈之势,其危害是使用不公平手段抢占市场份额,抑制我国相关产业的发展。

保障性关税是指当某类商品进口量剧增,对我国相关产业带来巨大威胁或损害时,按照 WTO 有关规则,可以启动一般保障措施,即在与有实质利益的国家或地区进行磋商后,在一定时期内提高该项商品的进口关税或采取数量限制措施,以保护国内相关产业不受损害。

第三节 关税应纳税额计算

《海关法》规定,进出口货物的完税价格,由海关以该货物的成交价格为基础审查确定。成交价格不能确定时,完税价格由海关依法估定。自我国加入世界贸易组织后。我国海关已全面实施《世界贸易组织估价协定》,遵循客观、公平、统一的估价原则,并依据2014年 2 月 1 日起实施的《中华人民共和国海关审定进出口货物完税价格办法》(以下简称《完税价格办法》),审定进出口货物的完税价格。内销保税货物完税价格的确定,准许进口的进境旅客行李物品、个人邮递物品以及其他个人自用物品的完税价格的确定,涉嫌走私的进出口货物、物品的计税价格的核定,不适用本办法。

一、一般进口货物的完税价格

(一)以成交价格为基础的完税价格

根据《海关法》规定,进口货物的完税价格包括货物的货价、货物运抵我国境内输入地点起卸前的运输及其相关费用、保险费。我国境内输入地为入境海关地,包括内陆河、江口岸,一般为第一口岸。

进口货物的货价以成交价格为基础。进口货物的成交价格是指买方为购买该货物,并按《完税价格办法》有关规定调整后的实付或应付价格。

进口货物的运输及其相关费用,应当按照由买方实际支付或者应当支付的费用计算。如果进口货物的运输及其相关费用无法确定的,海关应当按照该货物进口同期的正常运输成本审查确定。运输工具作为进口货物,利用自身动力进境的,海关在审查确定完税价格时,不再另行计入运输及其相关费用。

进口货物的保险费,应当按照实际支付的费用计算。如果进口货物的保险费无法确定或者未实际发生,海关应当按照“货价加运费”两者总额的3‰计算保险费,其计算公式如下:

$$保险费=(货价+运费)\times 3‰ \quad (式4-3)$$

邮运进口的货物,应当以邮费作为运输及其相关费用、保险费。

(二)对实付或应付价格进行调整的有关规定

“实付或应付价格”是指买方为购买进口货物直接或间接支付的总额,即作为卖方销售进口货物的条件,由买方向卖方或为履行卖方义务向第三方已经支付或将要支付的全部款项。

(1)如下列费用或者价值未包括在进口货物的实付或者应付价格中,应当计入完税价格:

①由买方负担的除购货佣金以外的佣金和经纪费。“购货佣金”是指买方为购买进口货物向自己的采购代理人支付的劳务费用。“经纪费”是指买方为购买进口货物向代表买卖双方利益的经纪人支付的劳务费用。

②由买方负担的与该货物视为一体的容器费用。

③由买方负担的包装材料和包装劳务费用。

④与该货物的生产和向中华人民共和国境内销售有关的,由买方以免费或者以低于成本的方式提供并可以按适当比例分摊的料件、工具、模具、消耗材料及类似货物的价款,以及在境外开发、设计等相关服务的费用。

⑤与该货物有关并作为卖方向我国销售该货物的一项条件,应当由买方直接或间接支付的特许权使用费。“特许权使用费”是指买方为获得与进口货物相关的、受著作权保护的作品、专利、商标、专有技术和其他权利的使用许可而支付的费用。但是在估定完税价格时,进口货物在境内的复制权费不得计入该货物的实付或应付价格之中。

⑥卖方直接或间接从买方对该货物进口后转售、处置或使用所得中获得的收益。

上列所述的费用或价值,应当由进口货物的收货人向海关提供客观量化的数据资料。如果没有客观量化的数据资料。完税价格由海关按《完税价格办法》规定的方法进行估定。

(2)下列费用,如能与该货物实付或者应付价格区分,不得计入完税价格:

①厂房、机械、设备等货物进口后的基建、安装、装配、维修和技术服务的费用;

②货物运抵境内输入地点之后的运输费用、保险费和其他相关费用;

③进口关税及其他国内税收;

④为在境内复制进口货物而支付的费用;

⑤境内外技术培训及境外考察费用。

(三)对买卖双方之间有特殊关系的规定

买卖双方之间有特殊关系的,经海关审定其特殊关系未对成交价格产生影响,或进口货物的收货人能证明其成交价格与同时或大约同时发生的下列任一价格相近,该成交价格海关应当接受:

(1)向境内无特殊关系的买方出售的相同或类似货物的成交价格。

(2)按照使用倒扣价格有关规定所确定的相同或类似货物的完税价格。

(3)按照使用计算价格有关规定所确定的相同或类似货物的完税价格。

海关在使用上述价格做比较时,应当考虑商业水平和进口数量的不同,以及实付或者应付价格的调整规定所列各项目和交易中买卖双方有无特殊关系造成的费用差异。

有下列情形之一的,应当认定买卖双方有特殊关系:

(1)买卖双方为同一家族成员。

(2)买卖双方互为商业上的高级职员或董事。

(3)一方直接或间接地受另一方控制。

(4)买卖双方都直接或间接地受第三方控制。

(5)买卖双方共同直接或间接地控制第三方。

(6)一方直接或间接地拥有、控制或持有对方5%或以上公开发行的有表决权的股票或股份。

(7)一方是另一方的雇员、高级职员或董事。

(8)买卖双方是同一合伙的成员。

买卖双方在经营上相互联系,一方是另一方的独家代理、独家经销或者独家受让人,如果符合前款的规定,也应当视为存在特殊关系。

【例 4-2 单选题】下列关于关税完税价格的说法,正确的是(　　)。

A.进口货物应当以成交价格为完税价格

B.完税价格不包括进口环节缴纳的各项税金

C.如果买卖双方有特殊关系,只能以成交价格确定完税价格

D.完税价格包括进口货物在境内运输途中发生的运费和保险费

【答案】B

【答案解析】进口关税、进口环节代征税及其他国内税不需要计入关税完税价格。

(四)进口货物海关估价方法

进口货物的价格不符合成交价格条件或者成交价格不能确定的,海关应当依次以相同货物成交价格方法、类似货物成交价格方法、倒扣价格方法、计算价格方法及其他合理方法确定的价格为基础,估定完税价格。如果进口货物的收货人提出要求,并提供相关资料,经海关同意,可以选择倒扣价格方法和计算价格方法的适用次序。

1.相同或类似货物成交价格方法

相同或类似货物成交价格方法,即以与被估的进口货物同时或大约同时(在海关接受申报进口之日的前后各 45 天以内)进口的相同或类似货物的成交价格为基础,估定完税价格。

2.倒扣价格方法

倒扣价格方法即以被估的进口货物、相同或类似进口货物在境内销售的价格为基础估定完税价格。按该价格销售的货物应当同时符合五个条件,即在被估货物进口时或大约同时销售;按照进口时的状态销售;在境内第一环节销售;合计的货物销售总量最大;向境内无特殊关系方的销售。

以该方法估定完税价格时,下列各项应当扣除:

(1)该货物的同等级或同种类货物,在境内销售时的利润和一般费用及通常支付的佣金。

(2)货物运抵境内输入地点之后的运费、保险费、装卸费及其他相关费用。

(3)进口关税、进口环节税和其他与进口或销售上述货物有关的国内税。

3.计算价格方法

计算价格方法即按下列各项的总和计算出的价格估定完税价格。有关项为:

(1)生产该货物所使用的原材料价值和进行装配或其他加工的费用。

(2)与向境内出口销售同等级或同种类货物的利润、一般费用相符的利润和一般费用。

(3)货物运抵境内输入地点起卸前的运输及相关费用、保险费。

4.其他合理方法

使用其他合理方法时,应当根据《完税价格办法》规定的估价原则,以在境内获得的数据资料为基础估定完税价格。但不得使用以下价格:

(1)境内生产的货物在境内的销售价格。

(2)可供选择的价格中较高的价格。

(3)货物在出口地市场的销售价格。

(4)以计算价格方法规定的有关各项之外的价值或费用计算的价格。

(5)出口到第三国或地区的货物的销售价格。

(6)最低限价或武断虚构的价格。

二、特殊进口货物的完税价格

(1)运往境外修理的机械器具、运输工具或者其他货物,出境时已向海关报明,并且在海关规定的期限内复运进境的,应当以境外修理费和料件费为基础审查确定完税价格。

出境修理货物复运进境超过海关规定期限的,由海关按照相关规定审查确定完税价格。

(2)运往境外加工的货物,出境时已向海关报明,并且在海关规定期限内复运进境的,应当以境外加工费和料件费以及该货物复运进境的运输及其相关费用、保险费为基础审查确定完税价格。

出境加工货物复运进境超过海关规定期限的,由海关按照相关规定审查确定完税价格。

(3)经海关批准的暂时进境货物,应当缴纳税款的,由海关按照相关规定审查确定完税价格。经海关批准留购的暂时进境货物,以海关审查确定的留购价格作为完税价格。

(4)租赁方式进口的货物,按照下列方法审查确定完税价格:

①以租金方式对外支付的租赁货物,在租赁期间以海关审查确定的租金作为完税价格,利息应当予以计入;

②留购的租赁货物以海关审查确定的留购价格作为完税价格;

③纳税义务人申请一次性缴纳税款的,可以选择申请按照进口货物海关估价方法确定完税价格,或者按照海关审查确定的租金总额作为完税价格。

(5)减税或者免税进口的货物应当补税时,应当以海关审查确定的该货物原进口时的价格,扣除折旧部分价值作为完税价格,其计算公式为:

完税价格=海关审查确定的该货物原进口时的价格×[1-补税时实际已进口的时间(月)÷(监管年限×12)] (式4-4)

上述计算公式中"补税时实际已进口的时间"按月计算,不足1个月但是超过15日的,按照1个月计算;不超过15日的,不予计算。

(6)易货贸易、寄售、捐赠、赠送等不存在成交价格的进口货物,海关与纳税义务人进行价格磋商后,按照进口货物海关估价方法审查确定完税价格。

(7)进口载有专供数据处理设备用软件的介质,具有下列情形之一的,应当以介质本身的价值或者成本为基础审查确定完税价格:

①介质本身的价值或者成本与所载软件的价值分列;

②介质本身的价值或者成本与所载软件的价值虽未分列,但是纳税义务人能够提供介质本身的价值或者成本的证明文件,或者能提供所载软件价值的证明文件。

含有美术、摄影、声音、图像、影视、游戏、电子出版物的介质不适用前款规定。

【例 4-3 计算题】某企业2020年将以前年度进口的设备运往境外修理,设备进口时成交价格 58 万元,发生境外运费和保险费共计 6 万元;在海关规定的期限内复运进境,进境时同类设备价格 65 万元;发生境外修理费 8 万元,料件费 9 万元,境外运输费和保险费共计 3 万元,进口关税税率 20%,增值税税率 13%。运往境外修理的设备报关进口时应纳进口环节税金多少?

【答案解析】运往境外修理的设备报关进口时应纳进口环节税金=(8+9)×20%+(8+9)×(1+20%)×13%=6.052(万元)

思考:你知道 FOB、CFR、CIF 之间的关系吗?

三、出口货物的完税价格

(一)以成交价格为基础的完税价格

出口货物的完税价格由海关以该货物的成交价格为基础审查确定,并且应当包括货物运至中华人民共和国境内输出地点装载前的运输及其相关费用、保险费。

出口货物的成交价格,是指该货物出口销售时,卖方为出口该货物应当向买方直接收取和间接收取的价款总额。

下列税收、费用不计入出口货物的完税价格:

(1)出口关税。

(2)在货物价款中单独列明的货物运至中华人民共和国境内输出地点装载后的运输及其相关费用、保险费。

(二)出口货物海关估价方法

出口货物的成交价格不能确定时,完税价格由海关依次使用下列方法估定:

(1)同时或大约同时向同一国家或地区出口的相同货物的成交价格。

(2)同时或大约同时向同一国家或地区出口的类似货物的成交价格。

(3)根据境内生产相同或类似货物的成本、利润和一般费用、境内发生的运输及其相关费用、保险费计算所得的价格。

(4)按照合理方法估定的价格。

三、应纳税额的计算

（一）从价税应纳税额的计算

关税税额＝应税进（出）口货物数量×单位完税价格×税率　　（式4-5）

（二）从量税应纳税额的计算

关税税额＝应税进（出）口货物数量×单位货物税额　　（式4-6）

（三）复合税应纳税额的计算

我国目前实行的复合税都是先计征从量税，再计征从价税。

关税税额＝应税进（出）口货物数量×单位货物税额＋应税进（出）口货物数量×单位完税价格×税率　　（式4-7）

（四）滑准税应纳税额的计算

关税税额＝应税进（出）口货物数量×单位完税价格×滑准税税率　　（式4-8）

现行税则《进（出）口商品从量税、复合税、滑准税税目税率表》后注明了滑准税税率的计算公式，该公式是一个与应税进（出）口货物完税价格相关的取整函数。

思考：你知道企业在进口环节还会发生哪些流转税吗？应如何分别计税？

【例4-4 计算题】从境外某公司引进钢结构产品自动生产线，境外成交价格（FOB）1 600万元。该生产线运抵我国输入地点起卸前的运费和保险费120万元，境内运输费用12万元。另支付由买方负担的经纪费10万元，买方负担的包装材料和包装劳务费20万元，与生产线有关的境外开发设计费用50万元，生产线进口后的现场培训指导费用200万元。取得海关开具的完税凭证及国内运输部门开具的合法运输发票。关税税率30%，增值税税率13%。

【答案】

进口环节关税完税价格＝1 600＋120＋10＋20＋50＝1 800（万元）

进口环节应缴纳的关税＝1 800×30%＝540（万元）

进口环节应缴纳的增值税＝（1 800＋540）×13%＝304.20（万元）

【例4-5 计算题】有进出口经营权的某外贸公司，10月经有关部门批准从境外进口小轿车30辆，每辆小轿车货价15万元，运抵我国海关前发生的运输费用、保险费用无法确定，经海关查实其他运输公司相同业务的运输费用占货价的比例为2%。向海关缴纳了相关税款，并取得了完税凭证（提示：小轿车关税税率60%、消费税税率9%）。

要求：计算小轿车在进口环节应缴纳的关税、消费税、增值税。

【答案】①进口小轿车的货价＝15×30＝450（万元）

②进口小轿车的运输费＝450×2%＝9（万元）

③进口小轿车的保险费＝（450+9）×3‰＝1.38（万元）

④进口小轿车应缴纳的关税：

关税的完税价格＝450+9+1.38＝460.38（万元）

应缴纳关税＝460.38×60%＝276.23（万元）

⑤进口环节小轿车应缴纳的消费税：

消费税组成计税价格＝（460.38+276.23）÷（1−9%）＝809.46（万元）

应缴纳消费税＝809.46×9%＝72.85（万元）

⑥进口环节小轿车应缴纳增值税：809.46×13%＝105.229 8（万元）

第四节　行邮税和跨境电子商务零售进口税

一、行李和邮递物品进口税

行李和邮递物品进口税简称行邮税，是海关对入境旅客行李物品和个人邮递物品征收的进口税。由于其中包含了在进口环节征收的增值税、消费税，因而也是对个人非贸易性入境物品征收的进口关税和进口工商税收的总称。课税对象包括入境旅客、运输工具、服务人员携带的应税行李物品、个人邮递物品、馈赠物品以及以其他方式入境的个人物品等项物品，简称进口物品。

对准许应税进口旅客行李物品、个人邮递物品以及其他个人自用物品，均应依据《入境旅客行李物品和个人邮递物品进口税税率表》征收行邮税。纳税人是携带应税个人自用物品入境的旅客及运输工具服务人员，进口邮递物品的收件人，以及以其他方式进口应税个人自用物品的收件人。上述所称的应税个人自用物品，不包括汽车、摩托车及其配件、附件。对进口应税个人自用汽车、摩托车及其配件、附件，以及超过海关规定自用合理数量部分的应税物品应按货物进口程序办理报关验放手续。

《入境旅客行李物品和个人邮递物品进口税税率表》由国务院关税税则委员会审定后，海关总署对外公布实施。我国行邮税税目和税率经过了多次调整，我国的行邮税也保持着明显的高税率，目前行邮税所采用的进口税税率设为三档，分别为15%、30%和60%。15%税率对应最惠国税率为零的商品；60%税率对应征收消费税的高档消费品；其他商品执行

30%税率。

进口税采用从价计征,完税价格由海关参照该项物品的境外正常零售平均价格确定。完税价格乘以进口税税率,即为应纳的进口税税额。海关按照填发税款缴纳书当日有效的税率和完税价格计算征收。纳税人应当在海关放行应税个人自用物品之前缴清税款。

海关总署发布的第43号公告称,从2010年9月1日起,取消过去对个人邮递物品500元的免税额,并且对邮递进境物品应缴进口税超过50元的一律按商品价值全额征税。

2010年8月,中国海关总署发布第54号令,公告规定:进境居民旅客携带在境外获取的个人自用进境物品总值在5 000元人民币以内(含5 000元)的、非居民旅客携带拟留在中国境内的个人自用进境物品总值在2 000元人民币以内(含2 000元)的,海关予以免税放行。

2016年6月1日,中国海关总署第9号令规定,旅客携运进出境的行李物品有下列情形之一的,海关暂不予放行:①旅客不能当场缴纳进境物品税款的;②进出境的物品属于许可证件管理的范围,但旅客不能当场提交的;③进出境的物品超出自用合理数量,按规定应当办理货物报关手续或其他海关手续,其尚未办理的;④对进出境物品的属性、内容存疑,需要由有关主管部门进行认定、鉴定、验核的;⑤按规定暂不予以放行的其他行李物品。

海关暂不予以放行的行李物品(不包括依法应当由海关实施扣留的物品),可以暂存。暂不予放行的行李物品有下列情形之一的,海关可以要求旅客当场办理退运手续,或者移交相关专业机构处理,因此产生的费用由旅客承担:①易燃易爆的;②有毒的;③鲜活、易腐、易失效等不宜长期存放的;④其他无法存放或不宜存放的情形。

二、跨境电子商务零售进口税

为营造公平竞争的市场环境,促进跨境电子商务零售进口健康发展,《财政部 海关总署 国家税务总局关于跨境电子商务零售进口税收政策的通知》,财关税〔2 016〕18号规定:

(1)跨境电子商务零售进口商品按照货物征收关税和进口环节增值税、消费税。购买跨境电子商务零售进口商品的个人作为纳税义务人,实际交易价格(包括货物零售价格、运费和保险费)作为完税价格,电子商务企业、电子商务交易平台企业或物流企业可作为代收代缴义务人。

(2)跨境电子商务零售进口税收政策适用于从其他国家或地区进口的、《跨境电子商务零售进口商品清单》范围内的以下商品:①所有通过与海关联网的电子商务交易平台交易,能够实现交易、支付、物流电子信息“三单”比对的跨境电子商务零售进口商品;②未通过与海关联网的电子商务交易平台交易,但快递、邮政企业能够统一提供交易、支付、物流等电子信息,并承诺承担相应法律责任进境的跨境电子商务零售进口商品。

(3)跨境电子商务零售进口商品的单次交易限值为人民币2 000元,个人年度交易限值为人民币20 000元。在限值以内进口的跨境电子商务零售进口商品,关税税率暂设为0%;进口环节增值税、消费税取消免征税额,暂按法定应纳税额的70%征收。超过单次限值、累加后超过个人年度限值的单次交易,以及完税价格超过2 000元限值的单个不可分割商品,均按照一般贸易方式全额征税。

(4)跨境电子商务零售进口商品自海关放行之日起30日内退货的,可申请退税,并相应调整个人年度交易总额。

第五节 税收优惠

关税减免是对某些纳税人和征税对象给予鼓励和照顾的一种特殊调节手段,使关税政策工作兼顾了普通性和特殊性、原则性和灵活性。关税减免分为法定减免税、特定减免税和临时减免税。根据《海关法》规定,除法定减免税外的其他减免税均由国务院决定。减征关税在我国加入世界贸易组织之前以税则规定税率为基准,在我国加入世界贸易组织之后以最惠国税率或者普通税率为基准。

一、法定减免税

我国《海关法》和《进出口条例》明确规定,下列货物、物品予以减免关税:

(1)关税税额在人民币50元以下的一票货物,可免征关税。

(2)无商业价值的广告品和货样,可免征关税。

(3)外国政府、国际组织无偿赠送的物资,可免征关税。

(4)进出境运输工具装载的途中必需的燃料、物料和饮食用品,可予免税。

(5)经海关核准暂时进境或者暂时出境,并在6个月内复运出境或者复运进境的货样、展览品、施工机械、工程车辆、工程船舶、供安装设备时使用的仪器和工具、电视或者电影摄制器械、盛装货物的容器以及剧团服装道具,在货物收发货人向海关缴纳相当于税款的保证金或者提供担保后,可予暂时免税。

(6)为境外厂商加工、装配成品和为制造外销产品而进口的原材料、辅料、零件、部件、配套件和包装物料,海关按照实际加工出口的成品数量免征进口关税;或者对进口料、件先征进口关税,再按照实际加工出口的成品数量予以退税。

(7)因故退还的中国出口货物,经海关审查属实,可予免征进口关税,但已征收的出口关税不予退还。

(8)因故退还的境外进口货物,经海关审查属实,可予免征出口关税,但已征收的进口关税不予退还。

(9)进口货物如有以下情形,经海关查明属实,可酌情减免进口关税:①在境外运输途中或者在起卸时,遭受损坏或者损失的;②起卸后海关放行前,因不可抗力遭受损坏或者损失的;③海关查验时已经破漏、损坏或者腐烂,经证明不是保管不慎造成的。

(10)无代价抵偿货物,即进口货物在征税放行后,发现货物残损、短少或品质不良,而由国外承运人、发货人或保险公司免费补偿或更换的同类货物，可以免税。但有残损或质量问题的原进口货物如未退运国外，其进口的无代价抵偿货物应照章征税。

(11)我国缔结或者参加的国际条约规定减征、免征关税的货物、物品，按照规定予以减免关税的。

(12)法律规定减征、免征的其他货物。

二、特定减免税

特定减免税也称政策性减免税。在法定减免税之外，国家按照国际通行规则和我国实际情况，制定发布的有关进出口货物减免关税的政策，称为特定或政策性减免税。特定减免税货物一般有地区、企业和用途的限制，海关需要进行后续管理，也需要进行减免税统计。

(一)科教用品

为有利于我国科研、教育事业发展，国务院制定了《科学研究和教学用品免征进口税收暂行规定》(以下简称《规定》)，对科学研究机构和学校，不以盈利为目的，在合理数量范围内进口国内不能生产的科学研究和教学用品，直接用于科学研究或者教学的，免征进口关税和进口环节增值税、消费税。《规定》对享受该优惠的科研机构和学校资格、类别以及可以免税的物品都作了明确规定。

(二)残疾人专用品

为支持残疾人的康复工作，国务院制定了《残疾人专用品免征进口税收暂行规定》，对规定的残疾人个人专用品，免征进口关税和进口环节增值、消费税；对康复、福利机构、假肢厂和荣誉军人康复医院进口国内不能生产的、该规定明确的残疾人专用品，免征进口关税和进口环节增值税。该规定对可以免税的残疾人专用品种类和品名作了明确规定。

(三)扶贫、慈善性捐赠物资

为促进公益事业的健康发展，经国务院批准，财政部、国家税务总局、海关总署发布了《扶贫、慈善性捐赠物资免征进口税收的暂行办法》。对境外自然人、法人或者其他组织等境外捐赠人，无偿向经国务院主管部门依法批准成立的，以人道救助和发展扶贫、慈善事业为宗旨的社会团体以及国务院有关部门和各省、自治区、直辖市人民政府捐赠的，直接用于扶贫、慈善事业的物资，免征进口关税和进口环节增值税。所称扶贫、慈善事业是指非营利的扶贫济困、慈善救助等社会慈善和福利事业。该办法对可以免税的捐赠物资种类和品名作了明确规定。

(四)加工贸易产品

1.加工装配和补偿贸易

加工装配即来料加工、来样加工及来件装配，是指由境外客商提供全部或部分原辅料、零配件和包装物料，必要时提供设备，由我方按客商要求进行加工装配，成品交外商销售，我方收取工缴费。客商提供的作价设备价款，我方用工缴费偿还。补偿贸易是指由境外客商提供或国内单位利用国外出口信贷进口生产技术或设备，由我方生产，以返销产品方式分期偿还对方技术、设备价款或贷款本息的交易方式。因有利于较快地提高出口产品生产技术，改善我国产品质量和品种，扩大出口，增加我国外汇收入，国家给予一定的关税优惠：进境料件不予征税，准许在境内保税加工为成品后返销出口；进口外商的不作价设备和作价设备，分别比照外商投资项目和国内投资项目的免税规定执行；剩余料件或增产的产品，经批准转内销时，价值在进口料件总值2%以内，且总价值在3 000元以下的，可予免税。

2.进料加工

经批准有权经营进出口业务的企业使用进料加工专项外汇进口料件，并在1年内加工或装配成品外销出口的业务，称为进料加工业务。对其关税优惠为：对专为加工出口商品而进口的料件，海关按实际加工复出口的数量，免征进口税；加工的成品出口，免征出口税，但内销料件及成品照章征税；对加工过程中产生的副产品、次品、边角料，海关根据其使用价值分析估价征税或者酌情减免税；剩余料件或增产的产品，经批准转内销时，价值在进口料件总值2%以内，且总价值在5 000元以下的，可予免税。

(五)边境贸易进口物资

为了鼓励我国边境地区积极发展与我国毗邻国家间的边境贸易与经济合作，国家制定了有关扶持、鼓励边境贸易和边境地区发展对外经济合作的政策措施。边境贸易有边民互市贸易和边境小额贸易两种形式。边民互市贸易是指边境地区边民在边境线20公里以内、经政府批准的开放点或指定的集市上进行的商品交换活动。边民通过互市贸易进口的商品，每人每日价值在8 000元以下的，免征进口关税和进口环节增值税。边境小额贸易是指沿陆地边境线经国家批准对外开放的边境县(旗)、边境城市辖区内经批准有边境小额贸易经营权的企业，通过国家指定的陆地边境口岸，与毗邻国家边境地区的企业或其他贸易机构之间进行的贸易活动。边境小额贸易企业通过指定边境口岸进口原产于毗邻国家的商品，除烟、酒、化妆品以及国家规定必须照章征税的其他商品外，进口关税和进口环节增值税减半征收。

(六)保税区进出口货物

为了创造完善的投资、运营环境，开展为出口贸易服务的加工整理、包装、运输、仓储、商品展出和转口贸易，国家在境内设立了保税区，即与外界隔离的全封闭方式，在海关监控管理下进行存放和加工保税货物的特定区域。保税区的主要关税优惠政策有：进口供保税区使用的机器、设备、基建物资、生产用车辆，为加工出口产品进口的原材料、零部件、元器件、包装物料，供储存的转口货物以及在保税区内加工运输出境的产品免征进口关税和进口环节税；保税区内企业进口专为生产加工出口产品所需的原材料、零部件、包装物料，以及转口货物予以保税；从保税区运往境外的货物，一般免征出口关税；等等。

(七)出口加工区进出口货物

为加强与完善加工贸易管理，严格控制加工贸易产品内销，保护国内相关产业，并为出口加工企业提供更为宽松的经营环境,带动国产原材料、零配件的出口,国家设立了出口加工区。出口加工区的主要关税优惠政策有:从境外进入区内生产性的基础设施建设项目所需的机器、设备和建设生产厂房、仓储设施所需的基建物资,区内企业生产所需的机器、设备、模具及其维修用零配件,区内企业和行政管理机构自用合理数量的办公用品,予以免征进口关税和进口环节税;区内企业为加工出口产品所需的原材料、零部件、元器件、包装物料及消耗性材料,予以保税;对加工区运往区外的货物,海关按照对进口货物的有关规定办理报关手续,并按照制成品征税;对从区外进入加工区的货物视同出口,可按规定办理出口退税。

(八)进口设备

为进一步扩大利用外资,引进国外先进技术和设备,促进产业结构的调整和技术进步,保持国民经济持续、快速、健康发展,国务院决定自1998年 1 月 1 日起,对国家鼓励发展的国内投资项目和外商投资项目进口设备,在规定范围内免征进口关税和进口环节增值税。具体为:对符合《外商投资产业指导目录》鼓励类和限制乙类,并转让技术的外商投资项目,在投资总额内进口的自用设备,以及外国政府贷款和国际金融组织贷款项目进口的自用设备、加工贸易外商提供的不作价进口设备,除《外商投资项目不予免税的进口商品目录》所列商品外,免征进口关税和进口环节增值税;对符合《当前国家重点鼓励发展的产业、产品和技术目录》的国内投资项目,在投资总额内进口的自用设备,除《国内投资项目不予免税的进口商品目录》所列商品外,免征进口关税和进口环节增值税;对符合上述规定的项目,按照合同随设备进口的技术及配套件、备件,也免征进口关税和进口环节增值税。

(九)特定行业或用途的减免税政策

为鼓励、支持部分行业或特定产品的发展,国家制定了部分特定行业或用途的减免税政策,这类政策一般对可减免税的商品列有具体清单。如为支持我国海洋和陆上特定地区石油、天然气开采作业,对相关项目进口国内不能生产或性能不能满足要求的,直接用于开采作业的设备、仪器、零附件、专用工具,免征进口关税和进口环节增值税,等等。

【例 4-6 多选题】在法定减免税之外,国家按照国际通行规则和我国实际情况,制定发布的有关进出口货物减免关税的政策,称为特定或政策性减免税。下列货物属于特定减免税的有(　　)。

A.边境贸易进口物资　　B.境外捐赠用于扶贫、慈善性捐赠物资

C.出口加工区进出口货物　　D.无商业价值的广告品和货样

E.海关放行前损失的货物

【答案】ABC

【答案解析】选项 D、E 均是法定减免。

三、临时减免税

临时减免税是指以上法定和特定减免税以外的其他减免税，即由国务院根据《海关法》对某个单位、某类商品、某个项目或某批进出口货物的特殊情况，给予特别照顾，一案一批，专文下达的减免税。一般有单位、品种、期限、金额或数量等限制，不能比照执行。

我国已加入世界贸易组织，为遵循统一、规范、公平、公开的原则，有利于统一税法、公平税赋、平等竞争，国家严格控制减免税，一般不办理个案临时性减免税，对特定减免税也在逐步规范、清理，对不符合国际惯例的税收优惠政策将逐步予以废止。

第六节　关税征收管理

一、关税缴纳

进口货物自运输工具申报进境之日起 14 日内，出口货物在货物运抵海关监管区后装货的 24 小时以前，应由进出口货物的纳税义务人向货物进（出）境地海关申报，海关根据税则归类和完税价格计算应缴纳的关税和进口环节代征税，并填发税款缴款书。纳税义务人应当自海关填发税款缴款书之日起 15 日内，向指定银行缴纳税款。如关税缴纳期限的最后 1 日是周末或法定节假日，则关税缴纳期限顺延至周末或法定节假日过后的第 1 个工作日。为方便纳税义务人，经申请且海关同意，进（出）口货物的纳税义务人可以在设有海关的指运地（启运地）办理海关申报、纳税手续。

关税纳税义务人因不可抗力或者在国家税收政策调整的情形下，不能按期缴纳税款的，经海关总署批准，可以延期缴纳税款，但最长不得超过 6 个月。

二、关税的强制执行

纳税义务人未在关税缴纳期限内缴纳税款，即构成关税滞纳。为保证海关征收关税决定的有效执行和国家财政收入的及时入库，《海关法》赋予海关对滞纳关税的纳税义务人强制执行的权利。强制措施主要有两类：

一是征收关税滞纳金。滞纳金自关税缴纳期限届满滞纳之日起，至纳税义务人缴纳关税之日止，按滞纳税款万分之五的比例按日征收，周末或法定节假日不予扣除。具体计算公式为：

关税滞纳金金额＝滞纳关税税额×滞纳金征收比率×滞纳天数　　（式 4-8）

二是强制征收。如纳税义务人自海关填发缴款书之日起 3 个月仍未缴纳税款，经海关关长批准，海关可以采取强制扣缴、变价抵缴等强制措施。强制扣缴即海关从纳税义务人在开户银行或者其他金融机构的存款中直接扣缴税款。变价抵缴即海关将应税货物依法变卖,以变卖所得抵缴税款。

【例 4-7 计算题】某进出口公司2020年从A国进口货物一批,成交价(离岸价)折合人民币9 000万元(包括单独计价并经海关审查属实的货物进口后装配调试费用60万元,向境外采购代理人支付的买方佣金50万元)。另支付运费180万元,保险费90万元。货物运抵我国口岸后,该公司在未经批准缓税的情况下,于海关填发税款缴纳证的次日起第20天才缴纳税款。假设该货物适用的关税税率为100%,增值税税率为13%,消费税税率为5%。

要求:请分别计算该公司应缴纳的:①关税;②关税滞纳金;③消费税;④增值税。

【答案解析】

(1)应缴纳的关税:

关税完税价格=离岸价-装配调试费用-买方佣金+运费+保险费

=9 000-60-50+180+90=9 160(万元)

关税=关税完税价格×关税税率=9 160×100%=9 160(万元)

(2)应缴纳的关税滞纳金=应缴关税税款×0.5‰×滞纳天数=9 160×0.5‰×(20-15)=22.9(万元)

(3)应缴纳的消费税:①组成计税价格=(关税完税价格十关税)÷(1-消费税税率)

=(9 160+9 160)÷(1-5%)=19 284.21(万元)

消费税=组成计税价格×消费税税率=19 284.21×5%=964.21(万元)

(4)应缴纳的增值税:

组成计税价格=关税完税价格+关税+消费税=9 160+9 160+964.21=19 284.21(万元)

增值税=组成计税价格×增值税率=19 284.21×13%=2 506.947 3(万元)

三、关税退还

关税退还是关税纳税义务人按海关核定的税额缴纳关税后,因某种原因的出现,海关将实际征收多于应当征收的税额(称为溢征关税)退还给原纳税义务人的一种行政行为。根据《海关法》规定,海关多征的税款,海关发现后应当立即退还。

按规定,有下列情形之一的,进出口货物的纳税义务人可以自缴纳税款之日起1年内,书面声明理由,连同原纳税收据向海关申请退税并加算银行同期活期存款利息,逾期不予受理:

(1)因海关误征,多纳税款的。

(2)海关核准免验进口的货物,在完税后,发现有短卸情形,经海关审查认可的。

（3）已征出口关税的货物，因故未将其运出口，申报退关，经海关查验属实的。

对已征出口关税的出口货物和已征进口关税的进口货物，因货物品种或规格原因（非其他原因）原状复运进境或出境的，经海关查验属实的，也应退还已征关税。海关应当自受理退税申请之日起30日内，作出书面答复并通知退税申请人。本规定强调的是，“因货物品种或规格原因，原状复运进境或出境的”。如果属于其他原因且不能以原状复运进境或出境，不能退税。

四、关税补征和追征

补征和追征是海关在关税纳税义务人按海关核定的税额缴纳关税后，发现实际征收税额少于应当征收的税额（称为短征关税）时，责令纳税义务人补缴所差税款的一种行政行为。海关法根据短征关税的原因，将海关征收原短征关税的行为分为补征和追征两种。由于纳税人违反海关规定造成短征关税的，称为追征；非因纳税人违反海关规定造成短征关税的，称为补征。区分关税追征和补征的目的在于区别不同情况适用不同的征收时效，超过时效规定的期限，海关就丧失了追补关税的权利。根据《海关法》规定，进出境货物和物品放行后，海关发现少征或者漏征税款，应当自缴纳税款或者货物、物品放行之日起1年内，向纳税义务人补征；因纳税义务人违反规定而造成的少征或者漏征的税款，自纳税义务人应缴纳税款之日起3年以内可以追征，并从缴纳税款之日起按日加收少征或者漏征税款万分之五的滞纳金。

五、关税纳税争议

为保护纳税人合法权益，我国《海关法》和《关税条例》都规定了纳税义务人对海关确定的进出口货物的征税、减税、补税或者退税等有异议时，有提出申诉的权利。在纳税义务人同海关发生纳税争议时，可以向海关申请复议，但同时应当在规定期限内按海关核定的税额缴纳关税，逾期则构成滞纳，海关有权按规定采取强制执行措施。

纳税争议的内容一般为进出境货物和物品的纳税义务人对海关在原产地认定、税则归类、税率或汇率适用、完税价格确定、关税减征、免征、追征、补征和退还等征税行为是否合法或适当，是否侵害了纳税义务人的合法权益，而对海关征收关税的行为表示异议。

纳税争议的申诉程序：纳税义务人自海关填发税款缴款书之日起30日内，向原征税海关的上一级海关书面申请复议。逾期申请复议的，海关不予受理。海关应当自收到复议申请之日起60日内作出复议决定，并以复议决定书的形式正式答复纳税义务人；纳税义务人对海关复议决定仍然不服的，可以自收到复议决定书之日起15日内，向人民法院提起诉讼。

本章小结

关税
1.进口货物关税
税率
差别待遇税率
最惠国
协定
特惠
普通
配额
计征方法
从价税
从量税
选择税
复合税
滑准税
暂定税率
计税依据
成交价：CIF
实付价格调整规定
海关估价
特殊进口货物
2.出口货物关税
少数商品征税
计税依据
成交价：FOB
海关估价
3.行李和邮递物品进口税
包含进口增值税、消费税和关税
4.征收管理
关税缴纳
强制执行
退还、补证、追征

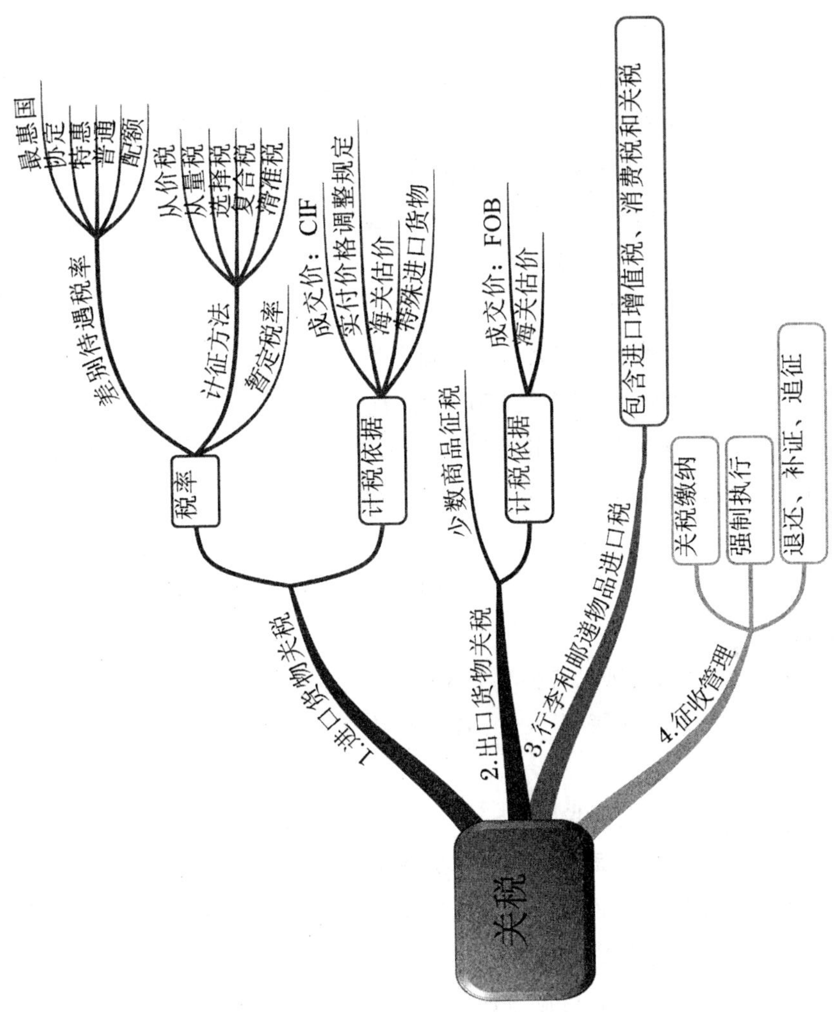

课后习题

"扫一扫"获取更多课后练习

一、单选题

1.下列各项中,(　　)不属于关税的纳税义务人。

A.进口货物的收货人　　B.出口货物的发货人

C.进境物品的所有人　　D.进口货物的发货人

2.当一个国家存在自由港、自由区时,该国国境(　　)关境。

A.大于　　B.等于　　C.小于　　D.无法比较

3.根据我国税法规定,进口货物以海关审定的成交价格为基础的(　　)为完税价格。

A.公允价格　　B.到岸价格　　C.离岸价格　　D.货价

4.下列项目中,属于进口完税价格组成部分的是(　　)。

A.进口人向境外自己的采购代理人支付的佣金

B.进口人向中介机构支付的经纪费

C.进口设施的安装调试费用

D.货物运抵境内输入地点起卸之后的运输费用

5.某企业进口一批材料,货物价款150万元,进口运费和保险费50万元,报关进口后发现其中的10%有严重质量问题并将其退货,出口方为补偿该企业,发送价值20万元(含进口运费、保险费0.5万元)的无代价抵偿物,进口关税税率为20%,该企业应缴纳进口关税(　　)万元。

A.18.00　　B.40.00　　C.30.00　　D.40.40

二、多选题

1.按照关税的计征方式,可以将关税分为(　　)。

A.从量关税　　B.从价关税　　C.复合关税　　D.选择性关税

E. 滑动关税

2.进境物品的纳税义务人是指(　　)。

A.携带物品进境的入境人员　　B.进境邮递物品的收件人

C.以其他方式进口物品的收件人　　D.进境物品的邮寄人

E.以其他方式进口物品的寄件人

3.进口货物的下列(　　)费用应当计入完税价格。

A.由买方负担的购货佣金

B.由买方负担的在审查确定完税价格时与该货物视为一体的容器的费用

C.由买方负担的包装材料费用和包装劳务费用

D.作为该货物向中华人民共和国境内销售的条件,买方必须支付的、与该货物有关的特许权使用费

4.进口时在货物的价款中列明的下列(　　)税收、费用,不计入该货物的完税价格。

A.机械、设备进口后安装、装配、维修和技术服务的费用

B.进口货物运抵境内输入地点起卸后的运输及其相关费用、保险费

C.由买方负担的购货佣金以外的佣金和经纪费

D.进口关税及国内税收

5.纳税义务人应当自海关填发税款缴款书之日起(　　)内向指定银行缴纳税款。纳税义务人未按期缴纳税款的,从滞纳税款之日起,按日加收滞纳税款(　　)的滞纳金。

A.7 日　　B.万分之三　　C.15 日　　D.万分之五

三、判断题

1.中华人民共和国准许进出口的货物、进境物品,除法律、行政法规另有规定外,由海关依照规定征收进出口关税。(　　)

2.进出口货物,应当适用海关接受该货物申报进口或者出口之日实施的税率。(　　)

3.进口货物的纳税义务人应当自运输工具申报进境之日起 14 日内,出口货物的纳税义务人除海关特准的以外,应当在货物运抵海关监管区后、装货的 24 小时以前,向货物的进出境地海关申报。(　　)

4.海关发现海关监管货物因纳税义务人违反规定造成少征或者漏征税款的,应当自纳税义务人应缴纳税款之日起 3 年内追征税款,并从应缴纳税款之日起按日加收少征或者漏征税款万分之三的滞纳金。(　　)

5.出口货物的成交价格,是指该货物出口时卖方为出口该货物应当向买方直接收取和间接收取的价款总额。出口关税应计入完税价格。(　　)

四、计算题

1.某位于市区的外贸公司进口一批货物,到岸价120 000欧元,另支付包装费4 050欧元、港口到厂区公路运费2 000元人民币,取得国际货物运输发票。当期欧元与人民币汇率 1:7,关税税率 28%。计算进口环节应纳关税税额。

2.某具有进出口经营权企业发生以下进口业务:

(1)以租赁方式进口一台设备,设备价款 78 万元,完税价格 80 万元,分 8 次支付租金,每次支付 10 万元,承租人申请一次性缴纳税款。

(2)进口材料一批,进料成交价 100 万元,发生运费 1 万元,保险费0.4万元。

(3)将一台设备运往境外修理,设备价 60 万元,修理费 5 万元,材料费 6 万元,运输费 1 万元,保险费0.4万元。

(4)转让 2 年前免税进口的一台设备,设备价款 60 万元,转让价格 50 万元。海关监管期 5 年。

(5)进口一批材料,进口完税价格 50 万元,报关进口后发现其中 20%部分有严重质量问题将其退货,出口方同意更换,进口方取得无代价抵偿物价值 10 万元。有质量问题货物已退运国外(上述进口关税税率:设备 15%,材料 20%)。

要求:计算该企业当年应纳进口关税。

第五章

企业所得税法

☞知识要点

(1)熟悉企业所得税的概念和特点;能判断居民企业纳税人和非居民企业纳税人及其纳税义务。

(2)理解企业所得税纳税调整思路;能正确计算企业所得税的应纳税所得额和应纳税额。

(3)掌握企业所得税税率和税收优惠政策。

(4)了解企业所得税的征收管理规定。

第一节　企业所得税的概念和特点

一、企业所得税的概念

企业所得税是对我国境内的企业和其他取得收入的组织的生产经营所得和其他所得征收的一种税。企业所得税有利于促进企业改善经营管理活动，提升企业的盈利能力；调节产业结构，促进经济发展；为国家建设筹集财政资金。

现行企业所得税税法的基本规范，是2 007年3月16日第十届全国人民代表大会第五次全体会议通过的《中华人民共和国企业所得税法》和2 007年11月28日国务院第197次常务会议通过的《中华人民共和国企业所得税法实施条例》。

二、企业所得税的特点

企业所得税作为我国税收体系的重要组成部分，有着与其他税种不同的特征。

1.以所得额为征税对象

企业所得税的计税依据是应纳税所得，它以利润为主要依据，但不是直接意义上的会计利润，更不是收入总额。按照税法规定，所得额是企业在一个纳税年度内的应税收入扣除各种可以扣除的成本、费用、税金、损失后的余额。

2.税收负担的直接性

所得税属于直接说，一般情况下不易于转嫁，纳税人通常就是负税人。政府可以通过对企业所得税政策的选择，较好地实现调控经济的目的。

3.符合税收公平的原则

企业所得税以企业的应纳税所得额为征税对象，所得多的纳税人就多缴纳，所得少的纳税人就少缴纳，没有所得的纳税人则无须缴纳。企业的经济效益直接影响企业所得税的多少，充分体现了税负公平的原则。

4.计征比较复杂

在计算所得税时，计税依据的计算涉及纳税人的成本、费用、税收激励或限制措施等各个方面，计算和征收的难度较大；另外，政府为了堵塞漏洞，规定了税前扣除与非扣除项目；同时还规定纳税企业年度亏损可以用下一年度实现的利润抵补，并可连续抵补5年等，因此所得税计税依据的计算较为复杂。

第二节　企业所得税的纳税人、征税范围和税率

一、纳税义务人

企业所得税的纳税义务人，是指在中华人民共和国境内的企业和其他取得收入的组织。除个人独资企业、合伙企业不适用企业所得税法外，凡在我国境内，企业和其他取得收入的组织（以下统称企业）为企业所得税的纳税人，依照本法规定缴纳企业所得税。

【提示】个人独资企业和合伙企业，由于出资人对外承担的是无限连带责任。因此，在我国，个人独资企业和合伙企业，缴纳的是个人所得税，它们不是企业所得税的纳税人。

企业所得税的纳税人分为居民企业和非居民企业，不同的企业在向中同政府缴纳所得税时，纳税义务不同。把企业分为居民企业和非居民企业，是为了更好地保障我国税收管辖权的有效行使。

（一）居民企业

居民企业是指依法在中国境内成立，或者依照外国（地区）法律成立但实际管理机构在中国境内的企业。这里的企业包括同有企业、集体企业、私营企业、联营企业、股份制企业、外商投资企业、外国企业以及有生产、经营所得和其他所得的其他组织。实际管理机构，是指对企业的生产经营、人员、账务、财产等实施实质性全面管理和控制的机构。

（二）非居民企业

非居民企业是指依照外国（地区）法律成立且实际管理机构不在中国境内，但在中国境内设立机构、场所的，或者在中国境内未设立机构、场所，但有来源于中国境内所得的企业。

二、征税对象

企业所得税的征税对象，是指企业的生产经营所得、其他所得和清算所得。

（一）居民企业的征税对象

居民企业应就来源于中国境内、境外的所得作为征税对象。所得，包括销售货物所得、提供劳务所得、转让财产所得、股息红利等权益性投资所得、利息所得、租金所得、特许权 使用费所得、接受捐赠所得和其他所得。

（二）非居民企业的征税对象

非居民企业在中国境内设立机构、场所的，应当就其所设机构、场所取得的来源于中国境内的所得，以及发生在中国境外但与其所设机构、场所有实际联系的所得，缴纳企业所得

税。非居民企业在中国境内未设立机构、场所的，或者虽设立机构、场所但取得的所得与其所设机构、场所没有实际联系的，应当就其来源于中国境内的所得缴纳企业所得税。

上述所称实际联系，是指非居民企业在中国境内设立的机构、场所拥有的据以取得所得的股权、债权，以及拥有、管理、控制据以取得所得的财产。

【例5-1 判断题】非居民企业只就其来源于我国境内的所得纳税。(　　)

【答案】×

【答案解析】对于在我国境内设有机构场所的非居民企业，发生在中国境外但与其所设机构、场所有实际联系的所得，需要缴纳企业所得税。

(三)所得来源的确定

1.销售货物所得

按照交易活动发生地确定。

2.提供劳务所得

按照劳务发生地确定。

3.转让财产所得

(1)不动产转让所得按照不动产所在地确定。

(2)动产转让所得按照转让动产的企业或者机构、场所所在地确定。

(3)权益性投资资产转让所得按照被投资企业所在地确定。

4.股息、红利等权益性投资所得

按照分配所得的企业所在地确定。

5.利息所得、租金所得、特许权使用费所得

按照负担、支付所得的企业或者机构、场所所在地确定，或者按照负担、支付所得的个人的住所地确定。

6.其他所得

由国务院财政、税务主管部门确定。

三、税率

我国企业所得税实行比例税率。比例税率简便易行，透明度高，不会因征税而改变企业间收入分配比例，有利于促进效率的提高。现行规定是：

(1)基本税率为25%。适用于居民企业和在中国境内设有机构、场所且所得与机构、场所有关联的非居民企业。

(2)低税率为20%。适用于在中国境内未设立机构、场所的，或者虽设立机构、场所，但取得的所得与其所设机构、场所没有实际联系的非居民企业。但实际征税时适用10%的税率。

(3)优惠税率20%、15%(详见本章第五节“企业所得税的税收优惠”)。

小知识

我国现行企业所得税基本税率设定为25%,从世界各国比较而言还是偏低的。据有关资料介绍,世界上近160个实行企业所得税的国家(地区)平均税率为28.6%,我国周边18个国家(地区)的平均税率为26.7%。现行税率的确定,既考虑了我国财政承受能国力,又考虑了企业负担水平。

居民企业和非居民企业的企业所得税税率如表5-1所示。

表5-1　企业所得税纳税人、征税对象和税率

<table>
<tr><th>纳税人</th><th>分类</th><th>征税对象</th><th>税率</th></tr>
<tr><td rowspan="2">居民企业</td><td>境内注册成立</td><td rowspan="2">境内所得+境外所得</td><td rowspan="3">25%</td></tr>
<tr><td>境外成立,但实际管理机构在境内</td></tr>
<tr><td rowspan="3">非居民企业</td><td rowspan="2">境外成立且实际管理机构不在境内,但在境内设立机构、场所</td><td>与机构、场所有关的(境内所得+境外所得)</td></tr>
<tr><td>与机构、场所无关的境内所得</td><td rowspan="2">10%</td></tr>
<tr><td>在境内未设立机构、场所</td><td>境内所得</td></tr>
</table>

第三节　应纳税所得额的计算

一、计算方法

应纳税所得额是企业所得税的计税依据,在实际过程中,应纳税所得额的计算一般有以下两种方法:

(一)直接计算法

在直接计算法下,企业每一纳税年度的收入总额减除不征税收入、免税收入、各项扣除以及允许弥补的以前年度亏损后的余额为应纳税所得额。计算公式与前述相同,即为:

应纳税所得额=收入总额-不征税收入-免税收入-各项扣除-以前年度亏损

(式5-1)

企业应纳税所得额的计算以权责发生制为原则,属于当期的收入和费用,不论款项是否收付,均作为当期的收入和费用;不属于当期的收入和费用,即使款项已经在当期收付,均不作为当期的收入和费用。企业所得税法对应纳税所得额计算作了明确规定,主要内容包括收入总额、不征税收入、免税收入、扣除范围和标准、亏损弥补等。

(二)间接计算法

在间接计算法下,是在会计利润总额的基础上加或减按照税法规定调整的项目金额后,即为应纳税所得额。计算公式为:

应纳税所得额=会计利润总额±纳税调整项目金额　　(式5-2)

应纳税所得额和会计利润是两个不同的概念。应纳税所得额是一个税收概念,是根据企业所得税法规定计算的所得税的计税依据;会计利润是一个会计核算概念,反映的是企业在一定时期内生产经营的财务成果。应纳税所得额和会计利润在计算过程中有很多相同的地方,但也有些差异。间接计算法,是以会计利润为基础,然后对于财税差异的地方进行纳税调整进而得到应纳税所得额。

税收调整项目金额包括两方面的内容:①企业的财务会计处理和税收规定不一致的应予以调整的金额;②企业按税法规定准予扣除的税收金额。

二、收入总额

企业的收入总额包括以货币形式和非货币形式从各种来源取得的收入。其中货币形式,包括现金、存款、应收账款、应收票据、准备持有至到期的债券投资以及债务的豁免等;非货币形式包括固定资产、生物资产、无形资产、股权投资、存货、不准备持有至到期的债券投资、劳务以及有关权益等,这些非货币资产应当按照公允价值确定收入额,公允价值是指按照市场价格确定的价值。

(一)一般收入的确认

(1)销售货物收入是指企业销售商品、产品、原材料、包装物、低值易耗品以及其他存货取得的收入。

(2)劳务收入是指企业从事建筑安装、修理修配、交通运输、仓储租赁、金融保险、邮电通信、咨询经纪、文化体育、科学研究、技术服务、教育培训、餐饮住宿、中介代理、卫生保健、社区服务、旅游、娱乐、加工以及其他劳务服务活动取得的收入。

(3)转让财产收入是指企业转让固定资产、生物资产、无形资产、股权、债权等财产取得的收入。

(4)股息、红利等权益性投资收益是指企业因权益性投资从被投资方取得的收入。股息、红利等权益性投资收益,除国务院财政、税务主管部门另有规定外,按照被投资方做出利润分配决定的日期确认收入的实现。

(5)利息收入是指企业将资金提供他人使用但不构成权益性投资,或者因他人占用本企业资金取得的收入,包括存款利息、贷款利息、债券利息、欠款利息等收入。利息收入,按照合同约定的债务人应付利息的日期确认收入的实现。

(6)租金收入是指企业提供固定资产、包装物或者其他有形资产的使用权取得的收入。

租金收入,按照合同约定的承租人应付租金的日期确认收入的实现。

(7)特许权使用费收入是指企业提供专利权、非专利技术、商标权、著作权以及其他特许权的使用权取得的收入。特许权使用费收入,按照合同约定的特许权使用人应付特许权使用费的日期确认收入的实现。

(8)接受捐赠收入是指企业接受的来自其他企业、组织或者个人无偿给予的货币性资产、非货币性资产。接受捐赠收入,按照实际收到捐赠资产的日期确认收入的实现。

(9)其他收入是指企业取得的除以上收入外的其他收入,包括企业资产溢余收入、逾期未退包装物押金收入、确实无法偿付的应付款项、已作坏账损失处理后又收回的应收款项、债务重组收入、补贴收入、违约金收入、汇兑收益等。

(二)特殊收入的确认

(1)以分期收款方式销售货物的,按照合同约定的收款日期确认收入的实现。

(2)采用售后回购方式销售商品的,销售的商品按售价确认收入,回购的商品作为购进商品处理。有证据表明不符合销售收入确认条件的,如以销售商品方式进行融资,收到的款项应确认为负债,回购价格大于原售价的,差额应在回购期间确认为利息费用。

(3)销售商品以旧换新的,销售商品应当按照销售商品收入确认条件确认收入,回收的商品作为购进商品处理。

(4)采取商业折扣(折扣销售)条件销售商品的,应当按照扣除商业折扣后的金额确定销售商品收入金额。

(5)采取现金折扣(销售折扣)条件销售商品的,应当按扣除现金折扣前的金额确定销售商品收入金额,现金折扣在实际发生时作为财务费用扣除。

(6)采取折让方式销售商品的,企业已经确认销售收入的售出商品发生销售折让和销售退回,应当在发生当期冲减当期销售商品收入。

(7)企业以买一赠一等方式组合销售本企业商品的,不属于捐赠,应将总的销售金额按各项商品的公允价值的比例来分摊确认各项的销售收入。

(8)企业受托加工制造大型机械设备、船舶、飞机,以及从事建筑、安装、装配工程业务或者提供其他劳务等,持续时间超过12个月的,按照纳税年度内完工进度或者完成的工作量确认收入的实现。

(9)采取产品分成方式取得收入的,按照企业分得产品的日期确认收入的实现,其收入额按照产品的公允价值确定。

(10)企业发生非货币性资产交换,以及将货物、财产、劳务用于捐赠、偿债、赞助、集资、广告、样品、职工福利或者利润分配等用途的,应当视同销售货物、转让财产或者提供劳务,但国务院财政、税务主管部门另有规定的除外。

(三)处置资产收入的确认

根据国家税务总局公告2016年第80号、国税函[2008]828号文件《国家税务总局关于

企业处置资产所得税处理问题的通知》,规定如下:

(1)企业发生下列情形的处置资产,除将资产转移至境外以外,由于资产所有权属在形式和实质上均不发生改变,可作为内部处置资产,不视同销售确认收入,相关资产的计税基础延续计算。

①将资产用于生产、制造、加工另一产品;

②改变资产形状、结构或性能;

③改变资产用途(如自建商品房转为自用或经营);

④将资产在总机构及其分支机构之间转移;

⑤上述两种或两种以上情形的混合;

⑥其他不改变资产所有权属的用途。

(2)企业将资产移送他人的下列情形,因资产所有权属已发生改变而不属于内部处置资产,视同销售,除另有规定外,应按照被移送资产的公允价值确定销售收入。

①用于市场推广或销售;

②用于交际应酬;

③用于职工奖励或福利;

④用于股息分配;

⑤用于对外捐赠;

⑥其他改变资产所有权属的用途。

思考讨论:增值税和企业所得税视同销售的区别?

三、不征税收入和免税收入

国家为了扶持和鼓励某些特殊的纳税人和特定的项目,或者避免因征税影响企业的正常经营,对企业取得的某些收入予以不征税或免税的特殊政策,以减轻企业的负担,促进经济的协调发展。

(一)不征税收入

(1)财政拨款是指各级人民政府对纳入预算管理的事业单位、社会团体等组织拨付的财政资金,但国务院和国务院财政、税务主管部门另有规定的除外。

(2)依法收取并纳入财政管理的行政事业性收费、政府性基金。行政事业性收费是指依照法律法规等有关规定,按照国务院规定程序批准,在实施社会公共管理,以及在向公民、法人或者其他组织提供特定公共服务过程中,向特定对象收取并纳入财政管理的费用。政府性基金,是指企业依照法律、行政法规等有关规定,代政府收取的具有专项用途的财政资金。

(3)全国社会保障基金理事会管理的全国社会保障基金取得的直接股权投资收益、股权投资基金收益。①

(4)国务院规定的其他不征税收入,是指企业取得的,由国务院财政、税务主管部门规定专项用途并经国务院批准的财政性资金。

财政性资金,是指企业取得的来源于政府及其有关部门的财政补助、补贴、贷款贴息,以及其他各类财政专项资金,包括直接减免的增值税和即征即退、先征后退、先征后返的各种税收,但不包括企业按规定取得的出口退税款。

(二)免税收入

(1)国债利息收入。

(2)符合条件的居民企业之间的股息、红利等权益性收益,是指居民企业直接投资于其他居民企业取得的投资收益。

(3)在中国境内设立机构、场所的非居民企业从居民企业取得与该机构、场所有实际联系的股息、红利等权益性投资收益。该收益都不包括连续持有居民企业公开发行并上市流通的股票不足12个月取得的投资收益。

(4)符合条件的非营利组织的收入。

【提示】注意不征税收入和免税收入的区别。

不征税收入不属于税收优惠,而免税收入属于税收优惠。不征税收入属于国家税收部门明确的不予征税的项目收入,一般不需办理申请手续;免税收入则是国家为了鼓励某个领域某个行业给予的税收优惠政策,通常需要企业到税务局事前办理减免手续,批复后才可以享受。

【例5-2 单选题】根据企业所得税法律制度的规定,下列各项中,属于免税收入的是(　　)。

A.企业接受社会捐赠收入　　B.转让企业债券取得的收入

C.财政拨款　　D.国债利息收入

【答案】D

【答案解析】(1)选项A、B属于征税收入;(2)选项C属于不征税收入。

四、扣除原则和范围

(一)税前扣除项目的原则

企业申报的扣除项目和金额要真实、合法。所谓真实是指能提供证明有关支出确实已经实际发生;合法是指符合国家税法的规定,若其他法规规定与税收法规规定不一致。应以税收法规的规定为标准。除税收法规另有规定外,税前扣除一般应遵循以下原则:

---

① 根据《财政部 税务总局关于全国社会保障基金有关投资业务税收政策的通知》(财税〔2018〕94号)。

(1)权责发生制原则,是指企业费用应在发生的所属期扣除,而不是在实际支付时确认扣除。

(2)配比原则是指企业发生的费用应当与收入况比扣除。除特殊规定外,企业发生的费用不得提前或滞后申报扣除。

(3)相关性原则,企业可扣除的费用从性质和根源上必须与取得应税收入直接相关。

(4)确定性原则,即企业可扣除的费用不论何时支付,其金额必须是确定的。

(5)合理性原则,符合生产经营活动常规,应当计入当期损益或者有关资产成本的必要和正常的支出。

(二)扣除项目的范围

税前扣除项目包括成本、费用、税金、损失和其他支出。

(1)成本是指企业在生产经营活动中发生的销售成本、销货成本、业务支出以及其他耗费。

(2)费用是指企业在生产经营活动中发生的销售费用、管理费用和财务费用,已经计入成本的有关费用除外。

(3)税金是指企业发生的除企业所得税和增值税以外的企业缴纳的各项税金及其附加。即企业按规定缴纳的消费税、城市维护建设税、关税、资源税、土地增值税、房产税、车船税、土地使用税、印花税、教育费附加等产品销售税金及附加,这些已纳税金准予税前扣除。准许扣除的税金有两种方式:一是在发生当期扣除;二是在发生当期计入相关资产的成本,在以后各期分摊扣除。

所得税税前扣除税金处理方式如表 5-2 所示。

表 5-2　所得税前扣除税金处理方式一览表

税金处理方式	税　　种
计入“税金及附加”在当期扣除	消费税、城建税及教育费附加、资源税、土地增值税、出口关税、车船税、房产税、土地使用税、印花税
计入相关资产的成本,在以后各期分摊扣除	车辆购置税、契税、进口关税
不得在所得税前扣除	企业所得税、增值税

(4)损失是指企业在生产经营活动中发生的固定资产和存货的盘亏、毁损、报废损失,转让财产损失,呆账损失,坏账损失,自然灾害等不可抗力因素造成的损失以及其他损失。

企业发生的损失,减除责任人赔偿和保险赔款后的余额,依照国务院财政、税务主管部门的规定扣除。

企业已经作为损失处理的资产,在以后纳税年度又全部收回或者部分收回时,应当计入当期收入。

(5)扣除的其他支出,是指除成本、费用、税金、损失外,企业在生产经营活动中发生的与生产经营活动有关的、合理的支出。

(三)扣除项目及其标准

在计算应纳税所得额时,下列项目可按照实际发生额或规定的标准扣除:

1.工资、薪金支出

企业发生的合理的工资、薪金支出准予据实扣除。工资、薪金支出是企业每一纳税年度支付给本企业任职或与其有雇用关系的员工的所有现金或非现金形式的劳动报酬,包括基本工资、奖金、津贴、补贴、年终加薪、加班工资,以及与任职或者是受雇有关的其他支出。

【提示】合理的工资、薪金是指企业按照股东大会、董事会、薪酬委员会或相关管理机构制定的工资薪金制度规定实际发放给员工的工资薪金。

2.职工福利费、工会经费、职工教育经费

企业发生的职工福利费、工会经费、职工教育经费按标准扣除,未超过标准的按实际数扣除,超过标准的只能按标准扣除。

(1)企业发生的职工福利费支出,不超过工资薪金总额14%的部分准予扣除。

(2)企业拨缴的工会经费,不超过工资薪金总额2%的部分准予扣除。

(3)除国务院财政、税务主管部门另有规定外,企业发生的职工教育经费支出,不超过工资薪金总额8%的部分准予扣除,超过部分准予结转以后纳税年度扣除。

【提示】上述计算职工福利费、工会经费、职工教育经费的工资薪金总额,是指企业按照上述第1条规定实际发放的工资薪金总和,不包括企业的职工福利费、职工教育经费、工会经费以及养老保险费、医疗保险费、失业保险费、工伤保险费、生育保险费等社会保险费和住房公积金。

【例5-3 计算题】某市一家居民企业2018年计入成本、费用中的企业生产经营部门员工的合理的实发工资500万元,当年发生的工会经费15万元、职工福利费60万元、职工教育经费12.5万元。

要求计算:职工工会经费、职工福利费、职工教育经费应调整的应纳税所得额。

【答案】(1)职工工会经费扣除限额=500×2%=10(万元),企业实际发生了15万元,允许在税前扣除10万元,则纳税调增5万元。

(2)职工福利费扣除限额=500×14%=70(万元),企业实际发生了60万元,允许在税前扣除60万元,则不需要纳税调整。

(3)职工教育经费扣除限额=500×8%=40(万元),企业实际发生了12.5万元,允许在税前扣除12.5万元,则不需要纳税调整。

【注意】3个比例要分别计算,不能合并。

3.社会保险费

(1)企业依照国务院有关主管部门或者省级人民政府规定的范围和标准为职工缴纳的“五险一金”,即基本养老保险费、基本医疗保险费、失业保险费、工伤保险费、生育保险费等基本社会保险费和住房公积金,准予扣除。

(2)企业为投资者或者职工支付的补充养老保险费、补充医疗保险费,分别不超过工资薪金总额5%的部分准予扣除,超过部分不得扣除。企业依照国家有关规定为特殊工种职工支付的人身安全保险费和符合国务院财政、税务主管部门规定可以扣除的商业保险费准予扣除。

(3)企业参加财产保险,按照规定缴纳的保险费,准予扣除。

(4)企业为投资者或者职工支付的商业保险费,不得扣除。但是,企业职工因公出差乘坐交通工具发生的人身意外保险费支出,准予企业在计算应纳税所得额时扣除。

4.利息费用

企业在生产、经营活动中发生的利息费用,按下列规定扣除:

(1)非金融企业向金融企业借款的利息支出、金融企业的各项存款利息支出和同业拆借利息支出、企业经批准发行债券的利息支出可据实扣除。

(2)非金融企业向非金融企业借款的利息支出,不超过按照金融企业同期同类贷款利率计算的数额部分可据实扣除,超过部分不许扣除。

【例 5-4 计算题】某公司2018年度"财务费用"账户中利息,含有以年利率 8%向银行借入的 9 个月期的生产周转用资金 300 万元贷款的借款利息;也包括10.5万元的向非金融企业借入的与银行同期的生产周转用 100 万元资金的借款利息。该公司2018年度在计算应纳税所得额时可扣除的利息费用是多少?

【答案】银行利息费用=300×8%÷12×9=18(万元),该部分费用可全额税前扣除;

非金融企业利息费用扣除限额=100×8%÷12×9=6(万元),企业实际发生了10.5万元,允许在税前扣除 6 万元;

因此,可税前扣除的利息费用合计=18+6=24(万元)。

5.借款费用

(1)企业在生产经营活动中发生的合理的不需要资本化的借款费用,准予扣除。

(2)企业为购置、建造固定资产、无形资产和经过 12 个月以上的建造才能达到预定可销售状态的存货发生借款的,在有关资产购置、建造期间发生的合理的借款费用,应予以资本化,作为资本性支出计入有关资产的成本;有关资产交付使用后发生的借款利息,可在发生当期扣除。

6.汇兑损失

企业在货币交易中,以及纳税年度终了时将人民币以外的货币性资产、负债按照期末即期人民币汇率中间价折算为人民币时产生的汇兑损失,除已经计入有关资产成本以及与向所有者进行利润分配相关的部分外,准予扣除。

7.业务招待费

企业发生的与生产经营活动有关的业务招待费支出,按照发生额的 60%扣除,但最高不得超过当年销售(营业)收入的 5‰。

【提示】当年销售(营业)收入=主营业务收入+其他业务收入+视同销售收入。

其中,主营业务收入和其他业务收入与会计口径相同;视同销售收入是指会计上不作销售核算,而在税收上应作为应税收入缴纳企业所得税的收入。另外,会计核算中的营业外收入和投资收益不包含在内。

8.广告费和业务宣传费

企业发生的符合条件的广告费和业务宣传费支出,除国务院财政、税务主管部门另有规定外,不超过当年销售(营业)收入15%的部分,准予扣除;超过部分,准予结转以后纳税年度扣除。

企业申报扣除的广告费支出应与赞助支出严格区分。企业申报扣除的广告费支出,必须符合下列条件:广告是通过工商部门批准的专门机构制作的;已实际支付费用,并已取得相应发票;通过一定的媒体传播。

【例 5-5 计算题】某企业2017年度销售收入为10 000万元,发生的与生产经营活动相关的业务招待费为 50 万元,广告费和业务宣传费为1 600万元。

某企业2018年度销售收入仍为10 000万元,发生的与生产经营活动相关的业务招待费为 100 万元,广告费和业务宣传费为1 000万元。

要求:计算该企业2017年、2018年度可税前扣除的业务招待费、广告费和业务宣传费金额,及相应的纳税调整金额。

【答案】

2017年度:

(1)业务招待费扣除限额=min(10 000×5‰=50,50×60%=30)=30(万元),企业实际发生了 50 万元,允许在税前扣除 30 万元,则纳税调增 20 万元。

(2)广告费和业务宣传费扣除限额=10 000×15%=1 500(万元),企业实际发生了1 600万元,允许在税前扣除1 500万元,则纳税调增 100 万元,超过的 100 万元可结转到以后年度扣除。

2018年度:

(1)业务招待费扣除限额=min(10 000×5‰=50,100×60%=30)=50(万元),企业实际发生了 100 万元,允许在税前扣除 50 万元,则纳税调增 50 万元。

(2)广告费和业务宣传费扣除限额=10 000×15%=1 500(万元),企业实际发生了1 000万元<1 500万元,则可将上年结转的 100 万元税前抵扣,因而允许在税前扣除1 100万元,则纳税调减 100 万元。

9.环境保护专项资金

企业依照法律、行政法规有关规定提取的用于环境保护、生态恢复等方面的专项资金,准予扣除。上述专项资金提取后改变用途的,不得扣除。

10.租赁费

企业根据生产经营活动的需要租入固定资产支付的租赁费,按照以下方法扣除:

(1)以经营租赁方式租入固定资产发生的租赁费支出,按照租赁期限均匀扣除。经营性租赁是指所有权不转移的租赁。

(2)以融资租赁方式租入固定资产发生的租赁费支出,按照规定构成融资租入固定资产价值的部分应当提取折旧费用,分期扣除。融资租赁是指在实质上转移与一项资产所有权有关的全部风险和报酬的一种租赁。

思考讨论:经营租赁方式和融资租赁方式的区别?

11.劳动保护费

企业发生的合理的劳动保护支出,推予扣除。自2011年7月1日起,企业根据其工作性质和特点,由企业统一制作并要求员工工作时统一着装所发生的工作服饰费用,根据《实施条例》第二十七条的规定,可以作为企业合理的支出给予税前扣除。

12.公益性捐赠支出

根据《关于公益性捐赠支出企业所得税税前结转扣除有关政策的通知》(财税〔2018〕15号)规定,企业通过公益性社会组织或者县级(含县级)以上人民政府及其组成部门和直属机构,用于慈善活动、公益事业的捐赠支出,在年度利润总额12%以内的部分,准予在计算应纳税所得额时扣除;超过年度利润总额12%的部分,准予结转以后三年内在计算应纳税所得额时扣除。

【提示】(1)年度利润总额,是指按国家统一会计制度核算的年度会计利润。

(2)公益性捐赠的扣除,必须同时符合两个条件:①这种捐赠必须是公益性的,非公益性的不得扣除;②这种捐赠必须是通过非营利机构或是政府机构发生的捐赠,直接的捐赠或是通过营利机构发生的捐赠不得扣除。

13.有关资产的费用

企业转让各类固定资产发生的费用,允许扣除。企业按规定计算的固定资产折旧费、无形资产和递延资产的摊销费,准予扣除。

14.总机构分摊的费用

非居民企业在中国境内设立的机构、场所,就其中国境外总机构发生的与该机构、场所生产经营有关的费用,能够提供总机构出具的费用汇集范围、定额、分配依据和方法等证明文件,并合理分摊的,准予扣除。

15.资产损失

企业当期发生的固定资产和流动资产盘亏、毁损净损失,由其提供清查盘存资料经主管税务机关审核后,准予扣除。

16.依照有关法律、行政法规和国家有关税法规定准予扣除的其他项目

如会员费、合理的会议费、差旅费、违约金、诉讼费用等。

17.手续费及佣金支出

企业发生的与生产经营有关的手续费及佣金支出,不超过规定计算限额以内的部分,准予扣除;超过部分,不得扣除。

四、不得扣除的项目

在计算应纳税所得额时,下列支出不得扣除:

(1)向投资者支付的股息、红利等权益性投资收益款项。

(2)企业所得税税款。

(3)税收滞纳金,是指纳税人违反税收法规,被税务机关处以的滞纳金。

(4)罚金、罚款和被没收财物的损失,是指纳税人违反国家有关法律、法规规定,被有关部门处以的罚款,以及被司法机关处以的罚金和被没收财物。

(5)超过规定标准的捐赠支出。

(6)非广告性质的赞助支出。

(7)未经核定的准备金支出,是指不符合国务院财政、税务主管部门规定的各项资产减值准备、风险准备等准备金支出。

(8)企业之间支付的管理费、企业内营业机构之间支付的租金和特许权使用费,以及非银行企业内营业机构之间支付的利息,不得扣除。

(9)与取得收入无关的其他支出。

思考讨论:企业在经营过程中发生的违约金、银行罚息、诉讼费、开具空头支票受到的罚款可以税前扣除吗?

五、亏损弥补

税法规定,企业某一纳税年度发生的亏损可以用下一年度的所得弥补,下一年度的所得不足以弥补的,可以逐年延续弥补,但最长不得超过 5 年。

自 2018 年 1 月 1 日起,当年具备高新技术企业或科技型中小企业资格的企业,其具备资格年度之前 5 个年度发生的尚未弥补完的亏损,准予结转以后年度弥补,最长结转年限由 5 年延长至 10 年。

亏损弥补应注意以下 3 个问题:

(1)“亏损”的含义。亏损是指企业依照《中华人民共和国企业所得税法》及其暂行条例的规定,将每一纳税年度的收入总额减除不征税收入、免税收入和各项扣除后小于零的数额。这里的亏损不是企业财务报表中反映的亏损额,而是经税务机关按照税法规定核实调整后的亏损额。

(2)亏损弥补时间。亏损弥补期限为 5 年(或 10 年),5 年(或 10 年)内不论企业是盈利还是亏损,都作为弥补年限计算。企业如果连续发生亏损,其亏损弥补期应按每个年度分别计算,先亏先补。

(3)企业在汇总计算缴纳企业所得税时,其境外营业机构的亏损不得抵减境内营业机构的盈利。

【例 5-6 计算题】经税务机关审定的某非高新技术企业 7 年内应纳税所得额情况如表 5-3 所示。

表 5-3　各年度应纳税所得额表　　单位:万元

年　度	2012	2013	2014	2015	2016	2017	2018
应纳税所得额	-150	-30	20	70	40	-10	55

要求:计算该企业 7 年间的亏损弥补情况。

【答案】2012 年亏损的弥补期为 2013—2017 年,到 2017 年年末尚有未弥补亏损 20 万元,到 2018 年则不能再弥补;

2013 年亏损的弥补期为 2014—2018 年,30 万亏损可全部在 2018 年弥补;

2017 年亏损 10 万也可在 2018 年弥补。

则 2018 年弥补亏损后的应纳税所得额=54-30-10=15(万元)。

第四节　资产的税务处理

资产是由于资本投资而形成的财产,对于资本性支出以及无形资产受让、开办、开发费用,不允许作为成本、费用从纳税人的收入总额中作一次性扣除,只能采取分次计提折旧或分次摊销的方式予以扣除。即纳税人经营活动中使用的固定资产的折旧费用、无形资产和长期待摊费用的摊销费用可以扣除。税法规定,纳入税务处理范围的资产形式主要有固定资产、生物资产、无形资产、长期待摊费用、投资资产、存货等,均以历史成本为计税基础。历史成本是指企业取得该项资产时实际发生的支出。企业持有各项资产期间资产增值或者减值,除国务院财政、税务主管部门规定可以确认的损益外,不得调整该资产的计税基础。

一、固定资产的税务处理

固定资产是指企业为生产产品、提供劳务、出租或者经营管理而持有的、使用时间超过 12 个月的非货币性资产,包括房屋、建筑物、机器、机械、运输工具以及其他与生产经营活动有关的设备、器具、工具等。

(一)固定资产计税基础

(1)外购的固定资产,以购买价款和支付的相关税费以及直接归属于使该资产达到预定用途发生的其他支出为计税基础。

(2)自行建造的固定资产,以竣工结算前发生的支出为计税基础。

(3)融资租入的固定资产,以租赁合同约定的付款总额和承租人在签订租赁合同过程中发生的相关费用为计税基础,租赁合同未约定付款总额的,以该资产的公允价值和承租人在签订租赁合同过程中发生的相关费用为计税基础。

(4)盘盈的固定资产,以同类固定资产的重置完全价值为计税基础。

(5)通过捐赠、投资、非货币性资产交换、债务重组等方式取得的固定资产,以该资产的公允价值和支付的相关税费为计税基础。

(6)改建的固定资产,除已足额提取折旧的固定资产和租入的固定资产以外的其他固定资产,以改建过程中发生的改建支出增加计税基础。

(二)固定资产折旧的范围

在计算应纳税所得额时,企业按照规定计算的固定资产折旧,准予扣除。下列固定资产不得计算折旧扣除:

(1)房屋、建筑物以外未投入使用的固定资产。

(2)以经营租赁方式租入的固定资产。

(3)以融资租赁方式租出的固定资产。

(4)已足额提取折旧仍继续使用的固定资产。

(5)与经营活动无关的固定资产。

(6)单独估价作为固定资产入账的土地。

(7)其他不得计算折旧扣除的固定资产。

(三)固定资产折旧的计提方法

(1)企业应当自固定资产投入使用月份的次月起计算折旧;停止使用的固定资产,应当自停止使用月份的次月起停止计算折旧。

(2)企业应当根据固定资产的性质和使用情况,合理确定固定资产的预计净残值。固定资产的预计净残值一经确定,不得变更。

(3)固定资产按照直线法计算的折旧,准予扣除。

(四)固定资产折旧的计提年限

除国务院财政、税务主管部门另有规定外,固定资产计算折旧的最低年限如下:

(1)房屋、建筑物,为20年。

(2)飞机、火车、轮船、机器、机械和其他生产设备,为10年。

(3)与生产经营活动有关的器具、工具、家具等,为5年。

(4)飞机、火车、轮船以外的运输工具,为4年。

(5)电子设备,为3年。

从事开采石油、天然气等矿产资源的企业,在开始商业性生产前发生的费用和有关固定资产的折耗、折旧方法,由国务院财政、税务主管部门另行规定。

二、生物资产的税务处理

生物资产,是指有生命的动物和植物。生物资产分为消耗性生物资产、生产性生物资产和公益性生物资产。消耗性生物资产,是指为出售而持有的,或在将来收获为农产品的生物资产,包括生长中的农田作物、蔬菜、用材林以及存栏待售的牲畜等。生产性生物资产,是指为产出农产品、提供劳务或出租等目的而持有的生物资产,包括经济林、薪炭林、产畜和役畜等。公益性生物资产,是指以防护、环境保护为主要目的的生物资产,包括防风固沙林、水土保持林和水源涵养林等。

(一)生物资产的计税基础

生产性生物资产按照以下方法确定计税基础:

(1)外购的生产性生物资产,以购买价款和支付的相关税费为计税基础。

(2)通过捐赠、投资、非货币性资产交换、债务重组等方式取得的生产性生物资产,以该资产的公允价值和支付的相关税费为计税基础。

(二)生物资产的折旧方法和折旧年限

生产性生物资产按照直线法计算的折旧,准予扣除。企业应当自生产性生物资产投入使用月份的次月起计算折旧;停止使用的生产性生物资产,应当自停止使用月份的次月起停止计算折旧。

企业应当根据生产性生物资产的性质和使用情况,合理确定生产性生物资产的预计净残值。生产性生物资产的预计净残值一经确定,不得变更。

生产性生物资产计算折旧的最低年限如下:

(1)林木类生产性生物资产,为10年。

(2)畜类生产性生物资产,为3年。

三、无形资产的税务处理

无形资产,是指企业长期使用,但没有实物形态的资产,包括专利权,商标权、著作权、土地使用权、非专利技术、商誉等。

(一)无形资产的计税基础

无形资产按照以下方法确定计税基础:

(1)外购的无形资产,以购买价款和支付的相关税费以及直接归属于使该资产达到预定用途而发生的其他支出为计税基础。

(2)自行开发的无形资产,以开发过程中该资产符合资本化条件后至达到预定用途前发生的支出为计税基础。

(3)通过捐赠、投资、非货币性资产交换、债务重组等方式取得的无形资产,以该资产的公允价值和支付的相关税费为计税基础。

(二)无形资产摊销的范围

在计算应纳税所得额时,企业按照规定计算的无形资产摊销费用,准予扣除。

下列无形资产不得计算摊销费用扣除:

(1)自行开发的支出已在计算应纳税所得额时扣除的无形资产。

(2)自创商誉。

(3)与经营活动无关的无形资产。

(4)其他不得计算摊销费用扣除的无形资产。

(三)无形资产的摊销方法及年限

无形资产的摊销,采取直线法计算。无形资产的摊销年限不得低于10年。作为投资或者受让的无形资产,有关法律规定或者合同约定了使用年限的,可以按照规定或者约定的使用年限分期摊销。外购商誉的支出,在企业整体转让或者清算时,准予扣除。

四、长期待摊费用的税务处理

长期待摊费用,是指企业发生的应在1个年度以上或几个年度进行摊销的费用。在计算应纳税所得额时,企业以发生的下列支出作为长期待摊费用,按照规定摊销的,准予扣除。

(1)已足额提取折旧的固定资产的改建支出。

(2)租入固定资产的改建支出。

(3)固定资产的大修理支出。

(4)其他应当作为长期待摊费用的支出。

企业的固定资产修理支出可在发生当期直接扣除。企业的固定资产改良支出,如果有关固定资产尚未提足折旧,可增加固定资产价值;如有关固定资产已提足折旧,可作为长期待摊费用,在规定的期间内平均摊销。

固定资产的改建支出,是指改变房屋或者建筑物结构、延长使用年限等发生的支出。已足额提取折旧的固定资产的改建支出,按照固定资产预计尚可使用年限分期摊销;租入固定资产的改建支出,按照合同约定的剩余租赁期限分期摊销;改进的固定资产延长使用年限的,除已足额提取折旧的固定资产、租入固定资产的改建支出外,其他的固定资产发生改建支出,应当适当延长折旧年限。

大修理支出,按照固定资产尚可使用年限分期摊销。

企业所得税法所指固定资产的大修理支出,是指同时符合下列条件的支出:

(1)修理支出达到取得固定资产时的计税基础50%以上。

(2)修理后固定资产的使用年限延长2年以上。

其他应当作为长期待摊费用的支出,自支出发生月份的次月起,分期摊销,摊销年限不得低于3年。

五、存货的税务处理

存货是指企业持有以备出售的产品或者商品，处于生产过程中的在产品、在生产或者提供劳务过程中耗用的材料和物料等。

（一）存货的计税基础

存货按照以下方法确定成本：

（1）通过支付现金方式取得的存货，以购买价款和支付的相关税费为成本。

（2）通过支付现金以外的方式取得的存货，以该存货的公允价值和支付的相关税费为成本。

（3）生产性生物资产收获的农产品，以产出或者采收过程中发生的材料费、人工费和分摊的间接费用等必要支出为成本。

（二）存货的成本计算方法

企业使用或者销售的存货成本计算方法，可以在先进先出法、加权平均法、个别计价法中选用一种。计价方法一经选用，不得随意变更。

企业转让以上资产，在计算企业应纳税所得额时，资产的净值允许扣除。其中，资产的净值是指有关资产、财产的计税基础减除已经按照规定扣除的折旧、折耗、摊销、准备金等后的余额。

除国务院财政、税务主管部门另有规定外，企业在重组过程中，应当在交易发生时确认有关资产的转让所得或者损失，相关资产应当按照交易价格重新确定计税基础。

六、投资资产的税务处理

投资资产是指企业对外进行权益性投资和债权性投资而形成的资产。

（一）投资资产的成本

投资资产按以下方法确定投资成本：

（1）通过支付现金方式取得的投资资产，以购买价款为成本。

（2）通过支付现金以外的方式取得的投资资产，以该资产的公允价值和支付的相关税费为成本。

（二）投资资产成本的扣除方法

企业对外投资期间，投资资产的成本在计算应纳税所得额时不得扣除，企业在转让或者处置投资资产时，投资资产的成本准予扣除。

第五节 企业所得税的税收优惠

2008年1月1日起实施的内外资统一的企业所得税法，统一税收优惠政策，将原来以区域优惠为主的格局，转变为“以产业优惠为主，区域优惠为铺”的税收新格局。现行企业所得税的减免优惠政策主要体现在以下5个方面：

一、扶持农、林、牧、渔业发展

（1）企业从事下列项目的所得，免征企业所得税：

①蔬菜、谷物、薯类、油料、豆类、棉花、麻类、糖料、水果、坚果的种植；

②农作物新品种的选育；

③中药材的种植；

④林木的培育和种植；

⑤牲畜、家禽的饲养；

⑥林产品的采集；

⑦灌溉、农产品初加工、兽医、农技推广、农机作业和维修等农、林、牧、渔服务业项目；

⑧远洋捕捞。

（2）企业从事下列项目的所得，减半征收企业所得税：

①花卉、茶以及其他饮料作物和香料作物的种植；

②海水养殖、内陆养殖。

二、促进技术创新和科技进步

（1）对国家需要重点扶持的高新技术企业，减按15%的税率征收企业所得税。

（2）企业为开发新技术、新产品、新工艺发生的研究开发费用，未形成无形资产计入当期损益的，在按照规定据实扣除的基础上，按照研究开发费用的50% 加计扣除；形成无形资产的，按照无形资产成本的150% 摊销。

根据《关于提高研究开发费用税前加计扣除比例的通知》（财税〔2018〕99号）规定，在2018年1月1日~2020年12月31日期间，研究开发费用加计扣除比例提高至75%。也就是说，未形成无形资产计人当期损益的，在按照规定据实扣除的基础上，再按照实际发生额的75%在税前加计扣除；形成无形资产的，在上述期间按照无形资产成本的175%在税前摊销。

（3）企业的固定资产由于技术进步等原因，确需加速折旧的，可以缩短折旧年限或者采取加速折旧的方法。可采用以上折旧方法的固定资产是指：①由于技术进步，产品更新换代较快的固定资产；②常年处于强震动、高腐蚀状态的固定资产。

采取缩短折旧年限方法的，最低折旧年限不得低于规定折旧年限的60%；采取加速折旧方法的，可以采取双倍余额递减法或者年数总和法。

（4）企业在2018年1月1日至2020年12月31日期间新购进的设备、器具（除房屋、建筑物以外的固定资产），单位价值不超过500万元的，允许一次性计入当期成本费用在计算应纳税所得额时扣除，不再分年度计算折旧。①

---

① 根据《财政部税务总局关于设备器具扣除有关企业所得税政策的通知》（财税〔2018〕54号）

(5)创业投资企业采取股权投资方式投资于未上市的中小高新技术企业2年以上的,可以按照其投资额的70%在股权持有满2年的当年抵扣该创业投资企业的应纳税所得额;当年不足抵扣的,可以在以后纳税年度结转抵扣。

(6)在一个纳税年度内,居民企业转让符合条件的技术所有权所得不超过500万元的部分,免征企业所得税;超过500万元的部分,减半征收企业所得税。

三、支持环境保护、节能节水、资源综合利用、安全生产

(1)从事符合条件的环境保护、节能节水项目的所得,自项目取得第一笔生产经营收入所属纳税年度起,第1年至第3年免征企业所得税,第4年至第6年减半征收企业所得税。

环境保护、节能节水项目,包括公共污水处理、公共垃圾处理、沼气综合开发利用、节能减排技术改造、海水淡化等。

(2)企业以《资源综合利用企业所得税优惠目录》规定的资源作为主要原材料,生产国家非限制和禁止并符合国家和行业相关标准的产品取得的收入,减按90%计入收入总额。

(3)企业购置并实际使用《环境保护专用设备企业所得税优惠目录》《节能节水专用设备企业所得税优惠目录》和《安全生产专用设备企业所得税优惠目录》规定的环境保护、节能节水、安全生产等专用设备的,该专用设备投资额的10%可以从企业当年的应纳税额中抵免;当年不足抵免的,可以在以后5个纳税年度结转抵免。

享受前款规定的企业所得税优惠的企业,应当实际购置并自身实际投入使用前款规定的专用设备;企业购置上述专用设备在5年内转让、出租的,应当停止享受企业所得税优惠,并补缴已经抵免的企业所得税税款。转让的受让方可以按照该专用设备投资额的10%抵免当年企业所得税应纳税额;当年应纳税额不足抵免的,可以在以后5个纳税年度结转抵免。

【提示】购买上述专用设备,如果取得增值税专用发票:进项税额可从销项税额中抵扣,则专用设备投资额不再包括增值税进项税额;如果取得普通发票:进行税额不得抵扣,则专用设备投资额为价税合计金额。

四、促进公益事业和照顾弱势群体

(1)根据《财政部 税务总局关于关于实施小微企业普惠性税收减免政策的通知》(财税〔2019〕13号)规定,小型微利企业是指从事国家非限制和禁止行业,且同时符合年度应纳税所得额不超过300万元、从业人数不超过300人、资产总额不超过5 000万元等三个条件的企业。

自2019年1月1日至2021年12月31日,对小型微利企业年应纳税所得额不超过100万元的部分,减按25%计入应纳税所得额,按20%的税率缴纳企业所得税;对年应纳税所得额超过100万元但不超过300万元的部分,减按50%计入应纳税所得额,按20%的税率缴纳企业所得税。

小型微利企业无论按查账征收方式或核定征收方式缴纳企业所得税,均可享受上述优惠政策。

(2)企业安置残疾人员的,在按照支付给残疾职工工资据实扣除的基础上,按照支付给

残疾职工工资的100% 加计扣除。残疾人员的范围适用《中华人民共和国残疾人保障法》的有关规定。

五、鼓励基础设施建设

企业从事国家重点扶持的公共基础设施项目的投资经营的所得,自项目取得第一笔生产经营收入所属纳税年度起,第1年至第3年免征企业所得税,第4年至第6年减半征收企业所得税。国家重点扶持的公共基础设施项目,是指《公共基础设施项目企业所得税优惠目录》规定的港口码头、机场、铁路、公路、电力、水利等项目。另外,企业承包经营、承包建设和内部自建自用本条规定的项目,不得享受本条规定的企业所得税优惠。

第六节　应纳税额的计算

一、居民企业应纳税额的计算

居民企业应缴纳所得税额等于应纳税所得额乘以适用税率,基本计算公式为:

应纳税额=应纳税所得额×适用税率-减免税额-抵免税额　　　　(式5-3)

根据计算公式可以看出,应纳税额的多少,取决于应纳税所得额和适用税率两个因素。

【例5-7 计算题】某粮食加工企业为增值税一般纳税人,注册资本3 000万元。职工人数120人,企业所得税率为25%。2018年度相关生产经营业务如下:

(1)当年销售产品取得不含税收入共计10 000万元。

(2)全年的销售产品成本5 000万元,发生销售费用2 000万元,发生财务费用150万元,发生管理费用1 000万元,营业税金及附加50万元。

(3)全年已计入成本、费用中的实发工资总额为500万元,实际发生的职工福利费80万元、职工教育经费43万元,职工工会经费10万元。

(4)所发生的财务费用中包括支付银行贷款的利息50万元和向非金融企业支付借款1 500万元的本年利息100万元(同期银行贷款年利率为6%)。

(5)所发生的管理费用中包含业务招待费100万元。

(6)所发生的销售费用中含有实际支出的广告费和业务宣传费1 700万元。

要求计算:

(1)企业2018年度会计利润总额。

(2)职工工会经费、职工福利费、职工教育经费税前扣除限额和纳税调整金额。

(3)财务费用税前扣除限额和纳税调整金额。

(4)业务招待费纳税调整金额。

(5)广告费和业务宣传费税前扣除限额和纳税调整金额。

(6)企业2018年度应缴纳的企业所得税税额。

【答案】(1)利润总额=10 000-5 000-2 000-150-1 000-50=1 800(万元)

(2)①职工福利费扣除标准=500×14%=70 万元

应调增应纳税所得额=80-70=10 万元

②职工教育经费扣除标准=500×8%=40万元

应调增应纳税所得额=43-40=3 万元

超过部分可向以后年度结转

③职工工会经费扣除标准=500×2%=10 万元

实际发生 10 万元,因此不需要进行调整

(3)允许税前列支的财务费用 50+1 500×6%=140(万元)

应调增应纳税所得额=150-140=10(万元)

(4)业务招待费 100×60%=60 万元,10 000×5‰=50 万元,允许税前列支的业务招待费用 50 万元

应调增应纳税所得额=100-50=50(万元)

(5)允许税前列支的广告费、业务宣传费10 000×15%=1 500万

应调增应纳税所得额=1 700-1 500=200(万元)

(6)应缴纳的企业所得税=(1 800+10+3+10+50+200)×25%=518.25万元

【例 5-8 计算题】某工业企业为居民企业,2018年发生经营业务如下:

全年取得产品销售收入为5 600万元,发生产品销售成本4 000万元;其他业务收入 800 万元,其他业务成本 694 万元;取得购买国债的利息收入 40 万元;缴纳非增值税销售税金及附加 300 万元;发生的管理费用 760 万元,其中新技术的研究开发费用为 60 万元、业务招待费用 70 万元;发生财务费用 200 万元;取得直接投资其他居民企业的权益性收益 34 万元(已在投资方所在地按 15% 的税率缴纳了所得税);取得营业外收入 100 万元,发生营业外支出 250 万元(其中含公益捐赠 38 万元)。

要求:计算该企业2018年应纳的企业所得税。

【答案】

(1) 利润总额=5 600+800+40+34+100-4 000-694-300-760-200-250=370(万元)

(2) 国债利息收入免征企业所得税,应调减所得额 40 万元。

(3) 技术开发调减所得额=60×75% =45(万元)

(4) 按实际发生业务招待费的 60%计算=70×60%=42(万元)

按销售(营业)收入的5‰计算=(5 600+800)×5‰=32(万元)

按照规定税前扣除限额应为32万元,实际应调增应纳税所得额=70-32=38(万元)

(5)取得直接投资其他居民企业的权益性收益属于免税收入,应调减应纳税所得额34万元。

(6)捐赠扣除标准=370×12%=44.4(万元)

实际捐赠38万元小于扣除标准44.4万元,可按实捐数扣除,不做纳税调整。

(7)应纳税所得额=370-40-45+38-34=289(万元)

(8)该企业2018年应缴纳企业所得税=289×25%=72.25(万元)

二、境外所得抵扣税额的计算

企业取得的下列所得已在境外缴纳的所得税税额,可以从其当期应纳税额中抵免,抵免限额为该项所得依照本法规定计算的应纳税额;超过抵免限额的部分,可以在以后5个年度内,用每年度抵免限额抵免当年应抵税额后的余额进行抵补。

境外所得包括:①居民企业来源于中国境外的应税所得;②非居民企业在中国境内设立机构、场所,取得发生在中国境外但与该机构、场所有实际联系的应税所得。

已在境外缴纳的所得税税额是指企业来源于中国境外的所得依照中国境外税收法律以及相关规定应当缴纳并已经实际缴纳的企业所得税性质的税款。企业依照企业所得税法的规定抵免企业所得税税额时,应当提供中国境外税务机关出具的税款所属年度的有关纳税凭证。

抵免限额是指企业来源于中国境外的所得,依照企业所得税法和本条例的规定计算的应纳税额。除国务院财政、税务主管部门另有规定外,该抵免限额可以选择分国(地区)不分项或者是不分国(地区)不分项计算,上述办法一经选择,5年内不得改变。计算公式为:

抵免限额=中国境内、境外所得依照企业所得税法和条例规定计算的应纳税总额×来源于某国(地区)的应纳税所得额÷中国境内、境外应纳税所得总额　(式5-4)

该公式可以简化为:

抵免限额=来源于某国的(税前)应纳税所得额×我国法定税率　(式5-5)

【例5-9 计算题】某企业2018年度境内应纳税所得额为1 000万元,适用25%的企业所得税税率。另外,该企业分别在A、B两国设有分支机构(我国与A、B两国已经缔结避免双重征税协定),在A国分支机构的应纳税所得额为500万元,A国税率为20%;在B国分支机构的应纳税所得额为200万元,B国税率为40%。

要求:(1)假设该企业选取分国不分项的方法,计算该企业汇总时在我国应缴纳的企业所得税税额。

(2)假设该企业选取不分国不分项的方法,计算该企业汇总时在我国应缴纳的企业所得税税额。

【答案】(1) 该企业按我国税法计算的境内、境外所得的应纳税额：

应纳税额=(1 000+500+200)×25% =425(万元)

(2) A、B 两国的扣除限额：

A 国扣除限额= 500×25%=125(万元)

B 国扣除限额=200×25%=50(万元)

在 A 国缴纳的所得税为 500×20%=100 万元，低于扣除限额 125 万元，可全额扣除。

在 B 国缴纳的所得税为 200×40%=80 万元，高于扣除限额 50 万元，其超过扣除限额的部分 30 万元当年不能扣除。

(3) 汇总时在我国应缴纳的所得税=424-100-50 =275(万元)

三、居民企业核定征收应纳税额的计算

为了加强企业所得税征收管理，对部分中小企业采取核定征收的办法计算其应纳税额。核定征收企业所得税的有关规定如下：

(一) 核定征收企业所得税的范围

本办法适用于居民企业纳税人，纳税人具有下列情形之一的，核定征收企业所得税：

(1) 依照法律、行政法规的规定可以不设置账簿的。

(2) 依照法律、行政法规的规定应当设置但未设置账簿的。

(3) 擅自销毁账簿或者拒不提供纳税资料的。

(4) 虽设置账簿，但账目混乱或者成本资料、收入凭证、费用凭证残缺不全，难以查账的。

(5) 发生纳税义务，未按照规定的期限办理纳税申报，经税务机关责令限期申报，逾期仍不申报的。

(6) 申报的计税依据明显偏低，又无正当理由的。

特殊行业、特殊类型的纳税人和一定规模以上的纳税人不适用本办法。上述特定纳税人由国家税务总局另行明确。

(二) 核定征收的办法

税务机关应根据纳税人具体情况，对核定征收企业所得税的纳税人，核定应税所得率或者核定应纳所得税额。

(1) 具有下列情形之一的，核定其应税所得率：

①能正确核算(查实)收入总额，但不能正确核算(查实)成本费用总额的；

②能正确核算(查实) 成本费用总额，但不能正确核算(查实)收入总额的；

③通过合理方法，能计算和推定纳税人收入总额或成本费用总额的。

纳税人不属于以上情形的，核定其应纳所得税额。

(2)税务机关采用下列方法核定征收企业所得税：

①参照当地同类行业或者类似行业中经营规模和收入水平相近的纳税人的税负水平核定；

②按照应税收入额或成本费用支出额定率核定；

③按照耗用的原材料、燃料、动力等推算或测算核定；

④按照其他合理方法核定。

采用前款所列一种方法不足以正确核定应纳税所得额或应纳税额的，可以同时采用两种以上的方法核定。采用两种以上方法测算的应纳税额不一致时，可按测算的应纳税额从高核定。

(3)采用应税所得率方式核定征收企业所得税的，应纳所得税额计算公式如下：

应纳所得税额＝应纳税所得额×适用税率　　（式5-6）

应纳税所得额＝应税收入额×应税所得率　　（式5-7）

或

应纳税所得额＝成本（费用）支出额÷（1-应税所得率）×应税所得率　　（式5-8）

应税所得率按表5-4规定的幅度标准确定。

表5-4　应税所得率的幅度标准

行业	应税所得率/%
农、林、牧、渔业	3～10
制造业	4～15
批发和零售贸易业	4～15
交通运输业	7～15
建筑业	7～20
饮食业	7～25
娱乐业	14～30
其他行业	10～30

四、非居民企业应纳税额的计算

对于在中国境内未设立机构、场所的，或者虽设立机构、场所但取得的所得与其所设机构、场所没有实际联系的非居民企业的所得，按照下列方法计算应纳税所得额：

(1)股息、红利等权益性投资收益和利息、租金、特许权使用费所得，以收入全额为应纳税所得额。

(2)转让财产所得，以收入全额减除财产净值后的余额为应纳税所得额。

(3)其他所得，参照前两项规定的方法计算应纳税所得额。

财产净值是指财产的计税基础减除已经按照规定扣除的折旧、折耗、摊销、准备金等后的余额。

对于在中国境内未设立机构、场所的,或者虽设立机构、场所但取得的所得与其所设机构、场所没有实际联系的非居民企业的应纳税额计算公式为:

应纳税额=年应纳税所得额×税率(减按10%) (式5-9)

第七节 企业所得税的征收管理

一、纳税期限

企业所得税按年计征,分月或者分季预缴,年终汇算清缴,多退少补。

企业所得税的纳税年度,自公历1月1日起至12月31日止。企业在一个纳税年度的中间开业,或者由于合并、关闭等原因终止经营活动,使该纳税年度的实际经营期不足12个月的,应当以其实际经营期为1个纳税年度。企业清算时,应当以清算期间作为1个纳税年度。

企业在年度中间终止经营活动的,应当自实际经营终止之日起60日内,向税务机关办理当期企业所得税汇算清缴。

二、纳税申报

1.预缴

按月或按季预缴的,应当自月份或者季度终了之日起15日内,向税务机关报送预缴企业所得税纳税申报表,预缴税款。

分月或分季预缴所得税时,应当按月度或季度的实际利润额预缴;按月度或季度的实际利润额预缴有困难的,可以按上一年度应纳税所得额的1/12或1/4预缴;或按照经税务机关认可的其他方法预缴。预缴方式一经确定,当年度不得变更。

2.汇算清缴

企业应自年度终了之日起5个月内,向税务机关报送年度企业所得税纳税申报表,并汇算清缴,结清应缴应退税款。

企业在报送企业所得税纳税申报表时,应当按照规定附送财务会计报告和其他有关资料。

【注意】企业在纳税年度内无论盈利或者亏损,都应当向税务机关报送预缴企业所得税纳税申报表、年度企业所得税纳税申报表、财务会计报告和税务机关规定应当报送的其他有关资料。

企业应当在办理注销登记前,就其清算所得向税务机关申报并依法缴纳企业所得税。

三、纳税地点

(1)除税收法律、行政法规另有规定外,居民企业以企业登记注册地为纳税地点;但登记注册地在境外的,以实际管理机构所在地为纳税地点。

(2)居民企业在中国境内设立不具有法人资格的营业机构的,应当汇总计算并缴纳企业所得税。企业汇总计算并缴纳企业所得税时,应当统一核算应纳税所得额,具体办法由国务院财政、税务主管部门另行制定。

(3)非居民企业在中国境内设立机构、场所的,应当就其所设机构、场所取得的来源于中国境内的所得,以及发生在中国境外但与其所设机构、场所有实际联系的所得,以机构、场所所在地为纳税地点。非居民企业在中国境内设立两个或者两个以上机构、场所的,经税务机关审核批准,可以选择由其主要机构、场所汇总缴纳企业所得税。

(4)非居民企业在中国境内未设立机构、场所的,或者虽设立机构、场所但取得的所得与其所设机构、场所没有实际联系的所得,以扣缴义务人所在地为纳税地点。

(5)除国务院另有规定外,企业之间不得合并缴纳企业所得税。

四、跨地区经营汇总纳税企业所得税征收管理

1.适用范围

跨省市总分机构企业是指跨省(自治区、直辖市和计划单列市,下同)设立不具有法人资格分支机构的居民企业。

2.基本原则

实行“统一计算、分级管理、就地预缴、汇总清算、财政调库”的处理办法。

(1)统一计算是指居民企业应统一计算包括各个不具有法人资格营业机构在内的企业全部应纳税所得额、应纳税额。总机构和分支机构适用税率不一致的,应分别按适用税率计算应纳所得税额。

(2)分级管理是指居民企业总机构、分支机构,分别由所在地主管税务机关属地进行监督和管理。

(3)就地预缴是指居民企业总机构、分支机构,应按本办法规定的比例分别就地按月或者按季向所在地主管税务机关申报、预缴企业所得税。

(4)汇总清算是指在年度终了后,总分机构企业根据统一计算的年度应纳税所得额、应纳所得税额,抵减总机构、分支机构当年已就地分期预缴的企业所得税款后,多退少补。

(5)财政调库,是指财政部定期将缴入中央总金库的跨省市总分机构企业所得税待分配收入,按照核定的系数调整至地方国库。

本章小结

企业所得税
1.纳税人
居民企业
非居民企业
2.税率
25%
20%
15%
10%
3.应纳税所得额
收入
不征税收入
免税收入
准予扣除
不得扣除
亏损弥补
4.资产的税务处理
固定资产、生物资产、无形资产
长期待摊费用、存货、投资资产
5.应纳税额计算
居民企业
查账
核定
非居民企业
6.税收优惠
农、林、牧、渔业
科技
环保
公平
基础设施
7.征收管理

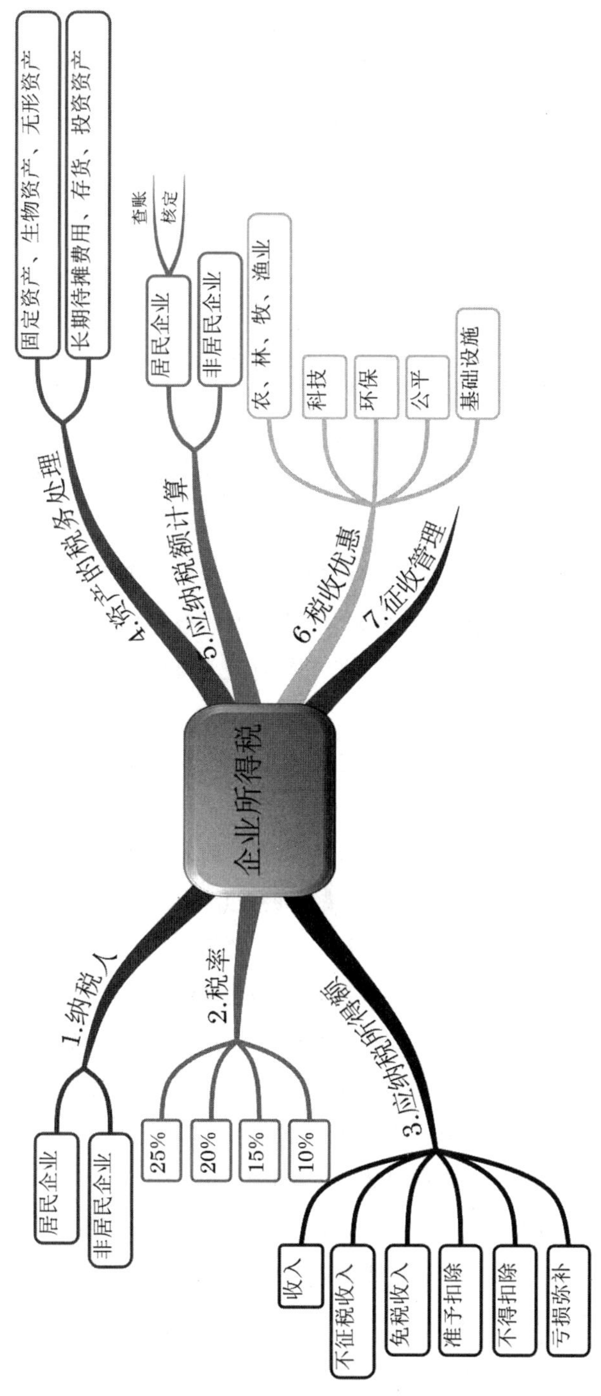

课后习题

一、单选题

1.根据企业所得税法律制度的规定,下列各项中,不属于企业所得税纳税人的是(　　)。

A.股份有限公司　　B.合伙企业

C.联营企业　　D.出版社

2.根据企业所得税法律制度的规定,下列各项中,属于免税收入的是(　　)。

A.企业接受社会捐赠收入

B.转让企业债券取得的收入

C.已作坏账损失处理后又收回的应收账款

D.国债利息收入

"扫一扫"获取更多课后练习

3.根据企业所得税法律制度的规定,企业缴纳的下列税金中,不得在计算企业所得税应纳税所得额时扣除的是(　　)。

A.增值税　　B.消费税　　C.印花税　　D.房产税

4.某生产化妆品的企业,2018年计入成本、费用中的合理的实发工资540万元,当年发生的工会经费15万元、职工福利费80万元、职工教育经费11万元,则税前可扣除的职工工会经费、职工福利费、职工教育经费合计为(　　)元。

A.106　　B.97.4　　C.99.9　　D.108.5

5.根据企业所得税法律制度的规定,在计算企业应纳税所得额时,除国务院财政、税务主管部门另有规定外,有关费用支出不超过规定比例的准予扣除,超过部分,准予在以后纳税年度结转扣除。下列各项中,属于该有关费用的是(　　)。

A.工会会费　　B.社会保险费

C.职工福利费　　D.职工教育经费

6.甲公司为一家化妆品生产企业,2018年3月因业务发展需要与工商银行借款100万元,期限半年,年利率8%;5月又向自己的供应商借款200万元,期限半年,支付利息10万元,上述借款均用于经营周转,该企业无其他借款,根据企业所得税法律制度的规定,该企业2018年可以在所得税前扣除的利息费用为(　　)万元。

A.8　　B.10　　C.12　　D.14

7.根据财税〔2018〕15号《关于公益性捐赠支出企业所得税税前结转扣除有关政策的通知》,下列说法不正确的是(　　)。

A.在年度利润总额12%以内的部分,准予在计算应纳税所得额时扣除

B.超过年度利润总额12%的部分,准予结转以后三年内在计算应纳税所得额时扣除

C.超过年度利润总额12%的部分,准予结转以后年度在计算应纳税所得额时扣除

D.企业在对公益性捐赠支出计算扣除时,应先扣除以前年度结转的捐赠支出,再扣除当

年发生的捐赠支出

8.某企业2018年度销售收入为272 000元，发生业务招待费5 000元，根据个人所得税法律的规定，该企业当年可以在税前扣除的业务招待费最高为(　　)元。

A.1 360　　B.3 000　　C.3 808　　D.5 000

9.某企业2018年度销售收入为272 000元，发生广告费和业务宣传费50 000元，根据企业所得税法律的规定，该企业当年可以在税前扣除的广告费和业务宣传费最高为(　　)元。

A.30 000　　B.38 080　　C.40 800　　D.50 000

10.根据企业所得税法律制度的规定，下列项目中，纳税人在计算应纳税所得额时准予扣除的是(　　)。

A.罚金　　B.银行按规定加收的罚息

C.税收滞纳金　　D.罚款和被没收财物的损失

二、多选题

1.根据企业所得税法律制度的规定，下列各项关于收入确认的表述中，正确的有(　　)。

A.企业以非货币形式取得的收入，应当按照公允价值确定收入额

B.以分期收款方式销售货物的，按照收到货款或索取货款凭证的日期确认收入的实现

C.采取产品分成方式取得收入的，按照企业分得产品的日期确认收入的实现，其收入额按照产品的公允价值确定

D.接受捐赠收入，按照实际收到捐赠资产的日期确定收入

2.根据《企业所得税法》的规定，下列项目中，属于不征税收入的有(　　)。

A.财政拨款

B.国债利息收入

C.企业债权利息收入

D.依法收取并纳入财政管理的行政事业性收费、政府性基金

3.甲企业2018年利润总额为2 000万元，工资薪金支出为1 500万元，已知在计算企业所得税应纳税所得额时，公益性捐赠支出、职工福利费支出、职工教育经费支出的扣除比例分别不超过12%、14%和8%，下列支出中，允许在计算2018年企业所得税应纳税所得额时全额扣除的有(　　)。

A.公益性捐赠支出 200 万元

B.职工福利支出 160 万元

C.职工教育经费支出 40 万元

D.2018年 7 月至2019年 6 月期间的厂房租金支出 50 万元

4.根据《企业所得税法》的规定，下列支出项目中，在计算企业所得税应纳税所得额时，不得扣除的有(　　)。

A.向投资者支付的股利　　B.税收滞纳金

C.非广告性赞助支出　　　　　D.与取得收入无关的费用支出

5.我国企业所得税的税收优惠包括(　　)。

A.免税收入　　B.加计扣除　　C.减计收入　　D.税额抵免

三、判断题

1.根据企业所得税法律制度的规定,居民企业就其来源于中国境内、境外的全部所得缴纳企业所得税,非居民企业仅就来源于中国境内的所得缴纳企业所得税。(　　)

2.根据企业所得税收入确认时间的相关规定,销售商品采用托收承付方式的,在办妥托收手续时确认收入。(　　)

3.非金融企业向金融企业借款的利息支出可以据实扣除,非金融企业向非金融企业借款的利息支出不允许在税前扣除。(　　)

4.企业因存货盘亏、毁损、报废等原因不得从销项税金中抵扣的进项税金,不得与存货损失一起在所得税前扣除。(　　)

5.按照企业所得税法的规定,国家需要重点扶持的高新技术企业,减按10%的税率征收企业所得税。(　　)

四、计算题

某企业为居民企业,2018年发生经营业务如下:

(1) 取得产品销售收入4 000万元。

(2) 发生产品销售成本2 600万元。

(3) 发生销售费用770万元(其中,广告费650万元);管理费用480万元(其中,业务招待费25万元);财务费用60万元。

(4) 销售税金160万元(含增值税120万元) 。

(5) 营业外收入80万元,营业外支出50万元(含通过公益性社会团体向贫困山区捐款30万元,支付税收滞纳金6万元)。

(6) 计入成本、费用中的实发工资总额200万元、拨缴职工工会经费5万元、发生职工福利费31万元、发生职工教育经费18万元。

要求:计算该企业2018年度实际应纳的企业所得税。

第六章

个人所得税法

☞**知识要点**

(1)能判断居民个人、非居民个人,正确划分各项应税所得,并选择出适用的税率。

(2)能准确计算居民个人综合所得应纳税额,非居民个人工资薪金所得、劳务报酬所得、稿酬所得、特许权使用费所得应纳税额,以及其他各项所得应纳税额。

(3)熟悉个人所得税全员全额扣缴申报纳税和自行申报纳税两种纳税方式。

第一节　个人所得税的概念和特点

个人所得税是世界各国普遍开征的一个税种，最早产生于18世纪的英国，此后世界各国相继效仿，开征此税种。目前世界上已有140多个国家和地区开征了个人所得税。西方很多国家个人所得税收入占全部税收收入总额的30%以上，甚至某些国家部分年份达到40%以上，是政府非常重要的财政收入。相对而言，我国个人所得税所占比例较低，到2018年为止仍不足10%，但应该看到个人所得税是极具潜力的一个税种。

我国的个人所得税法的基本规范是1980年9月10日第五届全国人民代表大会第三次会议制定的《个人所得税法》，多年来经过七次修改，目前适用的是2018年8月31日，由第十三届全国人民代表大会常务委员会第五次会议修改并公布的，自2019年1月1日起施行。

个人所得税是以自然人取得的各类应税所得为征税对象而征收的一种所得税，是政府利用税收对个人收入进行调节的一种手段。世界各国的个人所得税制大体可分为三种类型，即分类征收制、综合征收制和分类综合征收制。分类征收制，就是将纳税人不同来源、性质的所得项目，分别规定不同的税率征税；综合征收制，是对纳税人全年的各项所得加以汇总，就其总额进行征税；混合征收制，是对纳税人不同来源、性质的所得先分别按照不同的税率征税，然后将全年的各项所得进行汇总征税。三种不同的征收模式各有其优缺点，目前我国实行的是分类与综合相结合的征收模式。

第二节　个人所得税的纳税人、征税范围和税率

一、个人所得税的纳税人

个人所得税的纳税义务人，包括中国公民、个体工商业户以及在中国境内有所得的外籍人员和香港、澳门、台湾地区同胞。自2000年1月1日起，个人独资企业和合伙企业投资者也成为个人所得税的纳税义务人。依据住所和居住时间两个标准，将纳税人区分为居民纳税义务人和非居民纳税义务人，分别承担不同的纳税义务。

（一）居民纳税义务人

居民纳税义务人是指在中国境内有住所，或者无住所而在中国境内居住满183天的个人。居民纳税义务人负有无限纳税义务，应就来源于中国境内和境外的所得，向中国缴纳个

人所得税。

所谓在中国境内有住所的个人，是指因户籍、家庭、经济利益关系，而在中国境内习惯性居住的个人。这里所说的习惯性居住，是判定纳税义务人属于居民还是非居民的一个重要依据。它是指个人因学习、工作、探亲等原因消除之后，没有理由在其他地方继续居留时，所要回到的地方，而不是指实际居住或在某一个特定时期内的居住地。例如，一个纳税人因学习、工作、探亲、旅游等原因，在中国境外居住，但是在这些原因消除之后，如果必须回到中国境内居住的，则中国为该人的习惯性居住地。

所谓在境内居住满 183 天，是指在一个纳税年度（即公历 1 月 1 日起至 12 月 31 日止，下同）内，在中国境内居住满 183 日。在计算居住天数时，按其一个纳税年度内在境内的实际居住时间确定，取消了原有的临时离境规定，即境内无住所的某人在一个纳税年度内无论出境多少次，只要在境内累计住满 183 天，就可判定为我国的居民纳税人。例如，一个外籍人员从 2018 年 10 月起到中国境内的公司任职，在 2019 纳税年度内，虽多次离境回国，但该外籍人员在境内居住时间累计达到 200 日，已超过 183 日标准。因此，该纳税义务人 2019 纳税年度为我国的居民纳税义务人。

（二）非居民纳税义务人

非居民纳税义务人，是指不符合居民纳税义务人判定标准（条件）的纳税义务人。非居民纳税义务人承担有限纳税义务，仅就其来源于中国境内的所得，向中国缴纳个人所得税。

非居民纳税义务人，在中国境内无住所又不居住，或者无住所而一个纳税年度内在中国境内居住累计不满 183 天的个人。在现实生活中，非居民纳税义务人，实际上只能是在一个纳税年度中，没有在中国境内居住，或者在中国境内居住不满 183 天的外籍人员、华侨或香港、澳门、台湾同胞。

【例 6-1 判断题】中国境内有住所，或者无住所而在中国境内居住满 183 天的个人，为我国个人所得税的居民个人。（　　）

【答案】√

（三）所得来源地的确定

居民纳税义务人应就来源于中国境内外的所得缴纳个人所得税，非居民纳税义务人就来源于中国境内所得缴纳个人所得税。因此，判断一项所得来源于境内还是境外就显得十分重要。

所得的来源地和支付地不是同一个概念。下列所得，不论支付地点是否在中国境内，均为来源于中国境内的所得：

（1）因任职、受雇、履约等而在中国境内提供劳务取得的所得；

（2）将财产出租给承租人在中国境内使用而取得的所得；

（3）转让中国境内的建筑物、土地使用权等财产或者在中国境内转让其他财产取得的所得；

（4）许可各种特许权在中国境内使用而取得的所得；

（5）从中国境内的公司、企业以及其他经济组织或者个人取得的利息、股息、红利所得。

（四）境内无住所纳税义务人纳税义务比较

针对在中国境内无住所的纳税义务人，有两项税收优惠政策：一是，在一个纳税年度中在中国境内连续或者累计居住不超过 90 日的个人，其来源于中国境内的所得，由境外雇主支付并且不由该雇主在中国境内的机构、场所负担的部分，免予缴纳个人所得税；二是，居住 183 天以上六年以下的个人，其来源于中国境外的所得，经主管税务机关批准，可以只就由中国境内公司、企业以及其他经济组织或者个人支付的部分缴纳个人所得税。具体见表 6-1 所示。

表 6-1　居民纳税人和非居民纳税人的纳税义务

纳税人类别	居住时间	来源于中国境内所得		来源于中国境外所得	
		境内雇主支付或负担	境外雇主支付或负担	境内雇主支付或负担	境外雇主支付或负担
非居民纳税人	居住≤90 天	√	免税	×	×
	90 天< 居住< 183 天	√	√	×	×
居民纳税人	183 天≤居住< 6 年	√	√	√	免税
	连续居住满 6 年	√	√	√	√

注：表中"√"代表征税，"×"代表不征税。

【例 6-2 计算题】韩国居民崔先生受其供职的境外公司委派，来华从事设备安装调试工作，在华停留 60 天，期间取得境外公司支付的工资 40 000 元，取得中国体育彩票中奖收入 20 000 元。

要求：计算崔先生在中国应缴纳的个人所得税。

【答案】境内无住所的个人在我国境内连续或累计居住不超过 90 日，境内所得境外支付部分免税，因此 40 000 元工资收入免税；境内所得境内支付不免税，因此 20000 元中奖收入需要纳税。

应纳税额＝20000×20%＝4000（元）。

二、个人所得税的征税范围

居民个人取得下列（一）-（四）项所得（以下称综合所得），按纳税年度合并计算个人所得税；非居民个人取得下列（一）-（四）项所得，按月或者按次分项计算个人所得税。纳税人取得下列（五）-（九）项所得，分别计算个人所得税。

（一）工资、薪金所得

工资、薪金所得，是指个人因任职或者受雇而取得的工资、薪金、奖金、年终加薪、劳动分红、津贴、补贴以及与任职或者受雇有关的其他所得。

一般来说,工资、薪金所得属于非独立个人劳动所得。所谓非独立个人劳动,是指个人所从事的是由他人指定、安排并接受管理的劳动,工作或服务于公司、工厂、行政事业单位的人员(私营企业主除外)均为非独立劳动者。

根据我国目前个人收入的构成情况,规定对于一些不属于工资、薪金性质的补贴、津贴或者不属于纳税人本人工资、薪金所得项目的收入,不予征税。这些项目包括:

(1)独生子女补贴;

(2)执行公务员工资制度未纳入基本工资总额的补贴、津贴差额和家属成员的副食品补贴;

(3)托儿补助费;

(4)差旅费津贴、误餐补助。其中,误餐补助是指按照财政部规定,个人因公在城区、郊区工作,不能在工作单位或返回就餐的,根据实际误餐顿数,按规定的标准领取的误餐费。单位以误餐补助名义发给职工的补助、津贴不能包括在内。

(二)劳务报酬所得

劳务报酬所得,指个人独立从事各种非雇佣的各种劳务所取得的所得。它包括设计,装潢,安装,制图,化验,测试,医疗,法律,会计,咨询,讲学,新闻,广播,翻译,审稿,书画,雕刻,影视,录音,录像,演出,表演,广告,展览,技术服务,介绍服务,经纪服务,代办服务以及其他劳务取得的所得。

劳务报酬所得与工资、薪金所得的区别为:劳务报酬所得是个人独立从事自由职业或独立提供某种劳务取得的所得,不存在雇佣与被雇佣关系;工资、薪金所得则是个人从事非独立劳动,从所在单位领取得报酬,存在雇佣与被雇佣的关系。比如,个人在非任职单位担任董事、监事职务取得的报酬属于"劳务报酬所得",在任职单位担任董事、监事职务取得的报酬则属于"工资、薪金所得"。

【例6-3 多选题】根据个人所得税法律制度的规定,下列个人所得中,应按"劳务报酬所得"项目征收个人所得税的有(　　)。

A.某大学教授从甲企业取得咨询费

B.某公司高管从乙大学取得的讲课费

C.从非任职公司取得的董事费收入

D.从任职公司取得的监事费收入

【答案】ABC

【答案解析】个人在公司任职、受雇,同时兼任董事、监事的,应将董事费、监事费与个人工资收入合并,统一按"工资、薪金所得"项目缴纳个人所得税。

(三)稿酬所得

稿酬所得,是指个人因其作品以图书、报刊形式出版、发表而取得的所得。纳税人将文字、图片等以图书、报刊方式出版、发表的,按照“稿酬所得”征税;未出版发表而从外单位取得报酬的按照“劳务报酬所得”征税。

需要提醒注意:

(1)任职、受雇于报纸、杂志等单位的记者、编辑等专业人员在本单位的刊物上发表作品取得的所得按“工资、薪金所得”项目征税个人所得税。除上述人员以外,其他人员在本单位的刊物上发表作品取得的所得按“稿酬所得”项目征税个人所得税。

(2)出版社的专业作者撰写、编写或翻译的作品,由本社以图书形式出版取得的稿酬收入,应按“稿酬所得”项目征税个人所得税。

【例 6-4 单选题】根据个人所得税法律制度的规定,下列个人所得中,应按“稿酬所得”项目征收个人所得税的有(　　)。

A.审稿收入

B.翻译收入

C.题字收入

D.出版画册收入

【答案】D

【答案解析】稿酬所得为出版、发表取得的所得,选项 ABC 不属于出版、发表取得的所得。

(四)特许权使用费所得

特许权使用费所得,是指个人提供专利权、商标权、著作权、非专利技术以及其他特许权的使用权取得的所得。提供著作权的使用权取得的所得,不包括稿酬所得。

对于作者将自己的文字作品手稿原件或复印件公开拍卖(竞价)取得的所得,属于著作权的使用所得,按照“特许权使用费所得”征收个人所得税。

(五)经营所得

经营所得,是指:

(1)个体工商户从事生产、经营活动取得的所得。

(2)个人独资企业投资人、合伙企业的个人合伙人来源于境内注册的个人独资企业、合伙企业生产、经营的所得。个人独资企业、合伙企业的个人投资者以企业资金为本人、家庭成员及其相关人员支付与企业生产经营无关的消费性支出及购买汽车、住房等财产性支出,视为企业对个人投资者利润分配,并入投资者个人的生产经营所得,依照“经营所得”项目计征个人所得税。

(3)个人经政府有关部门批准,取得执照,从事办学、医疗、咨询以及其他有偿服务活动取得的所得。

(4)个人对企事业单位的承包经营、承租经营所得。是指个人承包经营或承租经营以及转包、转租取得的所得。按照个人承包、承租企业后,不同的企业性质和不同的利润分配情况,纳税义务不尽相同,具体情况如下表6-2:

表6-2 个人承包、承租企事业单位的涉税情况比较

承包后单位登记情况	企业所得税	个人所得税
承包后单位工商登记变更为个体工商户的	不交企业所得税	按照“经营所得”缴纳个人所得税
承包后单位工商登记仍为企业的	缴纳企业所得税	承包、承租人对企业经营成果不拥有所有权,仅按合同规定取得所得的,按“工资、薪金所得”缴纳个人所得税
		承包、承租人对企业经营成果拥有所有权,按“经营所得”缴纳个人所得税

(六)利息、股息、红利所得

利息、股息、红利所得,是指个人拥有债权、股权而取得的利息、股息、红利所得。除个人独资企业、合伙企业以外的其他企业的个人投资者,以企业资金为本人、家庭成员及其相关人员支付与企业生产经营无关的消费性支出及购买汽车、住房等财产性支出,视为企业对个人投资者的红利分配,依照“利息、股息、红利所得”项目计征个人所得税。

税法规定,国债和国家发行的金融债券利息免税;自2008年10月9日起,暂免征收储蓄存款利息的个人所得税。

纳税年度内个人投资者从其投资企业(除个人独资企业、合伙企业)借款,在该纳税年度终了后既不归还,又未用于企业生产经营的,其未归还的借款可视为企业对个人投资者的红利分配,依照“利息、股息、红利所得”项目计征个人所得税。

(七)财产租赁所得

财产租赁所得,是指个人出租建筑物、土地使用权、机器设备、车船以及其他财产取得的所得。个人取得的财产转租收入,属于“财产租赁所得”的征税范围。

(八)财产转让所得

财产转让所得,是指个人转让有价证券、股权、建筑物、土地使用权、机器设备、车船以及其他财产取得的所得。

鉴于我国证券市场发育不完善,国务院决定对股票转让所得暂不征收个人所得税。

集体所有制企业在改制为股份合作制企业时,对职工个人以股份形式取得的拥有所有权的企业量化资产,暂缓征税个人所得税;待个人将股份转让时,就其转让收入额,减除个人取得该股份时实际支付的费用支出和合理转让费用后的余额,按“财产转让所得”项目征收个人所得税。

（九）偶然所得

偶然所得，是指个人得奖、中奖、中彩以及其他偶然性质的所得。偶然所得应缴纳的个人所得税税款，一律由发奖单位或机构代扣代缴。

三、个人所得税的税率

（一）综合所得适用税率

综合所得适用七级超额累进税率，税率为3%～45%，见表6-3所示：

表6-3　综合所得个人所得税税率表

级数	全年应纳税所得额	税率（%）	速算扣除数
1	不超过36 000元的	3	0
2	超过36 000元至144 000元的部分	10	2 520
3	超过144 000元至300 000元的部分	20	16 920
4	超过300 000元至420 000元的部分	25	31 920
5	超过420 000元至660 000元的部分	30	52 920
6	超过660 000元至960 000元的部分	35	85 920
7	超过960 000元的部分	45	181 920

注1：本表所称全年应纳税所得额是指依照规定，居民个人取得综合所得以每一纳税年度收入额减除费用六万元以及专项扣除、专项附加扣除和依法确定的其他扣除后的余额

注2：非居民个人取得的工资、薪金所得、劳务报酬所得、稿酬所得和特许权使用费所得，依照本表按月换算后计算应纳税额

（二）经营所得适用税率

（1）经营所得适用五级超额累进税率，税率为5%～35%，见表6-4所示：

表6-4　经营所得个人所得税税率表

级数	全年应纳税所得额	税率（%）	速算扣除数
1	不超过30 000元的	5	0
2	超过30 000元至90 000元的部分	10	1 500
3	超过90 000元至300 000元的部分	20	10 500
4	超过300 000元政治500 000元的部分	30	40 500
5	超过500 000元的部分	35	65 500

注：本表所称全年应纳税所得额是指以每一纳税年度的收入总额，减除必要费用后的余额

这里需要注意：

①承包、承租人对企业经营成果不拥有所有权，仅是按合同（协议）规定取得一定所得

的,其所得按“工资、薪金”所得项目征税,适用3%~45%的七级超额累进税率。

②承包、承租人按合同(协议)的规定只向发包、出租方交纳一定费用后,企业经营成果归其所有的,承包、承租人取得的所得,按对企事业单位的承包经营、承租经营所得项目,适用5%~35%的五级超额累进税率征税。

(三)其他所得适用税率

利息、股息、红利所得,财产租赁所得,财产转让所得和偶然所得,适用比例税率,税率为20%。

第三节　个人所得税应纳税所得额的计算

一、每次收入的确认

《个人所得税法》对纳税义务人的征税方法有三种:一是按年计征,如经营所得,居民个人取得的综合所得;二是按月计征,如非居民个人取得的工资、薪金所得;三是按次计征,如利息、股息、红利所得,财产租赁所得,偶然所得和非居民个人取得的劳务报酬所得,稿酬所得,特许权使用费所得等6项所得。在按次征收的情况下,费用扣除依据每次收入大小,分别规定了定额和定率两种标准。因此,无论是保护纳税人的合法权益还是保证国家税收收入角度,明确“次”的概念都显得非常重要。

(一)非居民个人取得的劳务报酬所得、稿酬所得、特许权使用费所得

1.属于一次性收入的,以取得该项收入为一次

(1)就劳务报酬所得而言,从事设计、安装、装潢、制图、化验、测试等劳务,往往是接受客户的委托,按照客户的要求,完成一次劳务后取得收入。因此,是属于只有一次性的收入,应以每次提供劳务取得的收入为一次。但是需要注意,如果一次性劳务报酬收入以分月支付方式取得的,就适用同一事项连续取得收入,以1个月内取得的收入为一次的规定。

(2)就稿酬而言,采用按次计征,以每次出版、发表取得的收入为一次。具体又可细分为:

①同一作品再版取得的所得,应视作另一次稿酬所得计征个人所得税。

②同一作品先在报刊上连载,然后再出版,或先出版,再在报刊上连载的,应视为两次稿酬所得征税。即连载作为一次,出版作为另一次。

③同一作品在报刊上连载取得收入的,以连载完成后取得的所有收入合并为一次,计征个人所得税。

④同一作品在出版和发表时,以预付稿酬或分次支付稿酬等形式取得的稿酬收入,应合并计算为一次。

⑤同一作品出版、发表后,因添加印数而追加稿酬的,应与以前出版、发表时取得的稿酬

合并计算为一次，计征个人所得税。

(3)就特许权使用费而言，以某项特许权的一次性转让所取得的收入为一次。

2.属于同一项目连续性收入的，以一个月内取得的收入为一次

例如，某歌手与卡拉OK厅签约，在1年内每周到卡拉OK厅演唱一次，每次演出后付酬10 000元。在计算其劳务报酬所得时，应视为同一事项的连续性收入。以其1个月内取得的收入为一次计征个人所得税．而不能以每周取得的收入为一次。

(二)财产租赁所得

以一个月内取得的收入为一次。

(三)利息、股息、红利所得

以支付利息、股息、红利时取得的收入为一次。

(四)偶然所得

以每次取得该项收入为一次。

二、应纳税所得额与费用扣除标准

(一)居民个人综合所得应纳税所得额

居民个人的综合所得，以每一纳税年度的收入额减除费用六万元以及专项扣除、专项附加扣除和依法确定的其他扣除后的余额，为应纳税所得额。

专项扣除是指居民个人按照国家规定的范围和标准缴纳的基本养老保险、基本医疗保险、失业保险等社会保险费和住房公积金等。

专项附加扣除，包括子女教育、继续教育、大病医疗、住房贷款利息或者住房租金、赡养老人等支出，具体范围、标准和实施步骤由国务院确定，并报全国人民代表大会常务委员会备案。

1.子女教育

纳税人的子女接受全日制学历教育的相关支出，按照每个子女每月1 000元的标准定额扣除。

学历教育包括义务教育(小学、初中教育)、高中阶段教育(普通高中、中等职业、技工教育)、高等教育(大学专科、大学本科、硕士研究生、博士研究生教育)。

年满3岁至小学入学前处于学前教育阶段的子女，按学历教育扣除。

父母可以选择由其中一方按扣除标准的100%扣除，也可以选择由双方分别按扣除标准的50%扣除，具体扣除方式在一个纳税年度内不能变更。

纳税人子女在中国境外接受教育的，纳税人应当留存境外学校录取通知书、留学签证等相关教育的证明资料备查。

2.继续教育

纳税人在中国境内接受学历(学位)继续教育的支出，在学历(学位)教育期间按照每月

400 元定额扣除。同一学历(学位)继续教育的扣除期限不能超过 48 个月。纳税人接受技能人员职业资格继续教育、专业技术人员职业资格继续教育的支出,在取得相关证书的当年,按照 3 600 元定额扣除。

个人接受本科及以下学历(学位)继续教育,符合本办法规定扣除条件的,可以选择由其父母按子女教育扣除,也可以选择由本人按继续教育扣除。

纳税人接受技能人员职业资格继续教育、专业技术人员职业资格继续教育的,应当留存相关证书等资料备查。

3.大病医疗

在一个纳税年度内,纳税人发生的与基本医保相关的医药费用支出,扣除医保报销后个人负担(指医保目录范围内的自付部分)累计超过 15 000 元的部分,由纳税人在办理年度汇算清缴时,在 80 000 元限额内据实扣除。

纳税人发生的医药费用支出可以选择由本人或者其配偶扣除;未成年子女发生的医药费用支出可以选择由其父母一方扣除。

纳税人及其配偶、未成年子女发生的医药费用支出,按本办法规定分别计算扣除额。

纳税人应当留存医药服务收费及医保报销相关票据原件(或者复印件)等资料备查。医疗保障部门应当向患者提供在医疗保障信息系统记录的本人年度医药费用信息查询服务。

4.住房贷款利息

纳税人本人或者配偶单独或者共同使用商业银行或者住房公积金个人住房贷款为本人或者其配偶购买中国境内住房,发生的首套住房贷款利息支出,在实际发生贷款利息的年度,按照每月 1 000 元的标准定额扣除,扣除期限最长不超过 240 个月。纳税人只能享受一次首套住房贷款的利息扣除。

所称首套住房贷款是指购买住房享受首套住房贷款利率的住房贷款。

经夫妻双方约定,可以选择由其中一方扣除,具体扣除方式在一个纳税年度内不能变更。

夫妻双方婚前分别购买住房发生的首套住房贷款,其贷款利息支出,婚后可以选择其中一套购买的住房,由购买方按扣除标准的 100%扣除,也可以由夫妻双方对各自购买的住房分别按扣除标准的 50%扣除,具体扣除方式在一个纳税年度内不能变更。

纳税人应当留存住房贷款合同、贷款还款支出凭证备查。

5.住房租金

纳税人在主要工作城市没有自有住房而发生的住房租金支出,可以按照以下标准定额扣除:

(1)直辖市、省会(首府)城市、计划单列市以及国务院确定的其他城市,扣除标准为每月 1 500 元。

(2)除第一项所列城市以外,市辖区户籍人口超过 100 万的城市,扣除标准为每月 1 100 元;市辖区户籍人口不超过 100 万的城市,扣除标准为每月 800 元。

纳税人的配偶在纳税人的主要工作城市有自有住房的,视同纳税人在主要工作城市有自有住房。

市辖区户籍人口，以国家统计局公布的数据为准。

所称主要工作城市是指纳税人任职受雇的直辖市、计划单列市、副省级城市、地级市（地区、州、盟）全部行政区域范围；纳税人无任职受雇单位的，为受理其综合所得汇算清缴的税务机关所在城市。

夫妻双方主要工作城市相同的，只能由一方扣除住房租金支出。

住房租金支出由签订租赁住房合同的承租人扣除。

纳税人及其配偶在一个纳税年度内不能同时分别享受住房贷款利息和住房租金专项附加扣除。

纳税人应当留存住房租赁合同、协议等有关资料备查。

6.赡养老人

纳税人赡养一位及以上被赡养人的赡养支出，统一按照以下标准定额扣除：

（1）纳税人为独生子女的，按照每月 2 000 元的标准定额扣除；

（2）纳税人为非独生子女的，由其与兄弟姐妹分摊每月 2 000 元的扣除额度，每人分摊的额度不能超过每月 1 000 元。可以由赡养人均摊或者约定分摊，也可以由被赡养人指定分摊。约定或者指定分摊的须签订书面分摊协议，指定分摊优先于约定分摊。具体分摊方式和额度在一个纳税年度内不能变更。

所称被赡养人是指年满 60 岁的父母，以及子女均已去世的年满 60 岁的祖父母、外祖父母。

所称父母，是指生父母、继父母、养父母。所称子女，是指婚生子女、非婚生子女、继子女、养子女。父母之外的其他人担任未成年人的监护人的，比照本办法规定执行。

个人所得税专项附加扣除额一个纳税年度扣除不完的，不能结转以后年度扣除（见表 6-5）。

表 6-5　个人所得税专项附加扣除

<table>
<tr><th>项目</th><th colspan="2">扣除条件</th><th>扣除标准</th><th>扣除方式</th></tr>
<tr><td rowspan="4">子女教育</td><td rowspan="3">子女接受全日制学历教育</td><td>义务教育（小学、初中）</td><td rowspan="4">每个子女 1000 元/月</td><td rowspan="4">父母各扣 50%/指定一方扣 100%</td></tr>
<tr><td>高中（普通高中、中等职工、技工教育）</td></tr>
<tr><td>高等教育（大专、本科、硕士、博士）</td></tr>
<tr><td>子女接受学前教育阶段</td><td>年满 3 岁至小学前</td></tr>
<tr><td rowspan="2">继续教育</td><td colspan="2">在中国境内接受学历（学位）继续教育</td><td>400 元/月</td><td>本科以下的，本人/父母扣</td></tr>
<tr><td colspan="2">接受技能人员职业资格继续教育、专业技术人员职业资格继续教育的</td><td>3600 元定额扣除</td><td>取得相关证书的当年定额扣除</td></tr>
</table>

（续表）

<table>
<tr><th>项目</th><th colspan="2">扣除条件</th><th>扣除标准</th><th>扣除方式</th></tr>
<tr><td>大病医疗</td><td colspan="2">在一个纳税年度内，纳税人发生的与基本医保相关的医药费用支出，扣除医保报销后个人负担（指医保目录范围内的自付部分）累计超过15000元的部分</td><td>在80000元限额内据实扣除</td><td>本人或者其配偶扣除，未成年子女费用由其父母一方扣除</td></tr>
<tr><td>住房贷款利息</td><td colspan="2">购买中国境内住房，发生的首套住房贷款利息支出</td><td>1000元/月</td><td>本人扣；夫妻双方可选择一人扣除</td></tr>
<tr><td rowspan="3">住房租金</td><td rowspan="3">在主要城市没有自有住房而发生的住房租金支出</td><td>直辖市、省会（首府）城市、计划单列市以及国务院确定的其他城市</td><td>1500元/月</td><td rowspan="3">承租人扣除；夫妻工作城市相同，一方扣除</td></tr>
<tr><td>市辖区户籍人口超过100万的城市</td><td>1000元/月</td></tr>
<tr><td>市辖区户籍人口不超过100万的城市</td><td>800元/月</td></tr>
<tr><td rowspan="2">赡养老人</td><td rowspan="2">赡养一位及以上被赡养人的赡养支出（赡养人是指年满60岁的父母，以及子女均已去世的年满60岁的祖父母、外祖父母）</td><td>独生子女</td><td>2000元/月</td><td>本人扣除</td></tr>
<tr><td>非独生子女</td><td>不超过1000元/月</td><td>均摊/约定分摊/制定分摊</td></tr>
</table>

详细内容请见关于印发个人所得税专项附加扣除暂行办法的通知

（二）非居民个人的工资、薪金所得

以每月收入额减除费用5 000元后的余额为应纳税所得额；劳务报酬所得、稿酬所得、特许权使用费所得，以每次收入额为应纳税所得额。

（三）经营所得

以每一纳税年度的收入总额减除成本、费用以及损失后的余额，为应纳税所得额。

所称成本、费用，是指生产、经营活动中发生的各项直接支出和分配计入成本的间接费用以及销售费用、管理费用、财务费用；所称损失，是指生产、经营活动中发生的固定资产和存货的盘亏、毁损、报废损失，转让财产损失，坏账损失，自然灾害等不可抗力因素造成的损失以及其他损失。

取得经营所得的个人，没有综合所得的，计算其每一纳税年度的应纳税所得额时，应当减除费用6万元、专项扣除、专项附加扣除以及依法确定的其他扣除。专项附加扣除在办理汇算清缴时减除。

从事生产、经营活动,未提供完整、准确的纳税资料,不能正确计算应纳税所得额的,由主管税务机关核定应纳税所得额或者应纳税额。

(四)财产租赁所得

每次收入不超过4 000的,减除费用800元;4 000以上的,减除20%的费用,其余额为应纳税所得额。

(五)财产转让所得

以转让财产的收入额减除财产原值和合理费用后的余额,为应纳税所得额。财产原值,按照下列方法确定:

(1)有价证券,为买入价以及买入时按照规定交纳的有关费用;

(2)建筑物,为建造费或者购进价格以及其他有关费用;

(3)土地使用权,为取得土地使用权所支付的金额、开发土地的费用以及其他有关费用;

(4)机器设备、车船,为购进价格、运输费、安装费以及其他有关费用。

其他财产,参照前款规定的方法确定财产原值。

纳税人未提供完整、准确的财产原值凭证,不能按照规定的方法确定财产原值的,由主管税务机关核定财产原值。

所称合理费用,是指卖出财产时按照规定支付的有关税费。

(六)利息、股息、红利所得和偶然所得

以每次收入额为应纳税所得额。

三、应纳税所得额的其他规定

(1)劳务报酬所得、稿酬所得、特许权使用费所得以收入减除百分之二十的费用后的余额为收入额。稿酬所得的收入额减按百分之七十计算。

(2)个人将其所得对教育、扶贫、济困等公益慈善事业进行捐赠,捐赠额未超过纳税人申报的应纳税所得额百分之三十的部分,可以从其应纳税所得额中扣除;国务院规定对公益慈善事业捐赠实行全额税前扣除的,从其规定。

第四节　个人所得税应纳税额的计算

根据税法规定的适用税率和费用扣除标准,各项所得的应纳税额,应分别计算如下:

一、居民个人综合所得应纳税额的计算

首先,工资、薪金所得全额计入收入额;劳务报酬所得、特许权使用费所得的收入额为实际取得劳务报酬、特许权使用费收入的80%;稿酬所得的收入额在扣除20%费用的基础上,

再减按70%计算,即稿酬所得的收入额为实际取得稿酬收入的56%。

其次,居民个人的综合所得,以每一纳税年度的收入额减除费用60 000元以及专项扣除、专项附加扣除和依法确定的其他扣除后的余额为应纳税所得额。

居民个人综合所得应纳税额的计算公式为:

应纳税额=全年应纳税所得额×适用税率-速算扣除数

=(全年收入额-60000-社保、住房公积金费用-享受的专项附加扣除-享受的其他扣除)×适用税率-速算扣除数

【例6-5 计算题】假设某居民个人为独生子女,2019年扣除"三险一金"后税前工资收入18万元,劳务报酬2万,稿酬3万。该纳税人有两个孩子且均由其扣除子女教育专项附加,纳税人的父母健在且均已满60周岁。计算其当年应缴纳的个人所得税。

【解答】全年应纳税所得额=180 000+20 000×(1-20%)+30 000×(1-20%)×(1-30%)-2×12 000-24 000=164 800(元)

应纳税额=164 800×20%-16 920=16040(元)

二、非居民个人取得工资、薪金所得,劳务报酬所得,稿酬所得和特许权使用费所得应纳税额的计算

扣缴义务人向非居民个人支付工资、薪金所得,劳务报酬所得,稿酬所得和特许权使用费所得时,应当按照以下方法按月或者按次代扣代缴税款:

非居民个人的工资、薪金所得,以每月收入额减除费用五千元后的余额为应纳税所得额;劳务报酬所得、稿酬所得、特许权使用费所得,以每次收入额为应纳税所得额,适用个人所得税税率表三(见表6-6)计算应纳税额。劳务报酬所得、稿酬所得、特许权使用费所得以收入减除百分之二十的费用后的余额为收入额;其中,稿酬所得的收入额减按百分之七十计算。

表6-6 个人所得税税率表

(非居民个人工资、薪金所得,劳务报酬所得,稿酬所得,特许权使用费所得适用)

级数	全年应纳税所得额	税率(%)	速算扣除数
1	不超过3 000元的	3	0
2	超过3 000元至12 000元的部分	10	210
3	超过12 000元至25 000元的部分	20	1 410
4	超过25 000元至35 000元的部分	25	2 660
5	超过35 000元至55 000元的部分	30	4 410
6	超过55 000元至80 000元的部分	35	7 160
7	超过80 000元的部分	45	15 160

【例 6-6 计算题】某非居民个人 Jone 2019 年 3 月在华期间，取得以下四项来源于中国的收入：

(1)由境内雇主支付的工资 3 0000 元；

(2)向境内雇主以外的企业提供技术咨询服务，取得收入 10 000 元；

(3)在境内杂志上发表论文，取得稿酬 3 000 元；

(4)将个人的专利权转让给境内某公司，取得收入 50 000 元。

计算 Jone 上述四项收入应扣缴的个人所得税。

题解：

(1)工资应代扣代缴的个人所得税=(30 000-5 000)×20%-1 410=3 590(元)

(2)劳务报酬应代扣代缴的个人所得税=10 000×(1-20%)×10%-210=590(元)

(3)稿酬应代扣代缴的个人所得税=3 000×(1-20%)×70%×3%=50.4(元)

(4)特许权使用费应代扣代缴的个人所得税=50 000×(1-20%)×30%-4 410=7 590(元)

三、经营所得应纳税额的计算

经验所得应纳税额的计算公式为：

应纳税额=应纳税所得额×适用税率-速算扣除数

或　　　=(全年收入总额-成本、费用以及损失)×适用税率-速算扣除数。

(一)个体工商户应纳税额的计算

个体工商户应纳税所得额的计算，以权责发生制为原则，具体规定如下：

(1)个体工商户业主的工资薪金支出不得税前扣除。自 2019 年 1 月 1 日起，个体工商户业主的费用扣除标准统一确定为 60 000 元/年。

(2)个体工商户向其从业人员实际支付的合理的工资、薪金支出，允许在税前据实扣除。

(3)个体工商户按照国务院有关主管部门或者省级人民政府规定的范围和标准为其业主和从业人员缴纳的基本养老保险费、基本医疗保险费、失业保险费、工伤保险费和住房公积金，准予扣除。

个体工商户为从业人员缴纳的补充养老保险费、补充医疗保险费，分别在不超过从业人员工资总额 5%标准内的部分据实扣除；超过部分，不得扣除。

个体工商户业主本人缴纳的补充养老保险费、补充医疗保险费，以当地(地级市)上年度社会平均工资的 3 倍为计算基数，分别在不超过该计算基数 5%标准内的部分据实扣除；超过部分，不得扣除。

(4)个体工商户向当地工会组织缴纳的工会经费、实际发生的职工福利费支出、职工教育经费支出分别在工资总额的 2%、14%、2.5%的标准内据实扣除。

（5）个体工商户每一纳税年度发生的广告费和业务宣传费用不超过当年销售（营业）收入15%的部分，可据实扣除；超过部分，准予在以后纳税年度结转扣除。

（6）个体工商户每一纳税年度发生的与其生产经营业务直接相关的业务招待费支出，按照发生额的60%扣除，但最高不得超过当年销售（营业）收入的5‰。

（7）个体工商户在生产、经营期间向金融企业借款的利息支出允许全部扣除；向非金融企业和个人借款的利息支出，不超过按照金融企业同期同类贷款利率计算的数额的部分可以税前扣除。

（8）个体工商户以经营租赁方式租入固定资产发生的租赁费支出，按照租赁期限均匀扣除；以融资租赁方式租入固定资产发生的租赁费支出，按照规定构成融资租入固定资产价值的部分应当提取折旧费用，分期扣除。

（9）个体工商户生产经营活动中，应当分别核算生产经营费用和个人、家庭费用。对于生产经营与个人、家庭生活混用难以分清的费用，其40%视为与生产经营有关的费用，准予扣除。

（10）个体工商户的下列支出不得扣除：个人所得税税款；税收滞纳金；罚金、罚款和被没收财产的损失；不符合扣除规定的捐赠支出；赞助支出；用于个人和家庭的支出；与取得生产经营收入无关的其他支出。

（二）个人独资企业和合伙企业应纳个人所得税的计算

对个人独资企业和合伙企业生产经营所得，其个人所得税应纳税额的计算有以下两种方法：

1.查账征税

（1）自2019年1月1日起，个人独资企业和合伙企业投资者的生产经营所得依法计征个人所得税时，个人独资企业和合伙企业投资者本人的费用扣除标准统一确定为60 000元/年。投资者的工资不得在税前扣除。

（2）投资者及其家庭发生的生活费用不允许在税前扣除。投资者及其家庭发生的生活费用与企业生产经营费用混合在一起，并还难以划分的，全部视为投资者个人及其家庭发生的生活费用，不允许在税前扣除。

（3）企业生产经营和投资者及其家庭生活共用的固定资产，难以划分的，主管税务机关根据企业的生产经营类型、规模等具体情况，核定准予在税前扣除的折旧费用的数额或比例。

（4）企业向其从业人员实际支付的合理的工资、薪金支出，允许在税前据实扣除。

（5）企业为从业人员缴纳的补充养老保险费、补充医疗保险费，分别在不超过从业人员工资总额5%标准内的部分据实扣除；超过部分，不得扣除。

企业为投资者本人缴纳的补充养老保险费、补充医疗保险费，以当地（地级市）上年度社会平均工资的3倍为计算基数，分别在不超过该计算基数5%标准内的部分据实扣除；超过部分,不得扣除。

(6)向当地工会组织缴纳的工会经费、实际发生的职工福利费支出、职工教育经费支出分别在工资总额的2%、14%、2.5%的标准内据实扣除。

(7)每一纳税年度发生的广告费和业务宣传费用不超过当年销售(营业)收入15%的部分,可据实扣除;超过部分,准予在以后纳税年度结转扣除。

(8)每一纳税年度发生的与其生产经营业务直接相关的业务招待费支出,按照发生额的60%扣除,但最高不得超过当年销售(营业)收入的5‰

(9)企业计提的各种准备金不得扣除。

(10)投资者兴办两个或两个以上企业,并且企业性质全部是独资的,年度终了后,汇算清缴时,应纳税款的计算按以下方法进行:汇总其投资兴办的所有企业的经营所得作为应纳税所得额,以此确定适用税率,计算出全年经营所得的应纳税额,再根据每个企业的经营所得占所有企业经营所得的比例,分别计算出每个企业的应纳税额和应补缴税额。计算公式如下:

①应纳税所得额=各个企业的经营所得之和

②应纳税额=应纳税所得额×税率-速算扣除数

③本企业应纳税额=应纳税额×本企业的经营所得÷各个企业的经营所得之和

④本企业应补缴的税额=本企业应纳税额-本企业预缴的税额

2.核定征收

核定征收方式,包括定额征收、核定应税所得率征收以及其他合理的征收方式。

实行核定应税所得率征收方式的,应纳所得税额的计算公式如下:

(1)应纳所得税额=应纳税所得额×适用税率

(2)应纳税所得额=收入总额×应税所得率

或　　　　　　=成本费用支出额÷(1-应税所得率)×应税所得率

应税所得率应按表6-7规定的标准执行。

表6-7　个人所得税应税所得率表

行　业	应税所得率(%)
工业、交通运输业、商业	5~20
建筑业、房地产开发业	7~20
饮食服务业	7~25
娱乐业	20~40
其他行业	10~30

企业经营多业的,无论其经营项目是否单独核算,均应根据其主营项目确定其适用的应税所得率。

实行核定征税的投资者,不能享受个人所得税的优惠政策。

实行查账征税方式的个人独资企业和合伙企业改为核定征税方式后,在查账征税方式下认定的年度经营亏损未弥补完的部分,不得再继续弥补。

【例 6-7 计算题】某个体经营户 2019 年全年应纳税所得额 300 000 元,1~12 月已预缴个人所得税 30 000 元。计算该个体工商户 2019 年应补缴的个人所得税。

题解:

(1)全年应纳个人所得税=300 000×20%-10 500=49 500(元)

(2)该个体工商户 2019 年度应补缴个人所得税=49 500-30 000=9 500(元)

四、财产租赁所得应纳税额的计算

(一)应纳税所得额

财产租赁所得,实行按次计征,以 1 个月内取得的收入为一次。每次收入不超过 4 000 的,减除费用 800 元;4 000 以上的,减除 20%的费用,其余额为应纳税所得额。

在确定财产租赁应纳税所得额时,纳税人在出租财产过程中缴纳的税金和教育费附加,可持完税(缴款)凭证,从其财产租赁收入中扣除。另外,还允许扣除能够提供有效、准确凭证,证明由纳税人负担的该出租财产实际开支的修缮费用,允许在税前扣除。但允许扣除的修缮费用,以每次 800 元为限。一次扣除不完的,准予在下一次继续扣除,直到扣完为止。

个人出租财产取得的财产租赁收入,在计算缴纳个人所得税时,应依次扣除以下费用:

(1)财产租赁过程中缴纳的税费。

(2)向出租方支付的租金。为便于管理和堵塞漏洞,要求纳税人必须提交房屋租赁合同和支付租金的合法凭据,否则,不允许扣除租金(若非转租房屋,此项支出为 0)。

(3)由纳税人负担的该出租财产实际开支的修缮费用。

(4)税法规定的费用扣除标准。财产租赁所得每次收入(该金额为扣除前三项后的余额)不超过 4 000 元,定额减除费用 800 元;每次收入在 4 000 元以上,定率减除 20%的费用。

(二)财产租赁所得应纳税额的计算

应纳税所得额的计算公式为:

(1)每次(月)收入不超过 4 000 元的:

应纳税所得额=每次(月)收入额-准予扣除项目-修缮费用(800 元为限)-800 元

(2)每次(月)收入超过 4 000 元的:

应纳税所得额=[每次(月)收入额-准予扣除项目-修缮费用(800 元为限)]×(1-20%)

财产租赁所得适用 20% 的比例税率。但对个人按市场价格出租的居民住房取得的所得,自 2001 年 1 月 1 日起暂减按 10%的税率征收个人所得税。其应纳税额的计算公式为:

应纳税额=应纳税所得额×20%(或 10%)

【例 6-8 计算题】生活在 A 市的张先生于 2019 年 1 月将其自有的一套普通住宅出租给王某居住，租金按年收取，每月 3 000 元，租赁期 5 年。出租当月，张先生按王某的要求对出租房进行修缮，发生费用 2 400 元，并按税法规定缴纳了房产税。

要求：计算张先生 2019 年全年租金收入应缴纳的个人所得税。

【答案】1.计算出租房屋缴纳的房产税。

财税[2008]24 号文件规定：对个人出租住房取得的所得减按 10%的税率征收个人所得税；对个人出租、承租住房签订的租赁合同，免征印花税。对个人出租住房，按 4%的税率征收房产税，免征城镇土地使用税。个人出租住房应税服务收入低于起征点 100 000 元，免征增值税。

出租房屋每个月相关税费（房产税）= 3 000×4% = 120（元）

2.1～3 月每月应纳的个人所得税 =（3 000-120-800-800）×10% = 128（元）

3.4～12 月每月应纳的个人所得税 =（3 000-120-800）×10% = 208（元）

4.2019 年全年应纳的个人所得税 = 128×3+208×9 = 2 256（元）

五、财产转让所得应纳税额的计算

应纳税额 = 应纳税所得额×适用税率 =（收入总额-财产原值-合理税费）×20%

【例 6-9 计算题】某个人 2016 年建房住房一幢，造价 740 000 元，支付其他费用 60 000 元。2019 年该自建自用 3 年后的住房出售，售价 1 000 000 元，在卖房过程中按规定支付交易费等有关费用 20 000 元。

要求：计算其应纳个人所得税。

题解：

（1）根据营改增二手房交易相关税收政策，个人出售自建自用住房，免征增值税；

（2）应纳税所得额 = 财产转让收入-财产原值-合理费用

= 1 000 000-（740 000+60 000）-20 000 = 180 000（元）

（3）应纳税额 = 180 000×20% = 36 000（元）

六、利息、股息、红利所得应纳税额的计算

利息、股息、红利所得，以支付利息、股息、红利时取得的收入为一次。该项所得以每次收入额为应纳税所得额，不作任何费用扣除。利息、股息、红利所得应纳税额的计算公式为：

应纳税额 = 应纳税所得额×适用税率 = 每次收入额×20%

为鼓励投资、抑制投机行为，根据《财政部 国家税务总局 证监会关于上市公司股息红利差别化个人所得税政策有关问题的通知》（财税[2015]101 号）规定，自 2015 年 9 月 8 日起，

个人从公开发行和转让市场取得的上市公司股票,持股期限在1个月以内(含1个月)的,其利息红利所得全额计入应纳税所得额;持股持股期限在1个月以上至1年(含1年)的,暂减按50%计入应纳税所得额;持股期限超过1年的,股息红利所得暂免征收个人所得税。按上述标准计算的应纳税所得额统一适用20%的税率计征个人所得税。持股期限是指个人从公开发行和转让市场取得上市公司股票之日至转让交割该股票之日前一日的持有时间。

上市公司派发股息红利时,对个人持股1年以内(含1年)的,上市公司暂不扣缴个人所得税;待个人转让股票时,证券登记结算公司根据其持股期限计算应纳税额,由证券公司等股份托管机构从个人资金账户中扣收并划付证券登记结算公司,证券登记结算公司应于次月5个工作日内划付上市公司,上市公司在收到税款当月的法定申报期内向主管税务机关申报缴纳。

【例6-10 计算题】某纳税人2019年8月取得以下收入:

(1)取得企业债券利息10 000元;

(2)国债利息20 000元;

(3)2019年1月1日,通过二级市场购买在上证所交易的A公司股票10 000股,A公司于2019年4月1日发放现金股利,每股0.2元(含税)。

要求:计算该个人应缴纳的个人所得税。

题解:

(1)企业债券利息应纳的个人所得税=10 000×20%=2 000(元)

(2)国债利息免税

(3)现金股利应纳个人所得税=10 000×0.2×50%×20%=200(元)

七、偶然所得应纳税额的计算

应纳税额=应纳税所得额×适用税率=每次收入额×20%

【例6-10 计算题】张某在参加商场的有奖销售过程中,中奖所得共计价值50 000元。领奖时从中奖收入中拿出10 000元通过教育部门向某希望小学捐赠。

要求:计算商场应代扣代缴的个人所得税。

题解:

(1)根据税法有关规定,张某的捐赠额小于所得额的30%,可以全部从应纳税所得额中扣除。

(2)应纳税所得额=偶然所得—捐赠额=50 000-10 000=40 000(元)

(3)商场应代扣代缴的个人所得税=应纳税所得额×适用税率=40 000×20%=8 000(元)

八、应纳税额计算中的特殊问题

（一）对个人取得全年一次性奖金的计税方法

全年一次性奖金是指行政机关、企事业单位等扣缴义务人根据其全年经济效益和对雇员全年工作业绩的综合考核情况，向雇员发放的一次性奖金。一次性奖金包括年终加薪、实行年薪制和绩效工资办法的单位根据考核情况兑现的年薪和绩效工资。

居民个人取得全年一次性奖金，在 2021 年 12 月 31 日前，可选择不并入当年综合所得，以全年一次性奖金收入除以 12 个月得到的数额，按照“月度税率表”确定适用税率和速算扣除数，单独计算纳税（见表 6-8）。

表 6-8　按月换算后的综合所得税率表

级数	全年应纳税所得额	税率（%）	速算扣除数
1	不超过 3 000 元的	3	0
2	超过 3 000 元至 12 000 元的部分	10	210
3	超过 12 000 元至 25 000 元的部分	20	1 410
4	超过 25 000 元至 35 000 元的部分	25	2 660
5	超过 35 000 元至 55 000 元的部分	30	4 410
6	超过 55 000 元至 80 000 元的部分	35	7 160
7	超过 80 000 元的部分	45	15 160

另外，需要提醒注意的是：

（1）在一个纳税年度内，对每一个纳税人，该计税办法只允许采用一次。

（2）雇员取得除全年一次性奖金以外的其他各种名目奖金，如半年奖、季度奖、加班奖、先进奖、考勤奖等，一律与当月工资、薪金收入合并，按税法规定缴纳个人所得税。

【例 6-11 计算题】中国公民王某 2019 年 12 月领取全年一次性奖金 72 000 元，当月工资 5 000 元（已扣除个人按规定缴纳的“三险一金”，没有其他专项扣除），要求：计算王某取得年终奖应缴纳的个人所得税。

【答案】（1）确定年终奖适用的税率和速算扣除数：

按 12 个月分摊后，每月奖金 = 72 000÷12 = 6 000（元），根据“按月换算后的综合所得税率表”，适用税率为 10%，速算扣除数为 210。

（2）计算年终奖应缴纳的个人所得税：

年终奖应纳个人所得税 = 72 000×10% − 210 = 6 990（元）

但从2022年1月1日起，居民个人取得全年一次性奖金，需要并入当年综合所得计算缴纳个人所得税。

(二)个人取得公务交通、通信补贴收入的计税方法

个人因公务用车和通信制度改革而取得的公务用车、通信补贴收入，扣除一定标准的公务费用后，按照"工资、薪金"所得项目计征个人所得税。按月发放的，并入当月"工资、薪金"所得计征个人所得税；不按月发放的，分解到所属月份并与该月份"工资、薪金"所得合并后计征个人所得税。

公务费用扣除标准，由省级地方税务局根据纳税人公务交通、通讯费用实际发生情况调查测算，报经省级人民政府批准后确定，并报国家税务总局备案。

【提示】根据浙委办[2000]99号文件，浙江省规定，按照企事业单位规定取得通讯费补贴的工作人员，其单位主要负责人在每月500元额度内按实际取得数予以扣除，其他人员在每月300元额度内按实际取得数予以扣除。

(三)对个人因解除劳动合同取得经济补偿金的征税方法

根据税法规定，对个人因解除劳动合同取得的经济补偿金，征税处理如下：

(1)企业依照国家有关法律规定宣告破产，企业职工从该破产企业取得的一次性安置费收入，免征个人所得税。

(2)个人因与用人单位解除劳动关系而取得的一次性补偿收入，其收人在当地上年职工平均工资3倍数额以内的部分，免征个人所得税；超过3倍数额部分的一次性补偿收入，不并入当年的综合所得，单独适用综合税率表，计算纳税。

个人在解除劳动合同后又再次任职、受雇的，已纳税的一次性补偿收入不再与再次任职、受雇的工资薪金所得合并计算补缴个人所得税。

(3)个人领取一次性补偿收入时按照国家和地方政府规定的比例实际缴纳的住房公积金、医疗保险费、基本养老保险费、失业保险费，可以在计征其一次性补偿收入的个人所得税时予以扣除。

(四)关于个人公益救济性捐赠支出费用的扣除问题

(1)个人将其所得通过中国境内的社会团体、国家机关向教育和其他社会公益事业以及遭受严重自然灾害地区、贫困地区捐赠、捐赠额未超过纳税义务人申报的应纳税所得额30%的部分，可以从其应纳税所得额中扣除。

(2)个人通过非营利的社会团体和国家机关向红十字事业、农村义务教育以及公益性青少年活动场所的公益性捐赠，准予在缴纳个人所得税前的所得额中全额扣除。

思考：比较公益性捐赠在企业所得税法和个人所得税法中规定的差异？

【例 6-12 计算题】陈某在参加商场的有奖销售过程中，中奖所得共计价值 20 000 元。陈某领奖时告知商场，从中奖收入中拿出 8 000 元通过教育部门向某贫困捐赠。要求：计算商场代扣代缴个人所得税后，陈某实际可得中奖金额。

【答案】(1) 捐赠扣除限额 = 20 000×30% = 6 000(元) <8 000(元)，则可扣除捐赠额为 6 000 元

(2) 应纳税所得额 = 偶然所得 - 可扣除捐赠额 = 20 000-6 000 = 14 000(元)

(3) 应纳税额(即商场代扣税款) = 14 000×20% = 2 800(元)

(4) 陈某实际可得金额 = 20 000-8 000-2 800 = 9 200(元)

(五) 关于境外所得已纳税额的扣除问题

根据《个人所得税法》规定，对个人所得税的居民纳税人，应就其来源于中国境内、境外的所得计算缴纳个人所得税。在对纳税人的境外所得征税时，会存在其境外所得已在来源国家或者地区缴税的实际情况。为避免双重征税，纳税义务人从中国境外取得的所得，准予其在应纳税额中扣除已在境外缴纳的个人所得税税额，但扣除额不得超过该纳税义务人境外所得依照我国税法规定计算的应纳税额。

需要说明的是：

(1) 已在境外缴纳的个人所得税税额，是指纳税义务人从中国境外取得的所得，依照该所得来源国家或者地区的法律应当缴纳并且实际已经缴纳的税额。

(2) 依照我国税法规定计算的应纳税额，是指纳税义务人从中国境外取得的所得，区别不同国家或者地区和不同应税项目，依照我国税法规定的费用减除标准和适用税率计算的应纳税额；同一国家或者地区内不同应税项目，依照我国税法计算的应纳税额之和，为该国家或者地区的扣除限额。

(3) 纳税义务人依照税法的规定申请扣除已在境外缴纳的个人所得税税额时，应当提供境外税务机关填发的完税凭证原件。

纳税义务人在中同境外一个国家或者地区实际已经缴纳的个人所得税税额，低于依照上述规定计算出的该国家或者地区扣除限额的，应当在中国缴纳差额部分的税款。超过该国家或者地区扣除限额的，其超过部分不得在本纳税年度的应纳税额中扣除，但是可以在以后纳税年度的该国家或者地区扣除限额的余额中补扣，补扣期限最长不得超过 5 年。

第五节 税收优惠

为鼓励科学发展、支持社会福利、慈善事业和照顾某些纳税人的实际困难，个人所得税对

一些项目规定了减免税的优惠。具体优惠方式有免税项目、减税项目和暂免征税项目三大类。

一、免税项目

(1)省级人民政府、国务院部委和中国人民解放军以上单位,以及外国组织、国际组织颁发的科学、教育、技术、文化、卫生、体育、环境保护等方面的奖金。

(2)国债和国家发行的金融债券利息。

(3)按照国家统一规定发给的补贴、津贴。

(4)福利费、抚恤金、救济金。

(5)保险赔款。

(6)军人的转业费、复员费。

(7)按照国家统一规定发给干部、职工的安家费、退职费、退休工资、离休工资、离休生活补助费。

(8)依照我国有关法律规定应予免税的各国驻华使馆、领事馆的外交代表、领事官员和其他人员的所得。

(9)企业和个人按照省级以上人民政府规定的比例提取并缴付的住房公积金、医疗保险金、基本养老保险金、失业保险金,不计入个人当期的工资、薪金收入,免予征收个人所得税。超过规定的比例缴付的部分计征个人所得税。

个人领取原提存的住房公积金、医疗保险金、基本养老保险金时,免予征收个人所得税。

(10)对乡、镇(含乡、镇)以上人民政府或经县(含县)以上人民政府主管部门批准成立的有机构、有章程的见义勇为基金或者类似性质组织,奖励见义勇为者的奖金或奖品,经主管税务机关核准,免征个人所得税。

(11)按照国家有关城镇房屋拆迁管理办法规定的标准,被拆迁人取得的拆迁补偿款,免征个人所得税。

(12)经国务院财政部门批准的其他免税所得。

二、减税项目

(1)残疾、孤老人员和烈属的所得。

对残疾人个人取得的劳动所得适用减税规定,具体所得项目为:工资薪金所得、个体工商户的生产经营所得和经营所得、对企事业单位的承包和承租经营所得、劳务报酬所得、稿酬所得和特许权使用费所得。

(2)因严重自然灾害造成重大损失的。

(3)其他经国务院财政部门批准减税的。

三、暂免征税项目

(1)外籍个人以非现金形式或实报实销形式取得的住房补贴、伙食补贴、搬迁费、洗衣费。

(2)外籍个人按合理标准取得的境内、境外出差补贴。

(3)外籍个人取得的语言训练费、子女教育费等,经当地税务机关审核批准为合理的部分。

(4)外籍个人从外商投资企业取得的股息、红利所得。

(5)个人举报、协查各种违法、犯罪行为而获得的奖金。

(6)个人办理代扣代缴手续,按规定取得的扣缴手续费。

(7)个人转让自用达 5 年以上,并且是惟一的家庭生活用房取得的所得。暂免征收个人所得税。

(8)对个人购买福利彩票、赈灾彩票、体育彩票,一次中奖收入在 1 万元以下的(含 1 万元)暂免征收个人所得税,超过 1 万元的,全额征收个人所得税。

(9)达到离休、退休年龄,但确因工作需要,适当延长离休、退休年龄的高级专家(指享受国家发放的政府特殊津贴的专家、学者),其在延长离休、退休期间的工资、薪金所得,视同离休、退休工资免征个人所得税。

(10)储蓄存款利息所得暂免征收个人所得税。

(11)房屋产权所有人将房屋产权无偿赠与配偶、父母、子女、祖父母、外祖父母、孙子女、外孙子女、兄弟姐妹的;房屋产权所有人将房屋产权无偿赠与对其承担直接抚养或者赡养义务的抚养人或者赡养人的;房屋产权所有人死亡,依法取得房屋产权的法定继承人、遗嘱继承人或者受遗赠人的,均可暂免征收个人所得税。

(12)对个人转让境内上市公司股票的所得,暂免征收个人所得税。

(13)企业在销售商品(产品)和提供服务过程中向个人赠送礼品,属于下列情形之一的,不征收个人所得税:

①企业通过价格折扣、折让方式向个人销售商品(产品)和提供服务;

②企业在向个人销售商品(产品)和提供服务的同时给予赠品,如通信企业对个人购买手机赠话费、入网费,或者购话费赠手机等;

③企业对累积消费达到一定额度的个人按消费积分反馈礼品。

第六节　征收管理

个人所得税的纳税办法,全国通用实行的有全员全额扣缴申报纳税和自行申报纳税两种。

一、全员全额扣缴申报纳税

根据《国家税务总局关于发布<个人所得税扣缴申报管理办法(试行)>的公告》(国家税务总局公告 2018 年第 61 号)的规定,扣缴义务人应当依法办理全员全额扣缴申报。扣缴义务人每月或者每次预扣、代扣的税款,应当在次月十五日内缴入国库,并向税务机关报送《个人所得税扣缴申报表》。

(一)扣缴义务人和代扣预扣税款的范围

扣缴义务人,是指向个人支付所得的单位或者个人。扣缴义务人应当依法办理全员全额扣缴申报。

除经营所得外,扣缴义务人向纳税人支付所得时,均应当扣缴个人所得税。

(二)不同项目所得扣缴方法

1.居民工资、薪金所得累计预扣法

扣缴义务人向居民个人支付工资、薪金所得时,应当按照累计预扣法计算预扣税款,并按月办理扣缴申报。

累计预扣法,是指扣缴义务人在一个纳税年度内预扣预缴税款时,以纳税人在本单位截至当前月份工资、薪金所得累计收入减除累计免税收入、累计减除费用、累计专项扣除、累计专项附加扣除和累计依法确定的其他扣除后的余额为累计预扣预缴应纳税所得额,适用个人所得税预扣率表一(见表6-9),计算累计应预扣预缴税额,再减除累计减免税额和累计已预扣预缴税额,其余额为本期应预扣预缴税额。余额为负值时,暂不退税。纳税年度终了后余额仍为负值时,由纳税人通过办理综合所得年度汇算清缴,税款多退少补。

具体计算公式如下:

本期应预扣预缴税额=(累计预扣预缴应纳税所得额×预扣率-速算扣除数)-累计减免税额-累计已预扣预缴税额

累计预扣预缴应纳税所得额=累计收入-累计免税收入-累计减除费用-累计专项扣除-累计专项附加扣除-累计依法确定的其他扣除

其中:累计减除费用,按照5000元/月乘以纳税人当年截至本月在本单位的任职受雇月份数计算。

表6-9 个人所得税预扣率表一(居民个人工资、薪金预扣预缴适用)

级数	累计预扣预缴应纳税所得额	预扣率	速算扣除数
1	不超过36 000元的	3	0
2	超过36 000元至144 000元的部分	10	2 520
3	超过144 000元至300 000元的部分	20	16 920
4	超过300 000元至420 000元的部分	25	31 920
5	超过420 000元至660 000元的部分	30	52 920
6	超过660 000元至960 000元的部分	35	85 920
7	超过960 000元的部分	45	181 920

【**例 6-13 计算题**】某居民纳税人 2019 年每月应发工资均为 10 000 元，每月减除费用 5 000 元，“三险一金”等专项扣除为 1 500 元，从 1 月起享受子女教育专项附加扣除 1 000 元，没有减免收入及减免税额等情况，计算 1～3 月份每月应当预扣预缴个人所得税额。

题解：

1 月份预扣预缴个人所得税额＝(10 000－5 000－1 500－1 000)×3% ＝75 元；

2 月份预扣预缴个人所得税额＝(10 000×2－5 000×2－1 500×2－1000×2)×3%－75 ＝75 元；

3 月份预扣预缴个人所得税额＝(10 000×3－5 000×3－1 500×3－1 000×3)×3%－75－75 ＝75 元；

进一步计算可知，该纳税人全年累计预扣预缴应纳税所得额为 30 000 元，一直适用 3%的税率，因此各月应预扣预缴的税款相同。

【**例 6-14 计算题**】某居民纳税人 2019 年每月应发工资均为 30 000 元，每月减除费用 5 000 元，“三险一金”等专项扣除为 4 500 元，享受子女教育、赡养老人两项专项附加扣除共计 2 000 元，没有减免收入及减免税额等情况，计算 1～3 月份每月应当预扣预缴个人所得税额：

题解：

1 月份预扣预缴个人所得税额＝（30 000 － 5 000－4 500－2 000)×3% ＝ 555 元；

2 月份预扣预缴个人所得税额＝（30 000×2－5 000×2－4 500×2－2 000×2)×10% －2 520 －555 ＝625 元；

3 月份预扣预缴个人所得税额＝（30 000×3－5 000×3－4 500×3－2 000×3)×10% －2 520 －555－625 ＝1 850 元；

上述计算结果表明，由于 2 月份累计预扣预缴应纳税所得额为 37 000 元，已适用 10%的税率，因此 2 月份和 3 月份应预扣预缴有所增高。

2.居民劳务报酬所得、稿酬所得、特许权使用费所得预扣预缴法

扣缴义务人向居民个人支付劳务报酬所得、稿酬所得、特许权使用费所得时，应当按次或者按月预扣预缴税款。

劳务报酬所得、稿酬所得、特许权使用费所得以收入减除费用后的余额为收入额；其中，稿酬所得的收入额减按百分之七十计算。

减除费用：预扣预缴税款时，劳务报酬所得、稿酬所得、特许权使用费所得每次收入不超过四千元的，减除费用按八百元计算；每次收入四千元以上的，减除费用按收入的百分之二十计算。

应纳税所得额：劳务报酬所得、稿酬所得、特许权使用费所得，以每次收入额为预扣预缴

应纳税所得额,计算应预扣预缴税额。劳务报酬所得适用个人所得税预扣率表二(见表 6-10),稿酬所得、特许权使用费所得适用百分之二十的比例预扣率。

居民个人办理年度综合所得汇算清缴时,应当依法计算劳务报酬所得、稿酬所得、特许权使用费所得的收入额,并入年度综合所得计算应纳税款,税款多退少补。

表 6-10　个人所得税预扣率表二(居民个人劳务报酬所得预扣预缴适用)

级数	预扣预缴应纳税所得额	预扣率(%)	速算扣除数
1	不超过 20 000 元的	20	
2	超过 20 000 元至 50 000 元的部分	30	2 000
3	超过 50 000 元的部分	40	7 000

【例 6-15 计算题】某居民纳税人 2019 年 3 月工资薪金外取得以下三项收入:

(1)提供翻译服务,取得收入 10 000 元;

(2)发表论文,取得稿酬 3 000 元;

(3)转让专利权,取得收入 50 000 元。

计算 2019 年 3 月支付单位应预扣预缴的个人所得税。

题解:

(1)劳务报酬应预扣预缴的个人所得税 = 10 000×(1-20%)×20% = 1 600(元)

(2)稿酬应预扣预缴的个人所得税 = (3 000-800)×70%×20% = 308(元)

(3)特许权使用费应预扣预缴的个人所得税 = 50 000×(1-20%)×20% = 8 000(元)

3.非居民工资、薪金所得,劳务报酬所得,稿酬所得和特许权使用费所得代扣代缴法

非居民工资、薪金所得,劳务报酬所得,稿酬所得和特许权使用费所得代扣代缴法就是前面提及的计算方法。

另外需要注意:非居民个人取得工资、薪金所得,劳务报酬所得,稿酬所得和特许权使用费所得,有扣缴义务人的,由扣缴义务人按月或者按次代扣代缴税款,不办理汇算清缴。

但若非居民个人达到居民个人条件时,应当告知扣缴义务人基础信息变化情况,年度终了后按照居民个人有关规定办理汇算清缴。

(三)扣缴义务人的责任与义务

1.扣缴义务人向纳税人反馈扣缴信息的规定

支付工资、薪金所得的扣缴义务人应当于年度终了后两个月内,向纳税人提供其个人所得和已扣缴税款等信息;纳税人年度中间需要提供上述信息的,扣缴义务人应当提供;纳税人取得除工资、薪金所得以外的其他所得,扣缴义务人应当在扣缴税款后,及时向纳税人提供其个人所得和已扣缴税款等信息。

2.发现纳税人涉税信息与实际不符的处理方法

扣缴义务人应当按照纳税人提供的信息计算税款、办理扣缴申报,不得擅自更改纳税人

提供的信息。扣缴义务人发现纳税人提供的信息与实际情况不符的,可以要求纳税人修改。纳税人拒绝修改的,扣缴义务人应当报告税务机关,税务机关应当及时处理。纳税人发现扣缴义务人提供或者扣缴申报的个人信息、支付所得、扣缴税款等信息与实际情况不符的,有权要求扣缴义务人修改。扣缴义务人拒绝修改的,纳税人应当报告税务机关,税务机关应当及时处理。

3.涉税资料和信息留存备查与保密的规定

扣缴义务人对纳税人提供的《个人所得税专项附加扣除信息表》,应当按照规定妥善留存备查;扣缴义务人应当依法对纳税人报送的专项附加扣除等相关涉税信息和资料保密。

4.代扣代缴手续费的规定

对扣缴义务人按照规定扣缴的税款,不包括税务机关、司法机关等查补或责令补扣的税款,按年付给百分之二的手续费;扣缴义务人可将代扣代缴手续费用于提升办税能力、奖励办税人员。

5.纳税人拒绝扣缴税款的处理方法

扣缴义务人依法履行代扣代缴义务,纳税人不得拒绝。纳税人拒绝的,扣缴义务人应当及时报告税务机关。

二、自行申报纳税

自行申报纳税,是由纳税人自行在税法规定的纳税期限内,向税务机关申报取得的应税所得项目和数额,如实填写个人所得税纳税申报表,并按照税法规定计算应纳税额,据此缴纳个人所得税的一种方法。

(一)自行申报纳税的纳税义务人

(1)取得综合所得需要办理汇算清缴。

(2)取得应税所得没有扣缴义务人,或扣缴义务人未扣缴税款。

(3)从中国境外取得所得。

(4)因移居境外注销中国户籍。

(5)非居民个人在中国境内从两处或者两处以上取得工资、薪金所得。

(6)国务院规定的其他情形。

(二)取得综合所得需要办理汇算清缴的纳税申报

(1)纳税人从两处以上取得综合所得,且综合所得年收入额减除专项扣除后的余额超过6万元的;

(2)纳税人取得劳务报酬所得、稿酬所得、特许权使用费所得中的一项或多项所得,且综合所得的年收入减除百分之二十的费用,再减除年度专项扣除后的余额超过6万元的;

(3)纳税年度内预扣预缴税额,低于依法计算的年度综合所得应纳税额的;

(4)纳税人申请退税的。

纳税人应当于取得综合所得的次年3月1日至6月30日内，向任职、受雇单位所在地主管税务机关办理汇算清缴，并报送《个人所得税年度自行纳税申报表》。有两处以上任职、受雇单位的，选择向其中一处任职、受雇单位所在地主管税务机关办理纳税申报；纳税人没有任职、受雇单位的，向户籍所在地或经常居住地主管税务机关办理纳税申报。

（三）经营所得的纳税申报

（1）个体工商户从事生产、经营活动取得的所得，个人独资企业投资人、合伙企业的个人合伙人来源于境内注册的个人独资企业、合伙企业生产、经营的所得；

（2）个人依法从事办学、医疗、咨询以及其他有偿服务活动取得的所得；

（3）个人对企业、事业单位承包经营、承租经营以及转包、转租取得的所得；

（4）个人从事其他生产、经营活动取得的所得。

纳税人取得经营所得的，应当在月度或季度终了后15日内，向经营管理所在地主管税务机关办理预缴纳税申报，并报送《个人所得税经营所得纳税申报表（A表）》，在取得所得的次年3月31日前，向经营管理所在地主管税务机关办理汇算清缴，并报送《个人所得税经营所得纳税申报表（B表）》。从两处以上取得经营所得的，选择向其中一处经营管理所在地主管税务机关办理年度汇总申报，并报送《个人所得税经营所得纳税申报表（C表）》。

（四）取得应税所得，扣缴义务人未扣缴税款的纳税申报

（1）居民个人取得综合所得的，按照第1条办理。

（2）非居民个人取得工资、薪金所得，劳务报酬所得，稿酬所得，特许权使用费所得的，应当在取得所得的次年6月30日前，向扣缴义务人所在地主管税务机关办理纳税申报，并报送《个人所得税自行纳税申报表（A表）》。非居民个人在中国境内有两个以上扣缴义务人未扣缴税款的，纳税人应当选择向其中一处扣缴义务人所在地主管税务机关办理纳税申报。

（3）纳税人取得利息、股息、红利所得，财产租赁所得，财产转让所得和偶然所得的，应当在取得所得的次年6月30日前，按相关规定向主管税务机关办理纳税申报，报送《个人所得税自行纳税申报表（A表）》。

同时，税务机关通知限期缴纳的，纳税人应当按照期限缴纳税款。

（五）取得境外所得的纳税申报

（1）居民个人从中国境外取得所得的，应当在取得所得的次年3月1日至6月30日内，向中国境内任职、受雇单位主管税务机关办理纳税申报，并报送《个人所得税年度自行纳税申报表》；

（2）在中国境内没有任职、受雇单位的，向户籍所在地或中国境内经常居住地主管税务机关办理纳税申报；

（3）户籍所在地与中国境内经常居住地不一致的，选择向其中一地主管税务机关办理纳税申报；

（4）在中国境内没有户籍的，向中国境内经常居住地主管税务机关办理纳税申报。

(六)因移居境外注销中国户籍的纳税申报

(1)纳税人在申请注销户籍年度取得综合所得、经营所得的,应当在注销户籍前,办理当年综合所得、经营所得的汇算清缴并分别报送相关纳税申报表。尚未办理上一年度综合所得、经营所得汇算清缴的,应当一并办理。

(2)纳税人在注销户籍当年取得利息、股息、红利所得,财产租赁所得,财产转让所得和偶然所得的,应当在注销户籍前,申报当年上述所得的完税情况。

(3)纳税人未缴或者少缴税款的,应当在注销户籍前,结清欠缴或未缴的税款。纳税人存在分期缴税且未缴纳完毕的,应当在注销户籍前,结清尚未缴纳的税款。

(4)纳税人办理注销户籍纳税申报时,需要办理专项附加扣除、依法确定的其他扣除的,应当向税务机关报送相关信息表。

(七)非居民个人在中国境内从两处以上取得工资、薪金所得的纳税申报

非居民个人在中国境内从两处以上取得工资、薪金所得的,应当在取得所得的次月 15 日内,向其中一处任职、受雇单位所在地主管税务机关办理纳税申报,并报送《个人所得税自行纳税申报表(A 表)》。

本章小结

个人所得税
居民综合征税（按年）
工资薪金
劳务报酬
稿酬
特许权使用费
非居民个人（按月或按次）
分项征税
经营所得
利息、股息、红利
财产租赁所得
财产转让所得
偶然
纳税人
居民
非居民
税率
七级累进
五级累进
20%
征收管理
全员全额扣缴
自行申报

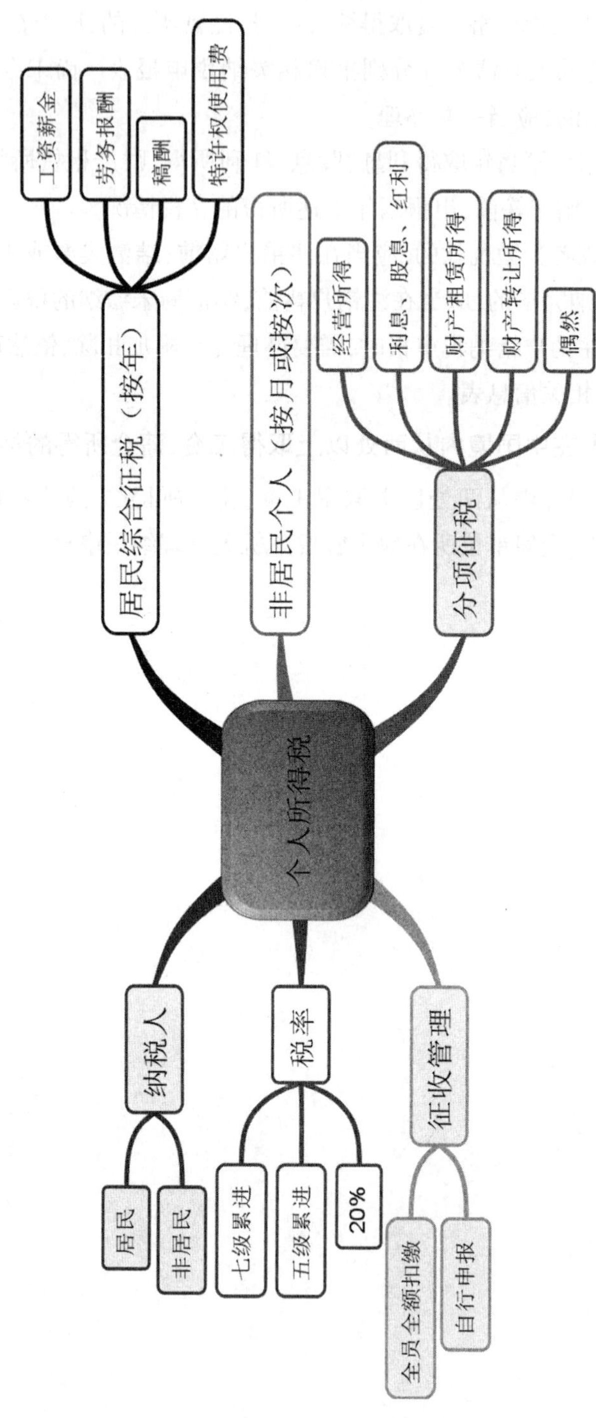

课后习题

一、单选题

1.根据个人所得税法律制度的规定,下列收入中,应按“劳务报酬所得”税目缴纳个人所得税的是(　　)。

A.退休人员再任职取得的收入

B.从非任职公司取得的董事费收入

C.从任职公司取得的监事费收入

D.从任职公司关联企业取得的监事费收入

“扫一扫”获取更多课后练习

2.根据个人所得税法律制度的规定,下列从事非雇佣劳动取得的收入中,应按“稿酬所得”税目缴纳个人所得税的是(　　)。

A.审稿收入　　B.翻译收入

C.题字收入　　D.出版作品收入

3.根据个人所得税法律制度的规定,下列各项中,属于综合所得计算应纳税额时可以做专项扣除的是(　　)。

A.个人缴纳的基本养老保险

B.子女教育支出

C.继续教育支出

D.赡养老人支出

4.根据个人所得税法律制度的规定,下列各项中,属于综合所得计算应纳税额时可以扣除的是(　　)。

A.赵某2岁儿子小赵的学前教育支出

B.钱某使用商业银行贷款购买第二套住房,发生的贷款利息支出

C.孙某赡养55岁母亲的支出

D.李某在上海拥有一套住房,其所任职的公司外派其在成都工作1年,李某在成都租房发生的租金支出

5.某非居民个人2019年6月工资收入为10 000元人民币,其中含差旅费津贴1 000元,托儿补助费500元,其中含一次回国探亲费2 200元。已知工资、薪金所得减除费用标准为每月5 000元,全月应纳税所得额不超过3 000元的,适用税率为3%,全月应纳税所得额超过3 000元至12 000元的部分,适用税率为10%,速算扣除数210。则单位代扣代缴赵某6月应缴纳个人所得税的下列计算列式中,正确的是(　　)。

A.(10 000−5 000)×10%−210=290(元)

B.(10 000−1 000−500−5 000)×10%−210=140(元)

C.(10 000−1 000−500−5 000−2 200)×3%=39(元)

D.(10 000−1 000−500−2 200)×10%−210=420(元)

6.某设计师(非居民)业余时间为一企业做某项产品的设计,前两个月企业先支付了30 000元酬劳,第三个月设计完成后,又支付了剩余的50 000元,已知劳务报酬所得每次应纳税所得额超过12 000元至25 000元的,适用税率为20%,速算扣除数1 410,超过25 000元至35 000元的,适用税率为25%,速算扣除数2 660,超过35 000元至55 000元的,适用税率为30%,速算扣除数4 410,超过55 000元至80 000元的部分,适用税率为35%,速算扣除数7 160。代扣代缴该设计师应缴纳的个人所得税的下列计算中,正确的是(　　)。

A.(30 000+50 000)×(1-20%)×35%-7 160=15 240(元)

B.(30 000+50 000)×35%-7 160=20 840(元)

C.30 000×(1-20%)×10%-1 410+50 000×(1-20%)×30%-4 410=8 580(元)

D.30 000×25%-2 660+50 000×30%-4 410=15 430(元)

7.2019年10月赵某将自己的一套三居室出租,年租金55 200元,当月发生修缮费用1 200元,已知个人出租住房适用的个人所得税税率为10%,每次收入额不足4 000元的费用扣除标准为800元,4 000元以上的,费用扣除标准为20%,(不考虑房屋出租过程中的其他相关税金)则赵某本月应缴纳的个人所得税的下列计算中,正确的是(　　)。

A.(55 200÷12-1 200-800)×10%=260(元)

B.(55 200÷12-1 200)×(1-20%)×10%=272(元)

C.(55 200÷12-800-800)×10%=300(元)

D.(55 200÷12-800)×(1-20%)×10%=304(元)

8.赵某准备移民海外,将其唯一的一套住房以120万元的价格出售,该住宅系6年前以40万元的价格购买,交易过程中支付相关税费及中介费等各项费用共计8万元(发票为证),则赵某应缴纳的个人所得税的下列计算中,正确的是(　　)。

A.0

B.(120-40-8)×20%=14.4(万元)

C.(120-40)×20%=16(万元)

D.120×20%=24(万元)

9.2019年8月,赵某购买彩票中奖60 000元,从中拿出20 000元通过国家机关捐赠给贫困地区。已知偶然所得适用的个人所得税税率为20%,赵某中奖收入应缴纳的个人所得税税额的下列计算列式中,正确的是(　　)。

A.60 000×20%=12 000(元)

B.(60 000-60 000×30%)×20%=8 400(元)

C.(60 000-20 000)×20%=8 000(元)

D.20 000×20%=4 000(元)

10.根据个人所得税法律制度的规定,下列各项中,不属于来源于中国境内的所得的是(　　)。

A.美国居民A,在中国境内推销商品取得所得

B.日本居民B,在中国境内炒股取得所得

C.韩国居民C,在中国商场购物,获得抽奖机会,取得中奖所得

D.中国居民D,将位于美国纽约的一栋别墅出售给一家美国公司取得所得

二、多选题

1.关于个人所得税“工资、薪金所得”,下列说法中,正确的有(　　)。

A.企业为职工支付的各项保险金,应并入员工当期工资收入,按工资、薪金所得项目征收个人所得税

B.企业为本单位职工交付的企业年金,超过规定标准的单位缴费部分和超过缴费基数4%的个人缴费部分,按照工资、薪金所得项目征收个人所得税

C.城镇企事业单位及其职工个人实际缴付的失业保险费,超过规定比例的,应将其超过规定比例缴付的部分计入职工个人当期的工资薪金收入,依法计征个人所得税

D.兼职律师从律师事务所取得工资、薪金性质的所得,律师事务所代扣代缴其个人所得税时,直接以其收入全额为应纳税所得额

2.下列各项中,适用超额累进税率计征个人所得税的有(　　)。

A.经营所得　　B.工资薪金所得　C.财产转让所得　D.稿酬所得

3、下列个人所得中,应按“劳务报酬所得”项目征收个人所得税的有(　　)。

A.某编剧从电视剧制作单位取得的剧本使用费

B.某公司高管从大学取得的讲课费

C.某作家拍卖手稿取得的收入

D.某大学教授从企业取得董事费

4.下列关于个人所得税征收管理的说法中,错误的有(　)。

A.非居民个人取得工资薪金所得,应当在取得所得的次年3月1日至6月30日内办理汇算清缴

B.扣缴义务人每月扣缴的税款,税务机关应根据扣缴义务人所扣缴的税款,付给2%的手续费

C.纳税人取得应税所得没有扣缴义务人的应当在取得所得的次月15日内向税务机关报送纳税申报表,并缴纳税款

D.扣缴义务人未扣缴税款的纳税人应当在取得所得的次年3月1日至6月30日前,缴纳税款

5.下列关于个人所得税征收管理的说法中,错误的有(　　)。

A.非居民个人取得工资薪金所得,应当在取得所得的次年3月1日至6月30日内办理汇算清缴

B.扣缴义务人每月扣缴的税款,税务机关应根据扣缴义务人所扣缴的税款,付给2%的手续费

C.纳税人取得应税所得没有扣缴义务人的应当在取得所得的次月15日内向税务机关

报送纳税申报表,并缴纳税款

D.扣缴义务人未扣缴税款的纳税人应当在取得所得的次年3月1日至6月30日前,缴纳税款

三、判断题

1.个人独资企业和合伙企业需要先缴纳企业所得税,再计算缴纳个人所得税。 ( )

2.个人综合所得中专项扣除、专项附加扣除和依法确定的其他扣除一个纳税年度扣除不完的,可以结转以后年度扣除。 ( )

3.非居民个人歌手特靠谱,每周去闪亮酒吧演唱2次,其应以一个月取得的所得为一次,按照"劳务报酬所得"项目缴纳个人所得税。 ( )

4.个人出租自有住房适用的个人所得税税率为10% 。 ( )

5.根据个人所得税法律制度的有关规定,退休人员再任职取得的收入,暂免征收个人所得税。 ( )

四、不定项选择题

(一)何某是服装公司一名模特,2019年收入情况如下:

1.每月取得工薪收入5 000元,奖金9 000元,差旅费津贴6 000元,单位代扣代缴基本养老保险费400元、失业保险费50元、基本医疗保险费100元、住房公积金350,"三险一金"合计共900元;

2.4月参加非公司组织的农村文艺演出一次,取得收入3 000元,通过当地教育局向农村义务教育捐款2 000元;

3.6月取得储蓄存款利息1 000元;

4.8月已经去世的父亲遗作出版,作为继承人,何某取得稿酬250 000元;

5.10月因汽车被盗获得保险赔款80 000元;

6.11月购买福利彩票中奖8 000元,领奖发生交通费200元。

已知:何某父母均年满60周岁,可以专项附加扣除24 000元,个人工资、薪金所得减除费用标准为5 000元/月,偶然所得适用的个人所得税税率为20%。综合所得税率见税率表

要求:根据上述资料,不考虑其他因素,分析回答下列小题。

1.何某2019年每月工资和奖金收入,个人所得税缴纳的说法中,正确的是( )。

A.服装公司为扣缴义务人

B.何某应提供纳税人识别号

C.何某的身份证号码为纳税人识别号

D.税务机关给付扣缴义务人2%的手续费

2.何某8月取得的遗作稿酬,应缴纳的个人所得税的下列说法中,正确的是( )。

A.遗作稿酬应缴纳个人所得税

B.遗作稿酬免征个人所得税

C.稿酬所得的收入额减按70%计算

D.稿酬所得的适用税率减按70%计算

3.关于何某取得各项所得的税务处理,下列说法中,正确的是(　　)。

A.何某通过当地教育局向农村义务教育捐款,不超过应纳税所得额30%的部分,可以在应纳税所得额中扣除

B.何某取得的储蓄存款利息,按利息、股息、红利所得征收个人所得税

C.何某汽车被盗获得保险赔款免征个人所得税

.何某购买福利彩票中奖应当按照偶然所得缴纳个人所得税1 600元

4.何某2019年个人所得税汇算清缴,全年应纳税额的下列计算列式中,正确的是(　　)。

A.［(5 000+9 000)×12+3 000×(1−20%)+250 000×(1−20%)×70%−60 000−900×12−24 000−2 000］×20%−16 920=25 800(元)

B.［(5 000+9 000)×12+3 000×(1−20%)+250 000×(1−20%)−60 000−900×12−24 000−2 000］×20%−16 920=37 800(元)

C.［(5 000+9 000)×12+3 000×(1−20%)+250 000×(1−20%)×70%−60 000−900×12−24 000］×20%−16 920=26 200(元)

D.［(5 000+9 000)×12+3 000+250 000−60 000−900×12−24 000−2 000］×25%−31 920=49 130(元)

(二)某外籍个人2019年6月来华应聘一大型企业工作,2019年10月份的收入情况如下:

1.工资收入为20 000元,现金形式的伙食补贴2 000元,实报实销住房补贴6 000元;

2.向某家公司转让专有技术一项,获得特许权使用费6 000元,该技术研发成本2 000元;

3.为另外一家企业进行产品设计本月完成,分别在9月和10月各取得对方支付的报酬12 000元;

4.因汽车失窃,获得保险公司赔偿80 000元;

5.8月在上海证券交易所购入甲上市公司股票2万股,本月取得股息收入2 000元,转让该股票,取得所得160 000元;

6.因科研项目获得省政府颁发的科技奖金2 000元。

已知:个人工资、薪金所得减除费用标准为5 000元/月。综合所得税率见税率表

要求:根据上述资料,不考虑其他因素,分析回答下列小题。

1.该外籍个人本月工资收入,应缴纳的个人所得税税额的下列计算中,正确的是(　　)。

A.(20 000+2 000−5 000)×20%−1 410=1 990(元)

B.(20 000−5 000)×20%−1 410+(2 000+6 000)×10%−210=2 180(元)

C.(20 000+2 000+6 000−5 000)×20%−1 410=3 190(元)

D.(20 000−5 000)×20%−1 410=1 590(元)

2.该外籍个人特许权使用费所得,应缴纳的个人所得税税额的下列计算中,正确的是(　　)。

A.6 000×10%-210=390(元)

B.6 000×(1-20%)×10%-210=270(元)

C.(6 000-2 000)×(1-20%)×10%-210=110(元)

D.(6 000-2 000)×10%-210=190(元)

3.该外籍个人产品设计取得的报酬,应缴纳的个人所得税税额的下列计算中,正确的是(　　)。

A.24 000×20%-1 410=3 390(元)

B.24 000×(1-20%)×20%-1 410=2 430(元)

C.(12 000×10%-210)×2=1 980(元)

D.[12 000×(1-20%)×10%-210]×2=15 00(元)

4.关于该外籍个人取得的下列所得的税务处理中,说法正确的是(　　)。

A.取得的股息收入 2 000 元,免征个人所得税

B.转让股票所得 160 000 元,免征个人所得税

C.获得保险赔偿 80 000 元,免征个人所得税

D.获得省政府颁发的科技奖金,按"偶然所得"缴纳个人所得税

第七章

财产税法

☞知识要点

(1)熟悉房产税、车船税、土地增值税法的基本规定。

(2)能合理运用房产税、车船税、土地增值税法的优惠政策。

(3)会正确计算房产税、车船税、土地增值应纳税款。

第一节　房产税法

房产税是以房屋为征税对象,按照房屋的计税余值或租金收入,向产权所有人征收的一种财产税。现行房产税法的基本规范,是1986年9月15日国务院颁布的《中华人民共和国房产税暂行条例》,自1986年10月1日起实施。

一、房产税的基本规定

(一)纳税义务人

房产税以在征税范围内的房屋产权所有人为纳税人。其中:

(1)产权属于全民所有的,由经营管理单位纳税;产权属集体和个人所有的,由集体单位和个人纳税。

(2)产权出典的,由承典人纳税。

(3)产权所有人、承典人不在房屋所在地的,由房产代管人或者使用人纳税。

(4)产权未确定及租典纠纷未解决的,亦由房产代管人或者使用人纳税。

(5)纳税单位和个人无租使用房产管理部门、免税单位及纳税单位的房产,应由使用人代为缴纳房产税。

(6)自2009年1月1日起,外商投资企业、外国企业和组织以及外籍个人,依照《中华人民共和国房产税暂行条例》缴纳房产税。

【例7-1 单选题】下列各项中,符合房产税纳税义务人规定的是(　　)。

A.产权属于集体的由承典人缴纳

B.房屋产权出典的由出典人缴纳

C.产权纠纷未解决的由代管人或使用人缴纳

D.产权属于国家所有的不缴纳

【答案】C

选项A,产权属于集体的由集体单位缴纳;选项B,房屋产权出典的由承典人缴纳;选项D,产权属于国家所有的由经管单位缴纳。

(二)征税范围

房产税以房产为征税对象。所谓房产,是指有屋面和围护结构(有墙或两边有柱),能够遮风避雨,可供人们在其中生产、学习、工作、娱乐、居住或贮藏物资的场所。房地产开发企业建造的商品房,在出售前,不征收房产税;但对出售前房地产开发企业已使用或出租、出借的商品房应按规定征收房产税。

房产税的征税范围为城市、县城、建制镇和工矿区。具体规定如下:

(1)城市按市行政区域(含郊区)的区域范围。

(2)县城按县城镇行政区域(含镇郊)的区域范围。

(3)建制镇按镇人民政府所在地的镇区范围,不包括所辖的行政村。

(4)工矿区指大中型工矿企业所在地非农业人口达二千人以上,工商业比较发达的工矿区。开征房产税的工矿区须经省税务局批准。

房产税的征税范围不包括农村,这主要是为了减轻农民的负担。

【例 7-2 单选题】下列房屋及建筑物中,属于房产税征税范围的是(　　)。

A.农村的居住用房

B.建在室外的露天游泳池

C.个人拥有的市区经营性用房

D.尚未使用或出租而待售的商品房

【答案】C

选项 A,房产税的征税范围为城市、县城、建制镇和工矿区,不包括农村;选项 B,房产税以房产为征税对象,所谓房产,是指有屋面和围护结构(有墙或两边有柱),能够遮风避雨,可供人们在其中生产、学习、工作、娱乐、居住或储藏物资的场所,对于建在室外的露天游泳池,不属于房产税的征税范围;选项 D,房地产开发企业建造的商品房,在出售前不征收房产税;但对出售前已使用或出租、出借的商品房应按规定征收房产税。

(三)税率

我国现行房产税采用的是比例税率。由于房产税的计税依据分为从价计征和从租计征两种形式,所以房产税的税率也有两种:

(1)按房产原值一次减除 10%~30%后的余值计征的,税率为1.2%。

(2)按房产出租的租金收入计征的,税率为 12%。

从2001年 1 月 1 日起,对个人按市场价格出租的居民住房,用于居住的,可暂减按 4%的税率征收房产税。

二、房产税的计算

(一)计税依据

房产税的计税依据是房产的计税价值或房产的租金收入。按照房产计税价值征税的,称为从价计征;按照房产租金收入计征的,称为从租计征。

1.从价计征

房产税依照房产原值一次减除10%~30%后的余值计算缴纳。各地扣除比例由当地省、自治区、直辖市人民政府确定。

(1)房产原值是指纳税人按照会计制度规定,在账簿"固定资产"科目中记载的房屋原价。自2009年1月1日起,对依照房产原值计税的房产,不论是否记载在会计账簿固定资产科目中,均应按照房屋原价计算缴纳房产税。房屋原价应根据国家有关会计制度规定进行核算。对纳税人未按国家会计制度规定核算并记载的,应按规定予以调整或重新评估。

(2)房产原值应包括与房屋不可分割的各种附属设备或一般不单独计算价值的配套设施。

(3)纳税人对原有房屋进行改建、扩建的,要相应增加房屋的原值。

①对投资联营的房产,在计征房产税时应予以区别对待。对于以房产投资联营,投资者参与投资利润分红,共担风险的,按房产余值作为计税依据计征房产税;对以房产投资,收取固定收入,不承担联营风险的,实际是以联营名义取得房产租金,应由出租方按租金收入计缴房产税。

②对融资租赁的房屋,应以房产余值计算征收,至于租赁期内房产税的纳税人,由当地税务机关根据实际情况确定。

(4)房屋附属设备和配套设施的计税规定。

从2006年1月1日起,房屋附属设备和配套设施计征房产税按以下规定执行:

①凡以房屋为载体,不可随意移动的附属设备和配套设施,如给排水、采暖、消防、中央空调、电气及智能化楼宇设备等,无论在会计核算中是否单独记账与核算,都应计入房产原值,计征房产税。

②对于更换房屋附属设备和配套设施的,在将其价值计入房产原值时,可扣减原来相应设备和设施的价值;对附属设备和配套设施中易损坏、需要经常更换的零配件,更新后不再计入房产原值。

(5)居民住宅区内业主共有的经营性房产缴纳房产税。

从2007年1月1日起,对居民住宅区内业主共有的经营性房产,由实际经营(包括自营和出租)的代管人或使用人缴纳房产税。其中自营的,依照房产原值减除10%~30%后的余值计征,没有房产原值或不能将业主共有房产与其他房产的原值准确划分开的,由房产所在地地方税务机关参照同类房产核定房产原值;出租的,依照租金收入计征。

2.从租计征

房产出租的,以房产租金收入为房产税的计税依据。计征房产税的租金收入不含增值税。

如果是以劳务或者其他形式为报酬抵付房租收入的,应根据当地同类房产的租金水平,确定一个标准租金额从租计征。

纳税人对个人出租房屋的租金收入申报不实或申报数与同一地段同类房屋的租金收入相比明显不合理的,税务部门可以采取科学合理的方法核定其应纳税款。具体办法由各省、自治区、直辖市地方税务机关结合当地实际情况制定。

对出租房产，租赁双方签订的租赁合同约定有免收租金期限的，免收租金期间由产权所有人按照房产原值缴纳房产税。

（二）应纳税额的计算

1.从价计征的计算

从价计征是按房产的原值减除一定比例后的余值计征，其计算公式为：

$$应纳税额=应税房产原值\times(1-扣除比例)\times 1.2\% \quad （式7-1）$$

房产原值是"固定资产"科目中记载的房屋原价；减除一定比例是省、自治区、直辖市人民政府规定的10%~30%的减除比例；计征的适用税率为1.2%。

【例7-3】某企业的经营用房原值为5 000万元，按照当地规定允许减除30%后余值计税，适用税率为1.2%。

要求：计算其应纳房产税税额。

【答案】应纳税额=5 000×(1-30%)×1.2%=42(万元)

2.从租计征的计算

从租计征是按房产的租金收入计征，其计算公式为：

$$应纳税额=租金收入\times 12\%（或4\%） \quad （式7-2）$$

【例7-4】某公司出租房屋3间，年不含增值税租金收入为30 000元，适用税率为12%。

要求：计算其应纳房产税税额。

【答案】应纳税额=30 000×12%=3 600(元)

三、房产税的税收优惠

（1）国家机关、人民团体、军队自用的房产免征房产税。但上述免税单位的出租房产以及非自身业务使用的生产、营业用房，不属于免税范围。

（2）由国家财政部门拨付事业经费的单位，如学校、医疗卫生单位、托儿所、幼儿园、敬老院、文化、体育、艺术这些实行全额或差额预算管理的事业单位所有的，本身业务范围内使用的房产免征房产税。

由国家财政部门拨付事业经费的单位，其经费来源实行自收自支后，从事业单位实行自收自支的年度起，免征房产税3年。

上述单位所属的附属工厂、商店、招待所等不属于单位公务、业务的用房，应照章纳税。

（3）宗教寺庙、公园、名胜古迹自用的房产免征房产税。

宗教寺庙、公园、名胜古迹中附设的营业单位，如影剧院、饮食部、茶社、照相馆等所使用的房产及出租的房产，不属于免税范围，应照章纳税。

(4)个人所有非营业用的房产免征房产税。

个人所有的非营业用房,主要是指居民住房,不分面积多少,一律免征房产税。

对个人拥有的营业用房或者出租的房产,不属于免税房产,应照章纳税。

(5)经财政部批准免税的其他房产。

①损坏不堪使用的房屋和危险房屋,经有关部门鉴定,在停止使用后,可免征房产税。

②纳税人因房屋大修导致连续停用半年以上的,在房屋大修期间免征房产税,免征税额由纳税人在申报缴纳房产税时自行计算扣除,并在申报表附表或备注栏中作相应说明。

③在基建工地为基建工地服务的各种工棚、材料棚、休息棚和办公室、食堂、茶炉房、汽车房等临时性房屋,在施工期间,一律免征房产税。但工程结束后,施工企业将这种临时性房屋交还或估价转让给基建单位的,应从基建单位接收的次月起,照章纳税。

④利用地下人防设施,暂不征收房产税。

⑤对高校学生公寓免征房产税。

⑥对非营利性医疗机构、疾病控制机构和妇幼保健机构等卫生机构自用的房产,免征房产税。

⑦老年服务机构自用的房产,免征房产税。

⑧从2001年1月1日起,对按政府规定价格出租的公有住房和廉租住房,包括企业和自收自支事业单位向职工出租的单位自有住房,房管部门向居民出租的公有住房,落实私房政策中带户发还产权并以政府规定租金标准向居民出租的私有住房等,暂免征收房产税。

⑨对邮政部门坐落在城市、县城、建制镇、工矿区范围内的房产,应当依法征收房产税;对坐落在城市、县城、建制镇、工矿区范围以外的尚在县邮政局内核算的房产,在单位财务账中划分清楚的,从2001年1月1日起不再征收房产税。

除上面提到的可以免纳房产税的情况以外,如纳税人确有困难的,可由省、自治区、直辖市人民政府确定,定期减征或者免征房产税。

⑩根据财政部、税务总局关于去产能和调结构房产税 城镇土地使用税政策的通知财税(2018)107号),对按照去产能和调结构政策要求停产停业、关闭的企业,自停产停业次月起,免征房产税、城镇土地使用税。企业享受免税政策的期限累计不得超过两年。

⑪根据财政部、税务总局、科技部、教育部关于科技企业孵化器、大学科技园和众创空间税收政策的通知 财税(2018)120号,自2019年1月1日至2021年12月31日,对国家级、省级科技企业孵化器、大学科技园和国家备案众创空间自用以及无偿或通过出租等方式提供给在孵对象使用的房产、土地,免征房产税和城镇土地使用税;对其向在孵对象提供孵化服务取得的收入,免征增值税。

⑫国家机关、军队、人民团体、事业单位、居委会、村委会、体育基金会、体育类民办非企业单位拥有的体育场馆、用于体育活动的房产免征房产税。

⑬企业拥有并运营管理的大型体育场馆,其用于体育活动的房产减半征收房产税。

【注意】⑫、⑬用于体育活动的天数不得低于全年自然天数的70%。

四、房产税的征收管理

1.纳税义务发生时间

(1)纳税人将原有房产用于生产经营,从生产经营之月起缴纳房产税。

(2)纳税人自行新建房屋用于生产经营,从建成之次月起缴纳房产税。

(3)纳税人委托施工企业建设的房屋,从办理验收手续之次月起缴纳房产税。

(4)纳税人购置新建商品房,自房屋交付使用之次月起缴纳房产税。

(5)纳税人购置存量房,自办理房屋权属转移、变更登记手续,房地产权属登记机关签发房屋权属证书之次月起,缴纳房产税。

(6)纳税人出租、出借房产,自交付出租、出借房产之次月起,缴纳房产税。

(7)房地产开发企业自用、出租、出借本企业建造的商品房,自房屋使用或交付之次月起,缴纳房产税。

(8)自2 009年1月1日起,纳税人因房产的实物或权利状态发生变化而依法终止房产税纳税义务的,其应纳税款的计算应截止到房产的实物或权利状态发生变化的当月末。

【例 7-5 多选题】下列各项中,符合房产税纳税义务发生时间规定的有(　　)。

A.将原有房产用于生产经营,从生产经营之次月起缴纳房产税

B.委托施工企业建设的房屋,从办理验收手续之次月起缴纳房产税

C.购置存量房,自权属登记机关签发房屋权属证书之次月起缴纳房产税

D.购置新建商品房,自权属登记机关签发房屋权属证书之次月起缴纳房产税

【答案】BC

【答案解析】选项A,将原有房产用于生产经营,从生产经营之月起缴纳房产税;选项D,购置新建商品房,自房屋交付使用次月起缴纳房产。

2.纳税期限

房产税实行按年计算、分期缴纳的征收方法,具体纳税期限由省、自治区、直辖市人民政府确定。

3.纳税地点

房产税在房产所在地缴纳。房产不在同一地方的纳税人,应按房产的坐落地点分别向房产所在地的税务机关纳税。

第二节　车船税法

车船税是指对在我国境内应依法到公安、交通、农业、渔业、军事等管理部门办理登记的车

辆、船舶,根据其种类,按照规定的计税依据和年税额标准计算征收的一种财产税。现行车船税法的基本规范,是由中华人民共和国第十一届全国人民代表大会常务委员会第十九次会议于2011年2月25日通过的《中华人民共和国车船税法》,自2012年1月1日起施行。

一、车船税的基本规定

(一)纳税义务人

在中华人民共和国境内,车辆、船舶(以下简称"车船")的所有人或者管理人为车船税的纳税人。

(二)征税范围

征税范围指在中华人民共和国境内属于车船税法所附《车船税税目税额表》规定的车辆、船舶。车辆、船舶,是指:依法应当在车船登记管理部门登记的机动车辆和船舶;依法不需要在车船管理部门登记、在单位内部场所行驶或者作业的机动车辆和船舶。

1.车辆

包括机动车辆和非机动车辆。机动车辆,是指依靠燃油、电力等能源作为动力运行的车辆,如汽车、拖拉机、无轨电车等;非机动车辆,指依靠人力、畜力运行的车辆,如三轮车、自行车、畜力驾驶车等。

2.船舶

包括机动船舶和非机动船舶。机动船舶,是指依靠燃料等能源作为动力运行的船舶,如客轮、货船、气垫船等;非机动船舶,指依靠人力或者其他力量运行的船舶,如木船、帆船、舢板等。

(三)税目与税额

车船税税目税额如表7-1所示。

表7-1　车船税税目税额表

税目			年适用税额/元	备注
乘用车[按发动机气缸容量(排气量)分档]	1.0升(含)以下的	每辆	60~360	核定载客人数9人(含)以下
	1.0升以上至1.6升(含)的		300~540	
	1.6升以上至2.0升(含)的		360~660	
	2.0升以上至2.5升(含)的		660~1 200	
	2.5升以上至3.0升(含)的		1 200~2 400	
	3.0升以上至4.0升(含)的		2 400~3 600	
	4.0升以上的		3 600~5 400	

（续表）

税目			年适用税额/元	备注
商用车	客车	每辆	480~1 440	核定载客人数9人以上(包括电车)
	货车	整备质量每吨	16~120	(1)包括半挂牵引车、三轮汽车和低速载货汽车等。 (2)挂车按照货车税额的50%计算
其他车辆	专用作业车	整备质量每吨	16~120	不包括拖拉机
	轮式专用机械车	整备质量每吨	16~120	
摩托车		每辆	36~180	
船舶	机动船舶	净吨位每吨	3~6	拖船、非机动驳船分别按照机动船舶税额的50%计算;游艇的税额另行规定
	游艇	艇身长度每米	600~2 000	

(1)机动船舶具体适用税额为:

①净吨位不超过200吨的,每吨3元;

②净吨位超过200吨但不超过2 000吨的,每吨4元;

③净吨位超过2 000吨但不超过10 000吨的,每吨5元;

④净吨位超过10 000吨的,每吨6元。

拖船按照发动机功率每1千瓦折合净吨位0.67吨计算征收车船税;拖船、非机动驳船分别按照机动船舶税额的50%计算。

(2)游艇具体适用税额为:

①艇身长度不超过10米的,每米600元;

②艇身长度超过10米但不超过18米的,每米900元;

③艇身长度超过18米但不超过30米的,每米1 300元;

④艇身长度超过30米的,每米2 000元;

⑤辅助动力帆艇,每米600元。

(3)排气量、整备质量、核定载客人数、净吨位、千瓦、艇身长度,以车船登记管理部门核发的车船登记证书或者行驶证相应项目所载数据为准。

依法不需要办理登记的车船和依法应当登记而未办理登记或者不能提供车船登记证书、行驶证的车船,以车船出厂合格证明或者进口凭证标注的技术参数、数据为准;不能提供车船出厂合格证明或者进口凭证的，由主管税务机关参照国家相关标准核定，没有国家相关标准的参照同类车船核定。

(4)车辆的具体适用税额由省、自治区、直辖市人民政府依照车船税法所附《车船税税目税额表》规定的税额幅度和国务院的规定确定。

【例7-6 多选题】下列车船中，应以“辆”作为车船税计税单位的有(　　)。

A.电车

B.摩托车

C.微型客车

D.半挂牵引车

【答案】ABC，半挂牵引车按整备质量每吨作为计税单位。

二、车船税的计算

(一)计税依据

(1)购置的新车船，购置当年的应纳税额自纳税义务发生的当月起按月计算。

$$应纳税额=(年应纳税额\div 12)\times 应纳税月份数 \qquad (式7-3)$$

$$应纳税月份=12-纳税义务发生时间(取月份)+1 \qquad (式7-4)$$

(2)在一个纳税年度内，已完税的车船被盗抢、报废、灭失的，纳税人可以凭有关管理机关出具的证明和完税凭证，向纳税所在地的主管税务机关申请退还自被盗抢、报废、灭失月份起至该纳税年度终了期间的税款。

(3)已办理退税的被盗抢车船失而复得的，纳税人应当从公安机关出具相关证明的当月起计算缴纳车船税。

(4)已缴纳车船税的车船在同一纳税年度内办理转让过户的，不另纳税，也不退税。

(二)税额计算

车船税的税额计算参考以下两个例题。

【例7-7 单选题】某船运公司拥有旧机动船5艘，每艘净吨位1 500吨；该年7月购置新机动船6艘，每艘净吨位3 000吨。该公司船舶适用的车船税年税额为：净吨位201~2 000吨的，每吨4元；净吨位2 001~10 000吨的，每吨5元。该公司该年度应缴纳的车船税为(　　)元。

A.75 000　　B.99 000　　C.105 000　　D.123 000

【答案】A

购置的新车船，购置当年的应纳税额自纳税义务发生的当月起按月计算。

该公司该年度应缴纳的车船税=(4×1 500×5)+(5×3 000×6×6÷12)=75 000(元)

【例 7-8】某机械制造厂某年拥有货车 3 辆,每辆货车的整备质量均为1.499吨;挂车 1 部,其整备质量为1.2吨;小汽车 2 辆。已知货车车船税税率为整备质量每吨年基准税额 16 元,小汽车车船税税率为每辆年基准税额 360 元。

要求:计算该厂某年度应纳车船税。

【答案】挂车按照货车税额的 50%计算纳税。车船税法及其实施条例涉及的整备质量、净吨位等计税单位,有尾数的一律按照含尾数的计税单位据实计算车船税应纳税额。

该机械制造厂该年应纳的车船税 = 1.499×3×16+1.2×16×50%+2×360 = 801.55(元)

三、车船税税收优惠

车船税税收优惠包括法定减免和特定减免,具体如表 7-2 所示。

表 7-2　车船税税收优惠

法定减免	1.捕捞、养殖渔船
	2.军队、武装警察部队专用的车船
	3.警用车船
	4.依法应予以免税的外国驻华使领馆、国际组织驻华代表机构及其有关人员的车船
	5.对节约能源的车辆减半征收,对使用新能源的车辆免征车船税(使用新能源的车辆包括纯电动汽车、燃料电池汽车不征,其他混合动力汽车减半)
	6.省一级人民政府根据当地实际情况,可对公共交通车船,农村居民拥有并主要在农村地区使用的摩托车、三轮汽车和低速载货汽车定期减征或者免征车船税
特定减免	1.经批准临时入境的外国车船和香港特别行政区、澳门特别行政区、台湾地区的车船,不征
	2.按照规定缴纳船舶吨税的机动船舶,自车船税法实施之日起 5 年内免征
	3.依法不需要在车船登记管理部门登记的机场、港口、铁路站场内部行驶或者作业的车船,5 年内免征

【例 7-9 单选题】根据车船税法的规定,下列车船中需要缴纳车船税的是(　　)。

A.领事馆大使专用车辆　　B.武装警察部队专用的车船

C.拥有小汽车的某省省长　　D.报废的车辆

【答案】C

依照我国有关法律和我国缔结或者参加的国际条约的规定应当予以免税的外国驻华使馆、领事馆和国际组织驻华机构及其有关人员免车船税。拥有小汽车的某省省长,依法缴纳车船税。

四、车船税征收管理

(1)纳税期限:取得车船所有权或者管理权的当月,以购买车船的发票或其他证明文件所载日期的当月为准。

(2)纳税地点:车船的登记地或者车船税扣缴义务人所在地。依法不需要办理登记的车船,车船税的纳税地点为车船的所有人或者管理人所在地。

(3)纳税申报:按年申报,分月计算,一次性缴纳。纳税年度为公历1月1日至12月31日。

【例7-10 单选题】根据车船税法的规定,下列表述错误的是(　　)。

A. 拖船按照发动机功率每1千瓦折合净吨位0.67吨计算征收车船税

B.在机场、港口以及其他企业内部场所行驶或者作业且依法不需在车船登记管理部门登记的车船不缴纳车船税

C.车船税按年申报缴纳,具体申报纳税期限由省、自治区、直辖市人民政府规定

D.按照规定缴纳船舶吨税的机动船舶,自车船税法实施之日起5年内免征车船税

【答案】B

依法应当在车船登记管理部门登记的车辆和船舶,在机场、港口以及其他企业内部场所行驶或者作业且依法不需在车船登记管理部门登记的车船也纳入征收范围。

【例7-11 单选题】下列各项中,符合车船税有关征收管理规定的是(　　)。

A.车船税按年申报,分月计算,一次性缴纳

B.纳税人自行申报缴纳的,应在纳税人所在地缴纳

C.节约能源、使用新能源的车船一律减半征收车船税

D.临时入境的外国车船属于车船税的征税范围,需要缴纳车船税

【答案】A

【答案解析】选项B,纳税人自行申报缴纳的,应在车船的登记地缴纳车船税;选项C,节约能源、使用新能源的车船可以免征或者减半征收车船税;选项D,临时入境的外国车船和香港特别行政区、澳门特别行政区、台湾地区的车船,不征收车船税。

第三节　土地增值税法

土地增值税是对有偿转让国有土地使用权及地上建筑物和其他附着物产权,取得增值

收入的单位和个人征收的一种税。现行土地增值税的基本规范，是1993年 12 月 13 日国务院颁布的《中华人民共和国土地增值税暂行条例》，自1994年 1 月 1 日起施行，并根据2011年 1 月 8 日《国务院关于废止和修改部分行政法规的决定》修订)。

一、土地增值税的基本规定

(一)纳税义务人

土地增值税的纳税义务人为转让国有土地使用权、地上的建筑及其附着物并取得收入的单位和个人。

(二)征税范围

土地增值税是对转让国有土地使用权及其地上建筑物和附着物征收。

1.基本征税范围

土地增值税是对转让国有土地使用权及其地上建筑物和附着物的行为征税，不包括国有土地使用权出让所取得的收入。

国有土地使用权的转让是指土地使用者通过出让等形式取得土地使用权后，将土地使用权再转让的行为，包括出售交换和赠予，它属于土地买卖的二级市场。土地使用权转让，其地上的建筑物、其他附着物的所有权随之转让。土地使用权的转让，属于土地增值税的征税范围。

土地增值税的征税范围不包括未转让土地使用权、房产产权的行为，是否发生转让行为主要以房地产权属的变更为标准。凡土地使用权、房产产权未转让的，不征收土地增值税。土地增值税的基本范围包括：

(1)转让国有土地使用权。“国有土地”，是指按国家法律规定属于国家所有的土地。出售国有土地使用权是指土地使用者通过出让方式，向政府缴纳了土地出让金，有偿受让土地使用权后，仅对土地进行通水、通电、通路和平整地面等土地开发，不进行房产开发，即所谓“将生地变熟地”，然后直接将空地出售出去。

(2)地上的建筑物及其附着物连同国有土地使用权一并转让。“地上的建筑物”是指建于土地上的一切建筑物，包括地上地下的各种附属设施。“附着物”，是指附着于土地上的不能移动或一经移动即遭损坏的物品。纳税人取得国有土地使用权后进行房屋开发建造然后出售的，这种情况即一般所说的房地产开发。

(3)存量房地产的买卖。存量房地产是指已经建成并已投入使用的房地产，其房屋所有人将房屋产权和土地使用权一并转让给其他单位和个人。这种行为按照国家有关的房地产法律和法规，应当到有关部门办理房产产权和土地使用权的转移变更手续；原土地使用权属于无偿划拨的，还应到土地管理部门补交土地出让金。

2.具体情况判定

1)房地产继承、赠予

(1)房地产的继承。这种行为虽然发生了房地产的权属变更，但作为房产产权、土地使用权的原所有人(即被继承人)并没有因为权属的转让而取得任何收入。因此,这种房地产的继承不属于土地增值税的征税范围。

(2)房地产的赠予。房地产的赠予是指房产所有人、土地使用权所有人将自己所拥有的房地产无偿地交给其他人的民事法律行为。但这里的“赠予”仅指以下情况:

一是房产所有人、土地使用权所有人将房屋产权、土地使用权赠予直系亲属或承担直接赡养义务人的。

二是房产所有人、土地使用权所有人通过中国境内非营利的社会团体、国家机关将房屋产权、土地使用权赠予教育、民政和其他社会福利、公益事业的。

房地产的赠予虽发生了房地产的权属变更,但作为房产所有人、土地使用权的所有人并没有因为权属的转让而取得任何收入。因此,房地产的赠予不属于土地增值税的征税范围。

2)房地产的出租

房地产的出租,出租人虽取得了收入,但没有发生房产产权、土地使用权的转让。因此,不属于土地增值税的征税范围。

3)房地产的抵押

对房地产的抵押,在抵押期间不征收土地增值税。待抵押期满后,视该房地产是否转移占有而确定是否征收土地增值税。对于以房地产抵债而发生房地产权属转让的,应列入土地增值税的征税范围。

4)房地产的交换

由于这种行为既发生了房产产权、土地使用权的转移,交换双方又取得了实物形态的收入,属于土地增值税的征税范围。但对个人之间互换自有居住用房地产的,经当地税务机关核实,可以免征土地增值税。

5)以房地产进行投资、联营

对于以房地产进行投资、联营的,投资、联营的一方以土地(房地产)作价入股进行投资或作为联营条件,将房地产转让到所投资、联营的企业中时,暂免征收土地增值税。对投资、联营企业将上述房地产再转让的,应征收土地增值税。

但投资、联营的企业属于从事房地产开发的,或者房地产开发企业以其建造的商品房进行投资和联营的,应当征收土地增值税。

6)合作建房

对于一方出地,一方出资金,双方合作建房,建成后按比例分房自用的,暂免征收土地增值税;建成后转让的,应征收土地增值税。

7)企业兼并转让房地产

在企业兼并中,对被兼并企业将房地产转让到兼并企业中的,暂免征收土地增值税。

8)房地产的代建房行为

这种情况是指房地产开发公司代客户进行房地产的开发,开发完成后向客户收取代建收入的行为。对于房地产开发公司而言,虽然取得了收入,但没有发生房地产权属的转移,其收入属于劳务收入性质，故不属于土地增值税的征税范围。

9）房地产的重新评估

这种情况下，房地产虽然有增值，但其既没有发生房地产权属的转移，房产产权、土地使用权人也未取得收入，所以不属于土地增值税的征税范围。

【例 7-12 单选题】下列情形中，应当计算缴纳土地增值税的是（　　）。

A.工业企业向房地产开发企业转让国有土地使用权

B.房产所有人通过希望工程基金会将房屋产权赠予西部教育事业

C.甲企业出资金、乙企业出土地，双方合作建房，建成后按比例分房自用

D.房地产开发企业代客户进行房地产开发，开发完成后向客户收取代建收入

【答案】A

选项 B，房产所有人通过中国境内非营利的社会团体、国家机关将房屋产权赠予教育、民政和其他社会福利、公益事业的，不属于土地增值税的征税范围，不缴纳土地增值税；选项 C，对于一方出地、一方出资金，双方合作建房，建成后按比例分房自用的，暂免征收土地增值税；选项 D，房地产开发公司代客户进行房地产的开发，开发完成后向客户收取代建收入，对于房地产开发公司而言，虽然取得了收入，但没有发生房地产权属的转移，其收入属于劳务收入性质，故不属于土地增值税的征税范围。

（三）税率

土地增值税实行四级超率累进税率，具体如表 7-3 所示。

表 7-3　土地增值税四级超率累进税率　　单位：%

级数	增值额与扣除项目金额的比率	税率	速算扣除系数
1	不超过 50%的部分	30	0
2	超过 50%至 100%的部分	40	5
3	超过 100%至 200%的部分	50	15
4	超过 200%的部分	60	35

二、土地增值税的计算

（一）应税收入与扣除项目

1.应税收入的确定

纳税人转让房地产取得的应税收入，包括转让房地产的全部价款及有关的经济收益。从收入的形式来看，包括货币收入、实物收入和其他收入。

2.扣除项目的确定

计算土地增值税应纳税额,并不是直接对转让房地产所取得的收入征税,而是要对收入额减除国家规定的各项扣除项目金额后的余额计算征税。税法准予纳税人从转让收入额中减除的扣除项目包括如下几项:

1)取得土地使用权所支付的金额

取得土地使用权所支付的金额包括两方面的内容,具体如表 7-4 所示:

(1)纳税人为取得土地使用权所支付的地价款。

(2)纳税人在取得土地使用权时按国家统一规定缴纳的有关费用。

表 7-4　取得土地使用权所支付的金额

<table>
<tr><td rowspan="3">土地使用权支付的地价款</td><td>出让方式为土地出让金</td></tr>
<tr><td>行政划拨方式为补交的土地出让金</td></tr>
<tr><td>转让方式为实际支付的地价款</td></tr>
<tr><td colspan="2">交纳的有关税费,如契税、登记、过户手续费。</td></tr>
</table>

2)房地产开发成本

房地产开发成本是指纳税人房地产开发项目实际发生的成本,包括:

(1)土地征用及拆迁补偿费。包括土地征用费、耕地占用税、劳动力安置费及有关地上、地下附着物拆迁补偿的净支出、安置动迁用房支出等。

(2)前期工程费。包括规划、设计、项目可行性研究和水文、地质、勘察、测绘、"三通一平"等支出。

(3)建筑安装工程费。是指以出包方式支付给承包单位的建筑安装工程费,以自营方式发生的建筑安装工程费。

(4)基础设施费。包括开发小区内道路、供水、供电、供气、排污、排洪、通讯、照明、环卫、绿化等工程发生的支出。

(5)公共配套设施费。包括不能有偿转让的开发小区内公共配套设施发生的支出。

(6)开发间接费用。是指直接组织、管理开发项目发生的费用,包括工资、职工福利费、折旧费、修理费、办公费、水电费、劳动保护费、周转房摊销等。

3)房地产开发费用

房地产开发费用是指与房地产开发项目有关的销售费用、管理费用和财务费用。根据现行财务会计制度的规定,这三项费用作为期间费用,直接计入当期损益,不按成本核算对象进行分摊。故作为土地增值税扣除项目的房地产开发费用,不按纳税人房地产开发项目实际发生的费用进行扣除,而按下列标准进行扣除。

(1)纳税人能够按转让房地产项目计算分摊利息支出,并能提供金融机构的贷款证明的,其允许扣除的房地产开发费用=利息+(取得土地使用权所支付的金额+房地产开发成本)×5%以内。

(2)纳税人不能按转让房地产项目计算分摊利息支出或不能提供金融机构贷款证明的，其允许扣除的房地产开发费用=(取得土地使用权所支付的金额+房地产开发成本)×10%以内。

计算时注意以下几点:超过上浮幅度的部分不允许扣除;超过贷款期限的利息部分和加罚的利息不允许扣除;全部使用自有资金,没有利息支出的,按以上方法扣除;有金融机构和其他机构借款的,不能同时适用两种办法;清算时,已计入开发成本的利息支出,应调至财务费用中扣除。

4)与转让房地产有关的税金

与转让房地产有关的税金是指在转让房地产时缴纳的城市维护建设税、印花税。因转让房地产缴纳的教育费附加,也可视同税金予以扣除。

房地产开发企业缴纳的印花税,不允许扣除。其他纳税人缴纳的印花税(按产权转移书据所载金额的5‰贴花)允许在此扣除。

5)其他扣除项目

对从事房地产开发的纳税人可按取得土地使用权所支付的金额与房地产开发成本的金额之和,加计20%的扣除。

【例7-13计算题】某市一房地产开发公司通过竞拍取得一宗土地使用权,支付价款、税费合计6 000万元,本年度占用80%开发写字楼。开发期间发生开发成本4 000万元;发生管理费用2 800万元、销售费用1 600万元、利息费用400万元(不能提供金融机构的证明)。9月份该写字楼竣工验收,10~12月房地产开发公司将写字楼总面积的3/5直接销售,销售合同记载取得收入为12 000万元。

12月,该房地产开发公司的建筑材料供应商催要材料价款,经双方协商,房地产开发公司用所开发写字楼的1/5抵偿材料价款。剩余的1/5公司转为固定资产自用(注:开发费用扣除的比例为10%)(增值税按5%简易办法征收,不考虑地方教育附加)。

要求:计算写字楼土地增值税准予扣除项目的金额。

【答案】抵债部分的写字楼也应视同销售缴税。

土地使用权金额=6 000×80%×(4÷5)=3 840(万元)

开发成本=4 000×(4÷5)=3 200(万元)

开发费用=(3 840+3 200)×10%=704(万元)

税金及附加=12 000÷(3/5)×4/5×5%×(7%+3%)=80(万元)

加计扣除金额=(3 840+3 200)×20%=1 408(万元)

扣除项目金额总计=3 840+3 200+704+80+1 408=9 232(万元)

6)旧房及建筑物的评估价格

纳税人转让旧房的,应按房屋及建筑物的评估价格,取得土地使用权所支付的地价款或出让金、按国家统一规定缴纳的有关费用和转让环节缴纳的税金作为扣除项目金额计征土地增值税。对取得土地使用权时未支付地价款或不能提供已支付的地价款凭据的,在计征土地增值税时不允许扣除。

旧房及建筑物的评估价格是指在转让已使用的房屋及建筑物时,由政府批准设立的房地产评估机构评定的重置成本价乘以成新度折扣率后的价格。

纳税人转让旧房及建筑物,凡不能取得评估价格,但能提供购房发票的,经当地税务部门确认,可按发票所载金额并从购买年度起至转让年度止每年加计5%计算扣除。计算扣除项目时"每年"按购房发票所载日期起至售房发票开具之日止,每满12个月计1年;超过1年,未满12个月但超过6个月的,可以视同为1年。

对纳税人购房时缴纳的契税,凡能提供契税完税凭证的,准予作为"与转让房地产有关的税金"予以扣除,但不作为加计5%的基数。

对于转让旧房及建筑物,既没有评估价格,又不能提供购房发票的,地方税务机关可以根据实行核定征收。

【例7-14 单选题】位于县城的某商贸公司2019年12月销售一栋旧办公楼,取得不含税收入1 000万元,缴纳印花税0.5万元,因无法取得评估价格,公司提供了购房发票,该办公楼购于2016年1月,购价为600万元,缴纳契税18万元。该公司销售办公楼计算土地增值税时,可扣除项目金额的合计数为(　　)(已知增值税为20万元)。

A.639.6万元　　B.640.1万元　　C.740.1万元　　D.760.1万元

【答案】C

【答案解析】城建税及教育费附加=20×(5%+3%)=1.6(万元)

房屋价值= 600×(1+4×5%)=720(万元)

凡能提供契税完税凭证的准予扣除,但不作为加计5%的基数,可以扣除的金额=720+1.6+18+0.5=740.1(万元)

(二)增值额的确定

土地增值税纳税人转让房地产所取得的收入减除规定的扣除项目金额后的余额,为增值额。纳税人有下列情形之一的,按照房地产评估价格计算征收:

(1)隐瞒、虚报房地产成交价格的。

(2)提供扣除项目金额不实的。

提供扣除项目金额不实的,应由评估机构按照房屋重置成本价乘以成新度折扣率计算的房屋成本价和取得土地使用权时的基准地价进行评估。税务机关根据评估价格确定扣除项目金额。

(3)转让房地产的成交价格低于房地产评估价格,又无正当理由的。

转让房地产的成交价格低于房地产评估价格,又无正当理由的,由税务机关参照房地产评估价格确定转让房地产的收入。

【例 7-15 计算题】某国有企业2015年11月在市区购置一栋办公楼，支付价款8 000万元。2019年12月，该企业将办公楼转让，取得收入10 000万元，签订产权转移书据。办公楼经税务机关认定的重置成本价为12 000万元，成新率70%。

要求：计算该企业在缴纳土地增值税时的增值额（增值税为100万元，不考虑地方教育附加）。

【答案】

评估价格＝12 000×70%＝8 400（万元）

税金＝100×（7%+3%）+10 000×0.05%＝15（万元）

增值额＝10 000－8 400－15＝1 585（万元）

（三）应纳税额的计算方法

土地增值税按照纳税人转让房地产所取得的增值额和规定的税率计算征收。土地增值税的计算公式是：

应纳税额＝∑（每级距的土地增值额×适用税率）（式 7-5）

但在实际工作中，分步计算比较烦琐，一般可以采用速算扣除法计算，其计算公式为：

应纳税额＝增值额×适用税率－扣除项目金额×扣除系数（式 7-6）

具体计算步骤如下：

（1）计算转让房地产取得的收入。

（2）计算扣除项目金额。

（3）计算增值额。

（4）计算增值额占扣除项目金额的比例，确定适用税率。

（5）计算应纳税额。

【例 7-16 计算题】某市甲房地产开发公司8月建成一幢普通标准住宅出售，取得销售收入10 000万元。该公司为建造普通标准住宅而支付的地价款为1 000万元，建造此楼投入了3 000万元的房地产开发成本，由于该房地产开发公司同时建造别墅等住宅，对该普通标准住宅所用的银行贷款利息支出无法分摊，该地规定房地产开发费用的计提比例为10%。

要求：计算其应纳的土地增值税（已知增值税为500万元）。

【答案】

（1）计算扣除项目金额：

①取得土地使用权所支付的地价款＝1 000（万元）

②房地产开发成本＝3 000（万元）

③房地产开发费用＝(1 000+3 000)×10%＝400(万元)

④与转让房地产有关的税金＝城建税+教育费附加＝500×(7%+3%)＝50(万元)

⑤从事房地产开发的加计扣除率＝(1 000+3 000)×20%＝800(万元)

⑥转让房地产的扣除项目金额合计＝1 000+3 000+400+50+800＝5 250(万元)

(2)计算增值额：

增值额＝10 000−5 250＝4 750(万元)

(3)计算增值额与扣除项目金额的比率：

增值额与扣除项目金额的比率＝4 750÷5 250×100%＝90.48%

(4)计算甲房地产开发公司应缴纳的土地增值税：

应缴纳土地增值税＝4 750×40%−5 250×5%＝1 637.5(万元)

三、土地增值税税收优惠政策

1.建造普通标准住宅的税收优惠

纳税人建造普通标准住宅出售，增值额未超过扣除项目金额的20%，免征土地增值税。

对于纳税人既建普通标准住宅，又建造其他房地产开发的，应分别核算增值额。不分别核算增值额或不能准确核算增值额的，其建造的普通标准住宅不能适用这一免税规定。

2.国家征用收回的房地产的税收优惠

因国家建设需要依法征用、收回的房地产，免征土地增值税。

3.因城市实施规划、国家建设的需要而搬迁由纳税人自行转让原房地产的税收优惠

因城市实施规划、国家建设的需要而搬迁，由纳税人自行转让原房地产的，免征土地增值税。

4.个人转让房地产的税收优惠

个人因工作调动或改善居住条件而转让原自用住房，经向税务机关申报核准，凡居住满5年或5年以上的，免予征收土地增值税；居住满3年未满5年的，减半征收土地增值税。居住未满3年的，按规定计征土地增值税。

【例7-17 多选题】下列各项中，属于土地增值税免税范围的有(　　)。

A.房产所有人将房产赠予直系亲属

B.个人之间互换自有居住用房地产

C.因国家建设需要依法征用、收回的房地产

D.因城市规划、国家建设需要而搬迁，由纳税人自行转让原房地产

【答案】BCD

【答案解析】选项A，不属于土地增值税的征税范围。

四、土地增值税征收管理

（1）纳税期限：土地增值税的纳税时间为纳税人转让房地产合同签订后的7日内；纳税人因经常发生房地产转让而难以在每次转让后申报的，经税务机关审核同意后，可以定期进行纳税申报，具体期限由税务机关根据情况确定。

（2）纳税地点：纳税人应向房地产所在地主管税务机关缴纳税款。转让的房地产坐落在两个或两个以上地区的，应按房地产所在地分别申报纳税。

（3）纳税申报：纳税人办理纳税申报时，应向税务机关提交房屋及建筑物产权、土地使用权证书、土地转让、房产买卖合同，房地产评估报告及其他与转让房地产有关的资料，按照税务机关核定的税额及规定的期限缴纳土地增值税。

【例7-18 单选题】土地增值税的纳税人转让的房地产坐落在两个或两个以上地区的，应（　　）申报纳税。

A.分别向房地产所在地

B.向事先选择房地产坐落地某一方

C.向房地产坐落地的上一级

D.先向机构所在地人民政府缴纳，再向房地产坐落地上一级

【答案】A

转让的房地产坐落在两个或两个以上地区的，应按房地产所在地分别申报纳税。

本章小结

财产税类
土地增值税
房地产扣除项目
土地成本
开发成本
开发费用：利息是否明确
税金（营、城、教）
加计：（土地成本+开发成本）×20%
非房地产扣除项目
土地成本
开发成本
开发费用
税金（营、城、教、印）
存量房扣除项目
土地成本
房屋成本：重置成本×成新率
税金（营、城、教、印）
增值额=收入－可扣除项目
超率累进税率
土地增值税=增值额×税率-扣除项目×速算扣除系数
房产税
从价计征：房产余值×1.2%（按年计征）
从租计征：租金×12%（4%）（按月计征）
车船税
车
乘用车：辆
商用客车：辆
货车：整备质量每吨
船
机动船舶：净吨位每吨
游艇：艇身长度

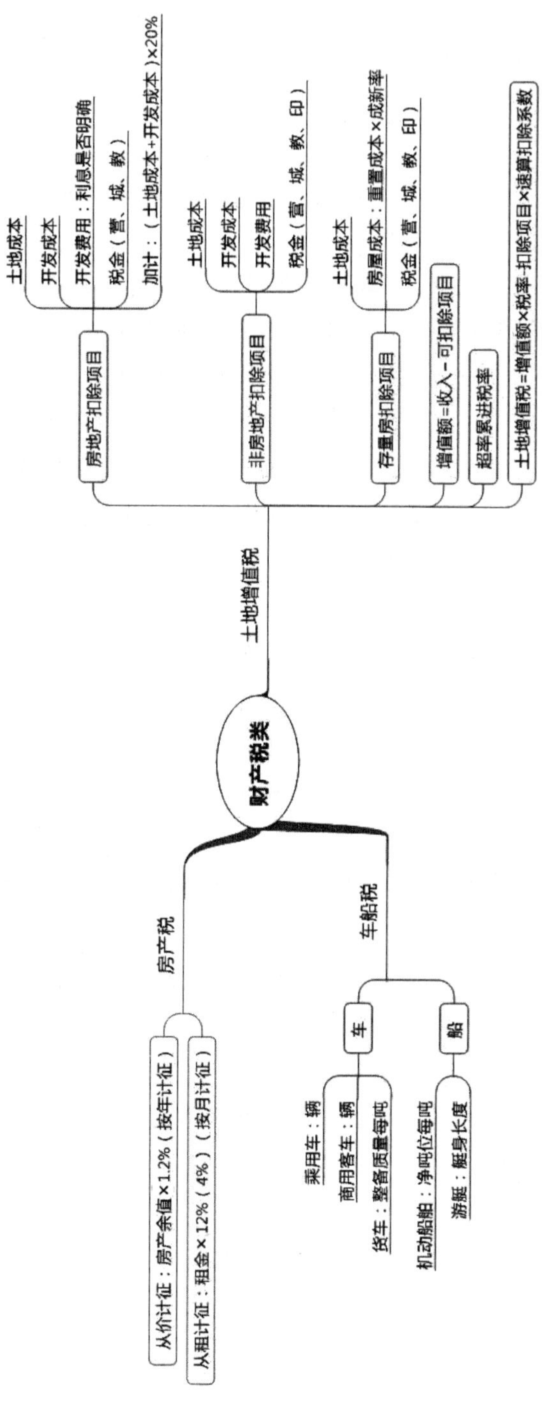

课后习题

一、单选题

1.以下关于房产税纳税人和征税范围的说法正确的是(　　)。

A.房产税的征税对象是房屋和建筑物

B.产权属于国家所有的,免纳房产税

C.无租使用其他单位房产的单位和个人,使用人代为缴纳房产税

D.农村的农民出租房屋也应缴纳房产税

“扫一扫”获取更多课后练习

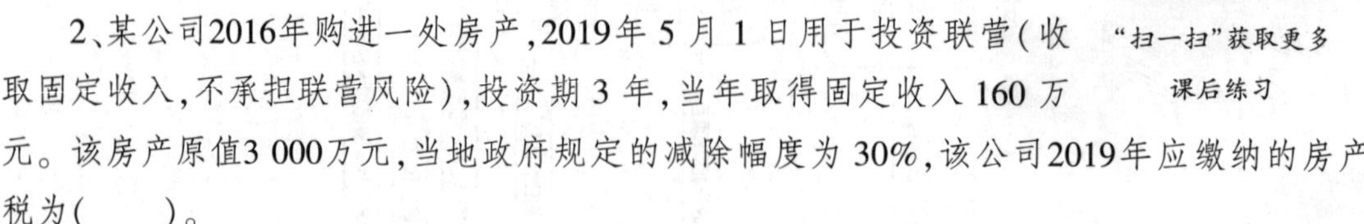

2、某公司2016年购进一处房产,2019年5月1日用于投资联营(收取固定收入,不承担联营风险),投资期3年,当年取得固定收入160万元。该房产原值3 000万元,当地政府规定的减除幅度为30%,该公司2019年应缴纳的房产税为(　　)。

A.21.2万元　　B.27.6万元　　C.29.7万元　　D.44.4万元

3.下列各项关于车船税计税的依据及税额的表述中,正确的是(　　)。

A.拖船以每马力折合净吨位1吨计算

B.非机动驳船以船舶税额的50%计算

C.车辆整备质量尾数在半吨以下的不予计算

D.船舶净吨位尾数在半吨以下的按半吨计算

4.某公司2019年2月1日购入一载货商用车,当月办理机动车辆权属证书,并办理车船税完税手续。此车整备质量为10吨,每吨年税额96元。该车于6月1日被盗,经公安机关确认后,该公司遂向税务局申请退税,但在办理退税手续期间,此车又于9月1日被追回并取得公安机关证明。则该公司就该车2017年实际应缴纳的车船税为(　　)。

A.240元　　B.480元　　C.640元　　D.880元

5.根据土地增值税征税范围的规定,下列行为应当征收土地增值税的是(　　)。

A.父母的房产由子女继承的

B.双方合作建房后按比例分配自用房产

C.房产所有人将房屋产权赠予承担直接赡养义务人的

D.以房产抵押贷款期满后将房屋产权转让给贷款方的

二、多选题

1.以下关于房产税纳税人的表述中,正确的有(　　)。

A.外籍个人不缴纳房产税

B.房屋产权出典的,承典人为纳税人

C.房屋产权属于集体所有的,集体单位为纳税人

D.房屋产权未确定及租典纠纷未解决的,代管人或使用人为纳税人

2.下列各项中,符合房产税纳税义务发生时间规定的有(　　)。

A.纳税人购置新建商品房,自房屋交付使用之次月起缴纳房产税

B.纳税人委托施工企业建设的房屋,自建成之次月起缴纳房产税

C.纳税人将原有房产用于生产经营,自生产经营之次月起缴纳房产税

D.纳税人购置存量房,自房地产权属登记机关签发房屋权属证书之次月起缴纳房产税

3.下列各项中,符合车船税征收管理规定的有(　　)。

A.车船税按年申报,分月计算,一次性缴纳

B.纳税人自行申报缴纳车船税的,纳税地点为车船登记地的主管税务机关所在地

C.车船税纳税义务发生时间为取得车船所有权或者管理权的次月

D.不需要办理登记的车船不缴纳车船税

4.以下项目中,转让新建房地产和转让存量房,在计算其土地增值税增值额时均能扣除的项目有(　　)。

A.取得土地使用权所支付的金额

B.房地产开发成本

C.与转让房地产有关的税金

D.旧房及建筑物的评估价格

5.房地产开发企业加扣20%的费用计算基数是(　)

A.房地产开发成本

B.房地产开发费用

C.地价款

D.按国家统一规定缴纳的登记、过户手续费

三、判断题

1.一个坐落在房产税开征地区范围之内的工厂,其仓库设在房产税开征范围之外,那么,这个仓库不应征收房产税。(　　)

2.车船税按年申报缴纳,纳税义务时间为车船管理部门核发的车船登记证书或行驶证书所记载日期的当月。(　　)

3.车辆自重尾数在半吨以下的,按半吨计算;超过半吨的,按1吨计算。(　　)

4.个人之间互换自有居住用房地产的,经当地税务机关核实,可以免征土地增值税。(　　)

5.企业间以土地换房屋(不含合作建房),应对转让房屋和转让土地的双方分别征收土地增值税,其计征依据为房屋的交易价(或评估价)。(　　)

第八章

资源税法

☞**知识要点**

(1)了解城镇土地使用税和资源的纳税人、税目、税率。

(2)能正确判断哪些项目属于城镇土地使用税和资源税的征税范围。

(3)掌握城镇土地使用税和资源税的计税依据,能准确计算应纳税额。

(4)熟悉城镇土地使用税和资源税的税收优惠以及征收管理。

第一节　城镇土地使用税法律制度

一、城镇土地使用税的概念

城镇土地使用税是国家在城市、县城、建制镇和工矿区范围内，对使用土地的单位和个人，以其实际占用的土地面积为计税依据，按照规定的税额计算征收的一种税。开征城镇土地使用税，有利于通过经济手段，加强对土地的管理，变土地的无偿使用为有偿使用，促进合理、节约使用土地，提高土地使用效益；有利于适当调节不同地区、不同地段之间的土地级差收入，促进企业加强经济核算，理顺国家与土地使用者之间的分配关系。

1988年9月27日国务院颁布，自1988年11月1日起施行《中华人民共和国城镇土地使用税暂行条例》（以下简称《城镇土地使用税暂行条例》），同年10月24日，国家税务总局印发《关于土地使用税若干具体问题的解释和暂行规定》。2006年12月，国务院颁布《国务院关于修改〈中华人民共和国城镇土地使用税暂行条例〉的规定》，自2 007年1月1日起施行。之后，财政部、国家税务总局又陆续发布了一些有关城镇土地使用税的规定、办法，这些构成了我国城镇土地使用税法律制度。

二、城镇土地使用税的纳税人和征税范围

（一）城镇土地使用税的纳税人

城镇土地使用税的纳税人，是指在税法规定的征税范围内使用土地的单位和个人。单位，包括国有企业、集体企业、私营企业、股份制企业、外商投资企业、外国企业以及其他企业和事业单位、社会团体、国家机关、军队以及其他单位，个人，包括个体工商户以及其他个人。

国家对城镇土地使用税的纳税人，根据用地者的不同情况分别确定为：

（1）城镇土地使用税由拥有使用权的单位或个人缴纳。

（2）拥有土地使用权的纳税人不在土地所在地的，由代管人或实际使用人缴纳。

（3）土地使用权未确定或权属纠纷未解决的，由实际使用人纳税。

（4）土地使用权共有的，共有各方均为纳税人，由共有各方按实际使用土地的面积占总面积的比例分别纳税。

【例 8-1 多选题】根据城镇土地使用税法律制度的规定，在城市、县城、建制镇和工矿区范围内的下列单位中，属于城镇土地使用税纳税人的有（　　）。

A. 拥有土地使用权的国有企业　　B. 拥有土地使用权的私营企业

C. 拥有土地使用权的外商投资企业　　D. 拥有土地使用权的外国企业

【答案】ABCD

【答案解析】城镇土地使用税对外商投资企业、外国企业同样征收。

（二）城镇土地使用税的征税范围

城镇土地使用税的征税对象是税法规定的纳税区域内的土地。根据《城镇土地使用税暂行条例》的规定，凡在城市、县城、建制镇、工矿区范围内的土地，不论是属于国家所有的土地，还是集体所有的土地，都是城镇土地使用税的征税范围。

城镇土地使用税的征税范围为城市、县城、建制镇、工矿区。

城市是指国务院批准设立的市，城市的征税范围包括市区和郊区。县城是指县人民政府所在地，县城的征税范围为县人民政府所在地的城镇。建制镇是经省级人民政府批准设立的建制镇，建制镇的征税范围为镇人民政府所在地的地区，但不包括镇政府所在地所辖行政村。工矿区是指工商业比较发达，人口比较集中，符合国务院规定的建制镇标准，但尚未设立建制镇的大中型工矿企业所在地。工矿区的设立必须经省级人民政府批准。城市、县城、建制镇和工矿区虽然有行政区域和城建区域之分，但区域中的不同地方，其自然条件和经济繁荣程度各不相同，情况非常复杂，各省级人民政府可根据《税法》的规定，具体划定本地城市、县城、建制镇和工矿区的具体征税范围。

建立在城市、县城、建制镇和工矿区以外的工矿企业不需要缴纳城镇土地使用税。

【例 8-2 单选题】根据城镇土地使用税法律制度的规定，下列土地中，不属于城镇土地使用税征税范围的有（　　）。

A. 城市土地　　B. 县城土地　　C.农村土地　　D. 建制镇土地

【答案】C

【答案解析】凡在城市、县城、建制镇、工矿区范围内（不包括农村）的土地，不论是属于国家所有还是集体所有，都属于城镇土地使用税征税范围。

三、城镇土地使用税的计税依据

城镇土地使用税的计税依据是纳税人实际占用的土地面积。土地面积以平方米为计量标准。具体按以下办法确定：

（1）凡由省级人民政府确定的单位组织测定土地面积的，以测定的土地面积为准。

（2）尚未组织测定，但纳税人持有政府部门核发的土地使用证书的，以证书确定的土地面积为准。

(3)尚未核发土地使用证书的,应由纳税人据实申报土地面积,待核发土地使用证书后再作调整。

【例 8-3 单选题】根据城镇土地使用税法律制度规定,下列各项中,属于城镇土地使用税计税依据的是(　　)。

A. 建筑面积　　B. 使用面积　　C.居住面积　　D. 实际占用的土地面积

【答案】D

四、城镇土地使用税的税率和应纳税额的计算

(一)城镇土地使用税的税率

城镇土地使用税采用定额税率,即采取有幅度的差别税额。按大、中、小城市和县城、建制镇、工矿区分别规定每平方米城镇土地使用税年应纳税额。大、中、小城市以公安部门登记在册的非农业正式户口人数为依据,按照国务院颁布的《城市规划条例》中规定的标准划分。人口在 50 万以上的为大城市;人口在 20~50 万的为中等城市;人口在 20 万以下的为小城市。城镇土地使用税每平方米年税额标准如下:

(1)大城市1.5~30 元。

(2)中等城市1.2~24 元。

(3)小城市0.9~18 元。

(4)县城、建制镇、工矿区0.6~12 元。

城镇土地使用税规定幅度税额,而且每个幅度税额的差距为 20 倍。这主要考虑我国各地存在悬殊的土地级差收益,同一地区内不同地段的市政建设情况和经济发展程度也有较大的差别。省、自治区、直辖市人民政府,应当在上述规定的税额幅度内,根据市政建设情况、经济繁荣程度等条件,确定所辖地区的适用税额幅度。经济落后地区,城镇土地使用税的适用税额标准可适当降低,但降低幅度不得超过上述规定最低税额的 30%。经济发达地区,城镇土地使用税的适用税额可以适当提高,但必须报经财政部批准。各地在确定不同地段的等级和适用税额时,有选择余地,应尽可能平衡税额。

浙江省《浙江省人民政府关于印发浙江省城镇土地使用税实施办法的通知(浙政发[2007]50号)》规定,不同土地等级对应的城镇土地使用税税额标准如下:

大城市:每平方米年税额分别为 5 元、10 元、15 元、20 元、25 元;

中等城市:每平方米年税额分别为 4 元、8 元、12 元、16 元、20 元;

小城市:每平方米年税额分别为 3 元、6 元、9 元、12 元、15 元;

县城、镇、工矿区:每平方米年税额分别为 2 元、4 元、6 元、8 元、10 元。

（二）城镇土地使用税应纳税额的计算

城镇土地使用税是以纳税人实际占用的土地面积为计税依据，按照规定的适用税额计算征收。其应纳税额计算公式为：

年应纳税额＝实际占用应税土地面积（平方米）×适用税额　　（式8－1）

【例8－4 计算题】某企业实际占地面积为30 000平方米，经税务机关核定，该企业所处地段适用城镇土地使用税税率每平方米年税额为8元。计算该企业全年应缴纳的城镇土地使用税税额。

【答案】该企业年应缴纳的城镇土地使用税税额＝实际占用应税土地面积（平方米）×适用税额＝30 000×8＝240 000（元）

五、城镇土地使用税税收优惠

（1）下列用地免征城镇土地使用税：

①国家机关、人民团体、军队自用的土地；

②由国家财政部门拨付事业经费的单位自用的土地；

③宗教寺庙、公园、名胜古迹自用的土地；

④市政街道、广场、绿化地带等公共用地；

⑤直接用于农、林、牧、渔业的生产用地；

⑥经批准开山填海整治的土地和改造的废弃土地，从使用的月份起免缴土地使用税5年至10年；

⑦由财政部另行规定免税的能源、交通、水利设施用地和其他用地。

（2）除上述免征规定外，纳税人缴纳土地使用税确有困难需要定期减免的，由省、自治区、直辖市税务机关审核后，报国家税务局批准。

（3）新征用的土地，依照下列规定缴纳土地使用税：

①征用的耕地，自批准征用之日起满1年时开始缴纳土地使用税；

②征用的非耕地，自批准征用次月起缴纳土地使用税。

【例8－5 单选题】根据城镇土地使用税法律制度规定，下列用地中，免予缴纳城镇土地使用税的是（　　）。

A.港口的码头用地　　B.邮政部门坐落在县城内的土地

C.水电站的发电厂房用地　　D.火电厂厂区围墙内的用地

【答案】A

【答案解析】港口码头用地属于交通设施用地，予以免税。B、C、D项不属于免税规定。

六、城镇土地使用税纳税义务发生时间、纳税地点、纳税期限

(一)城镇土地使用税纳税义务发生时间

(1)纳税人购置新建商品房,自房屋交付使用之次月起,缴纳城镇土地使用税。

(2)纳税人购置存量房,自办理房屋权属转移、变更登记手续、房地产权属登记机关签发房屋权属证书之次月起,缴纳城镇土地使用税。

(3)纳税人出租、出借房产,自交付出租、出借房产之次月起,缴纳城镇土地使用税。

(4)以出让或转让方式有偿取得土地使用权的,应由受让方从合同约定交付土地时间之次月起缴纳城镇土地使用税;合同未约定交付土地时间的,由受让方从合同签订之次月起缴纳城镇土地使用税。

(5)纳税人新征用的耕地,自批准征用之日起满 1 年时,开始缴纳城镇土地使用税。

(6)纳税人新征用的非耕地,自批准征用次月起,缴纳城镇土地使用税。

(二)纳税地点

城镇土地使用税在土地所在地缴纳。

纳税人使用的土地不属于同一省、自治区、直辖市管辖的,由纳税人分别向土地所在地税务机关缴纳城镇土地使用税;在同一省、自治区、直辖市管辖范围内,纳税人跨地区使用的土地,其纳税地点由各省、自治区、直辖市地方税务局确定。

(三)纳税期限

城镇土地使用税实行按年计算、分期缴纳的征收方法,具体纳税期限由省、自治区、直辖市人民政府确定。

【例 8-6 计算题】某人民团体拥有 A、B 两栋办公楼,A 栋占地3 000平方米,B 栋占地1 000平方米。2017年 3 月 31 日至 12 月 31 日将 B 栋出租。已知,当地城镇土地使用税每平方米年税额为 15 元。根据城镇土地使用税法律制度的规定,该人民团体2017年应缴多少城镇土地使用税。

【答案】应缴城镇土地使用税=1 000×15×9 个月/12=11 250(元)

【答案解析】①国家机关、人民团体、军队自用的土地(A 栋)免征城镇土地使用税;②出租的 B 栋应自交付出租房产之次月起,缴纳城镇土地使用税。

第二节　资源税法律制度

一、资源税的概念

资源税是为了调节资源开发过程中的级差收入,对在我国境内从事应税矿产品开采

或生产盐的单位和个人征收一种税。1993年12月25日国务院颁布、自1994年1月1日起施行《中华人民共和国资源税暂行条例》(以下简称《资源税暂行条例》),同年12月30日,财政部印发《资源税暂行条例实施细则》(以下简称实施细则)。2011年9月30日国务院又对《资源税暂行条例》进行了修订,随后颁布了《资源税暂行条例实施细则》,自2011年11月1日起执行。2014年10月9日,财政部、国家税务总局对煤炭、原油、天然气资源税有关政策进行了调整,自2014年12月1日起执行。2015年7月1日,国家税务总局制定了《煤炭资源税征收管理办法(试行)》,自2015年8月1日起施行。2016年7月1日,将21种资源品目和未列举名称的其他金属矿实行从价计征。为进一步规范资源税征收管理,优化纳税服务,防范涉税风险,国家税务总局研究制定了《资源税征收管理规程》,自2018年7月1日起施行。

二、资源税的纳税人和征税范围

(一)资源税的纳税人

资源税的纳税人,是指在中华人民共和国领域及管辖海域开采《资源税暂行条例》规定的矿产品或者生产盐(以下简称开采或者生产应税产品)的单位和个人。这里所说的单位,是指国有企业、集体企业、私营企业、股份制企业、其他企业和行政单位、事业单位、军事单位、社会团体及其他单位;个人,是指个体经营者及其他个人,包括负有纳税义务的中国公民和在中国境内的外国公民。

【例8-7 多选题】根据资源税法律制度的规定,下列单位和个人生产经营行为应缴纳资源税的有(　　)。

A. 冶炼企业进口铁矿石

B. 个体经营者开采煤矿

C. 军事单位开采石油

D. 中外合作开采天然气

【答案】BCD

【答案解析】根据资源税纳税人的规定,在境内开采应税矿产品的单位和个人征收资源税,进口资源产品不征收资源税;中外合作开采石油、天然气,按照规定征收资源税。

收购未税矿产品的单位为资源税的扣缴义务人,具体包括独立矿山、联合企业及其他收购未税矿产品的单位。

思考:资源税是一次征收还是多次征收?批发、零售已税矿产品和盐的单位和个人是否征收资源税。

(二)资源税的征税范围

就资源而言,其范围很广,我国目前资源税的征税范围仅包括矿产品和盐类,具体包括:

1.原油

原油是指开采的天然原油,不包括人造石油。

2.天然气

天然气是指专门开采或与原油同时开采的天然气,暂不包括煤矿生产的天然气。

3.煤炭

煤炭是指原煤,不包括洗煤、选煤及其他煤炭制品,但包括以未税原煤加工的洗选煤。

4.金属矿

金属矿是指纳税人开采后自用、销售的,用于直接入炉冶炼或作为主产品先入选精矿、制造人工矿,再最终入炉冶炼的金属矿石原矿,包括铁矿、金矿、铜矿等。

5.其他非金属矿原矿

包括石墨、硅藻土、高岭土等。

6.海盐

包括固体盐、液体盐(卤水)。这里所说的固体盐,是指海盐原盐、湖盐原盐和井矿盐;液体盐,是指氯化钠含量达到一定浓度的溶液。

纳税人开采或者生产应税产品,自用于连续生产应税产品的,不缴纳资源税;自用于其他方面的,视同销售,缴纳资源税。

根据《资源税暂行条例》的规定,纳税人有下列情形之一的,减征或免征资源税:

(1)开采原油过程中用于加热、修井的原油,免税。

(2)纳税人开采或生产应税产品过程中,因意外事故或自然灾害等原因遭受重大损失的,由省、自治区、直辖市人民政府酌情决定减税或免税。

(3)国务院规定的其他减税、免税项目。

中外合作开采陆上石油资源,征收矿区使用费,暂不征收资源税。

【提示】自2016年7月1日起,在河北省开展水资源税试点。自2017年12月1日起在北京、天津、山西、内蒙古、山东、河南、四川、陕西、宁夏等9个省(自治区、直辖市)扩大水资源税改革试点。各省、自治区、直辖市人民政府可以结合本地实际,根据森林、草场、滩涂等资源开发利用情况提出征收资源税的具体方案建议,报国务院批准后实施。

【例8-8 单选题】根据资源税法律制度的规定,下列各项中,不属于资源税征税范围的是(　　)。

A. 天然气　　B.地下水　　C.原油　　D.液体盐

【答案】B

【答案解析】根据资源税纳税人的规定,地下水不属于资源税征收范围,A、C、D均属于征收资源税范围。

三、资源税的税目和税率

(一)资源税税目

资源税税目包括原油、天然气、煤炭、金属矿、非金属矿原矿及海盐共6大类及若干子目,主要是根据资源税应税产品类别和纳税人开采资源的行业特点设置的。

(二)资源税税率

资源税采用比例税率和定额税率两种形式。对于绝大部分资源品目实行从价计征,对经营分散、多为现金交易且难以控管的黏土、砂石,按照便利征管原则,仍实行从量定额计征。对于未列举名称的其他非金属矿产品,按照从价计征为主、从量计征为辅的原则,由省级人民政府确定计征方法。资源税的税目、税率,依照《资源税税目税率表》及财政部有关规定执行,具体如表8-1所示。

表8-1 资源税税目税率表

税目		征税对象	税率幅度
一、原油		原油	5%~10%
二、天然气		原矿	5%~10%
三、煤炭		原煤或洗选煤	2%~10%
四、金属矿	铁矿	精矿	1%~6%
	金矿	金锭	1%~4%
	铜矿	精矿	2%~8%
	铝土矿	原矿	3%~9%
	铅锌矿	精矿	2%~6%
	镍矿	精矿	2%~6%
	锡矿	精矿	2%~6%
	未列举名称的其他金属矿产品	原矿或精矿	税率不超过20%
五、非金属矿	石墨	精矿	3%~10%
	硅藻土	精矿	1%~6%
	高岭土	原矿	1%~6%
	萤石	精矿	1%~6%
	石灰石	原矿	1%~6%
	硫铁矿	精矿	1%~6%
	磷矿	原矿	3%~8%
	氯化钾	精矿	3%~8%

（续表）

税目		征税对象	税率幅度
五、非金属矿	硫酸钾	精矿	6%~12%
	井矿盐	氯化钠初级产品	1%~6%
	湖盐	氯化钠初级产品	1%~6%
	提取地下卤水晒制的盐	氯化钠初级产品	3%~15%
	煤层（成）气	原矿	1%~2%
	黏土、砂石	原矿	每吨或立方米0.1~5元
	未列举名称的其他非金属矿产品	原矿或精矿	从量税率每吨或立方米不超过30元；从价税率不超过20%
六、海盐		氯化钠初级产品	1%~5%

对《资源税税目税率表》中列举名称的资源品目，由省级人民政府在规定的税率幅度内，报财政部和国家税务总局确定核准；对未列举名称且未确定具体适用税率的其他非金属矿原矿，由省级人民政府根据实际情况确定，报财政部和国家税务总局备案。

原矿和精矿的销售额或者销售量应当分别核算，未分别核算的，从高确定计税销售额或销售数量。

纳税人开采或者生产不同税目应税产品的，应当分别核算不同税目应税产品的销售额或者销售数量；未分别核算或者不能准确提供不同税目应税产品的销售额或者销售数量的，从高适用税率。纳税人在开采主矿产品过程中伴采的其他应税矿产品，凡未单独规定税率的，一律按主矿产品或视同主矿产品税目征收资源税。

独立矿山、联合企业收购未税矿产品的单位，按照本单位应税产品税额标准，依据收购的数量代扣代缴资源税。其他收购单位收购的未税矿产品，按税务机关核定的应税产品税额标准，依据收购的数量代扣代缴资源税。

【例8-9 多选题】根据资源税法律制度的规定，下列各项中，按照比例税率从价征收资源税的有（　　）。

A.液体盐　　B.原油　　C.天然气　　D.煤炭

【答案】ABCD

四、资源税的计税依据

资源税以纳税人开采或者生产应税矿产品的销售额或者销售数量为计税依据。

（一）销售额

（1）销售额是指纳税人销售应税矿产品向购买方收取的全部价款和价外费用，但不包括收取的增值税销项税额。

思考：价外费用概念如何表述？有哪些内容属于价外费用？

对同时符合以下条件的运杂费，纳税人在计算应税产品销售额时，可予以扣减：

①包含在应税产品销售收入中；

②属于纳税人销售应税产品环节发生的运杂费用，具体是指运送应税产品从坑口或者洗选（加工）地到车站、码头或者购买方指定地点的运杂费用；

③取得相关运杂费用与计税销售额分别进行核算。

纳税人扣减的运杂费用明显偏高导致应税产品价格偏低且无正当理由的，主管税务机关可以合理调整计税价格。

（2）纳税人以人民币以外的货币结算销售额的，应当折合成人民币计算。其销售额的人民币折合率可以选择销售额发生的当天或者当月1日的人民币汇率中间价。纳税人应在事先确定采用何种折合率计算方法，确定后1年内不得变更。

（3）纳税人将其开采的原煤，自用于连续生产洗选煤的，在原煤移送使用环节不缴纳资源税；将开采的原煤加工为洗选煤销售的，以洗选煤销售额乘以折算率作为应税煤炭销售额，计算缴纳资源税。

煤炭销售额＝洗选煤销售额×折算率　　（式8-2）

洗选煤销售额包括洗选副产品的销售额，不包括洗选煤从洗选煤厂到车站、码头等的运输费用。

折算率可通过洗选煤销售额和除洗选环节成本、利润计算外，也可通过洗选煤市场价格与其所用同类原煤市场价格的差额及综合回收率计算。折算率由省、自治区、直辖市财税部门或其授权地市级财税部门确定。

纳税人同时以自采未税原煤和外购已税原煤加工洗选煤的，应当分别核算；未分别核算的，按上述规定，计算缴纳资源税。

纳税人将其开采的原煤自用于其他方面的，视同销售原煤；将其开采的原煤加工为洗选煤自用的，视同销售洗选煤。按照下述原则确定销售额，计算缴纳资源税。

（4）征税对象为精矿的，纳税人销售原矿时，应将原矿销售额换算为精矿销售额缴纳资源税；征税对象为原矿的，纳税人销售自采原矿加工的精矿，应将精矿销售额折算为原矿销售额缴纳资源税。换算比或折算率原则上应通过原矿售价、精矿售价和选矿比计算，也可通过原矿销售额、加工环节平均成本和利润计算。

（5）纳税人申报的应税产品销售额明显偏低并且无正当理由的、有视同销售应税产品行为而无销售额的，除财政、国家税务总局另有规定外，按下列顺序确定销售额：

①按纳税人最近时期同类产品的平均销售价格确定；

②按其他纳税人最近时期同类产品的平均销售价格确定；

③按组成计税价格确定。组成计税价格为：

组成计税价格=成本×(1+成本利润率)÷(1-税率) （式8-3）

公式中的成本是指应税产品的实际生产成本。公式中的成本利润率由省、自治区、直辖市税务机关确定。

【例8-10 多选题】根据资源税法律制度的规定，下列各项中，应计入资源税销售额的有(　　)。

A. 收取的价款　B. 收取的包装费　C.收取的增值税　D. 收取的优质费

【答案】ABD

【答案解析】资源税的销售额为纳税人销售应税产品向购买方收取的全部价款和价外费用，但不包括收取的增值税销项税额。

(二)销售数量

(1)纳税人开采或生产应税产品销售的，以实际销售数量为课税数量。

(2)纳税人开采或生产应税产品自用的，以移送时的自用数量为课税数量。自产自用包括生产自用和非生产自用。

(3)纳税人不能准确提供应税产品销售数量或移送使用数量的，以应税产品的产量或按主管税务机关确定的折算比换算成的数量为计征资源税的销售数量。

纳税人将其开采的金属和非金属矿产品原矿自用于连续生产精矿产品，无法提供移送使用原矿数量的，可将其精矿按选矿比折算成原矿数量，以此作为销售数量。

(4)纳税人的减税、免税项目，应当单独核算销售额和销售数量；未单独核算或者不能准确提供销售额和销售数量的，不予减税或者免税。

五、资源税应纳税额的计算

资源税的应纳税额，按照从价定率或者从量定额的办法，分别以应税产品的销售额乘以纳税人具体适用的比例税率或者以应税产品的销售数量乘以纳税人具体适用的定额税率计算。资源税应纳税额的计算公式为：

(1)实行从价定率计征办法的应税产品，资源税应纳税额按销售额和比例税率计算：

应纳税额=应税产品的销售额×适用的比例税率 （式8-4）

(2)实行从量定额计征办法的应税产品，资源税应纳税额按销售数量和纳税人具体适用的定额税率计算：

应纳税额=应税产品的销售数量×适用的定额税率 （式8-5）

(3)扣缴义务人代扣代缴资源税应纳税额的计算：

代扣代缴应纳税额=收购未税矿产品的数量×适用定额税率 （式8-6）

【例 8-11 计算题】某铜矿2017年10月销售当月产铜矿石原矿取得销售收入200万元,销售精矿收入500万元。已知:该矿山铜矿精矿换算比为30%,适用的资源税税率为6%。计算该铜矿10月应缴纳资源税。

【答案】(1)当月精矿销售额=200×30%+500=560(万元)

(2)资源税税额=560×6%=33.6(万元)

六、资源税税收优惠

(1)开采原油过程中用于加热、修井的原油免税。

(2)纳税人开采或者生产应税产品过程中,因意外事故或者自然灾害等原因遭受重大损失的,由省、自治区、直辖市人民政府酌情决定减税或者免税。

(3)对已经缴纳资源税的岩金矿原矿经选矿形成的尾矿进行再利用的,只要纳税人能够在统计、核算上清楚地反映,并在堆放等具体操作上能够同应税原矿明确区隔开,不再计征资源税。尾矿与原矿如不能划分清楚的,应按原矿计征资源税。

(4)对地面抽采煤层气暂不征收资源税。煤层气是指贮存于煤层及其围岩中与煤炭资源伴生的非常规天然气,也称煤矿瓦斯。

(5)我国油气田稠油、高凝油和高含硫天然气资源税减征40%;三次采油资源税减征30%;低丰度油气田资源税暂减征20%;深水油气田减征30%;油田范围内运输稠油过程中勇于加热的原油天然气免征资源税。

(6)对依法在建筑物下、铁路下、水体下通过充填开采方式采出的矿产资源,资源税减征50%。

(7)对实际开采年限在15年(含)以上的衰竭期矿山开采的矿产资源,资源税减征30%。衰竭期矿山是指剩余可采储量下降到原设计可采储量的20%(含)以下或剩余服务年限不超过5年的矿山。原设计可采储量不明确的,衰竭期以剩余服务年限为准。

(8)国务院的其他减税、免税项目。

【例 8-12 计算题】某油田11月生产原油10万吨,其中销售了7万吨,销售价格为2 500元/吨,用于加热、修井的原油1万吨,待销售2万吨。当月在采油过程中回收并销售伴生天然气250吨,天然气销售价格为4 000元/吨。已知原油资源税税率为8%,天然气资源税税率为6%,计算该油田11月应纳资源税税额。

【答案解析】根据资源税法律制度的规定,开采原油过程中用于加热、修井的原油免税,待销售的原油由于纳税义务尚未发生,暂不需纳税。因此,该油田应就11月销售的原油和天然气缴纳的资源税税额为:

(1)原油应纳资源税税额=70 000×2 500×8%=14 000 000(元)

(2)天然气应纳资源税税额＝250×4 000×6%＝60 000(元)

(3)该油田11月实际应纳资源税税额总额＝14 000 000+60 000＝1 406(万元)

七、资源税纳税的征收管理

(一)纳税义务发生时间

(1)纳税人采取分期收款结算方式的,其纳税义务发生时间,为销售合同规定的收款日期的当天。

(2)纳税人采取预收货款结算方式的,其纳税义务发生时间,为发出应税产品的当天。

(3)纳税人采取其他结算方式的,其纳税义务发生时间,为收讫销售款或者取得索取销售款凭据的当天。

(4)纳税人自产自用应税产品的纳税义务发生时间,为移送使用应税产品的当天。

(5)扣缴义务人代扣代缴税款的纳税义务发生时间,为支付首笔货款或者开具应支付货款凭据的当天。

(二)纳税地点

(1)凡是缴纳资源税的纳税人,都应当向应税产品的开采或者生产所在地主管税务机关缴纳税款。

(2)如果纳税人在本省、自治区、直辖市范围内开采或者生产应税产品,其纳税地点需要调整的,由所在地省、自治区、直辖市税务机关决定。

(3)如果纳税人应纳的资源税属于跨省开采,其下属生产单位与核算单位不在同一省、自治区、直辖市的,其开采的矿产品一律在开采地纳税,其应纳税款由独立核算、自负盈亏的单位,按照开采地的实际销售价格或者销售数量(或者自用量)及适用的税率计算划拨。

(4)扣缴义务人代扣代缴的资源税,也应当向收购地主管税务机关申报缴纳。

(三)纳税期限

资源税的纳税期限为1日、3日、5日、10日、15日或者1个月,纳税人的纳税期限由主管税务机关根据实际情况具体核定。不能按国定期限计算纳税的,可以按次计算纳税。

纳税人以1个月为一期纳税的,自期满之日起10日内申报纳税;以1日、3日、5日、10日或者15日为一期纳税的,自期满之日起5日内预缴税款,于次月1日起10日内申报纳税并结清上月税款。

第三节 环境保护税

一、环境保护税的概念

环境保护税是由英国经济学家庇古最先提出的，之后欧美各国的环保政策开始从直接干预逐渐转向采用生态税、绿色环保税等方式来维护生态环境。2018年1月1日《中华人民共和国环境保护税法》开始施行，这标志着中国有了首个以环境保护为目标的税种。按照规定征收环境保护税后，不再征收排污费。

二、征税范围

环境保护税的征税范围是法定的大气污染物、水污染物、固体废物和噪声（工业噪音）等应税污染物。

下列不属于"直接"排放的情形下，不缴纳环境保护税：

（1）向依法设置的污水、生活垃圾集中处理场所排放应税污染物。

（2）在符合国家和地方环境保护标准的设施、场所贮存或者处置固体废物。

三、纳税人

环境保护税的纳税人为在中华人民共和国领域和中华人民共和国管辖的其他海域，直接向环境排放应税污染物的企业事业单位和其他生产经营者。

四、税率、计税依据及应纳税额计算

环境保护税实行定额税率，如表8-2所示。

表8-2 环境保护税税目、税率表

税目	税率	计税依据	应纳税额计算
大气污染物	定额税率	污染物排放量折合的污染当量数	污染当量数×具体适用税额
水污染物			
固体废物		固体废物的排放量	固体废物排放量×具体适用税额
工业噪声		超过国家规定标准的分贝数	超过国家规定标准的分贝数×具体适用税额

1.排放量和分贝数的确定

（1）安装使用了符合规定的自动监测设备：按自动监测数据计算。

(2)未安装使用自动监测设备:按监测机构出具的监测数据计算。

(3)不具备监测条件的:按规定的排污系数、物料衡算方法计算。

(4)不能按上述方法计算的:按规定的抽样测算的方法核定计算。

2.大气污染物、水污染物执行幅度定额税率

具体适用税额的确定和调整,由省、自治区、直辖市人民政府在规定的税额幅度内提出,报同级人大常委会决定,并报全国人大常委会和国务院备案。

六、减免税

(一)下列情形中,暂予免征环境保护税

(1)农业生产(不包括规模化养殖)排放应税污染物的;

(2)机动车、铁路机车、非道路移动机械、船舶和航空器等流动污染源排放应税污染物的;

(3)依法设立的城乡污水集中处理、生活垃圾集中处理场所排放相应应税污染物,不超过国家和地方规定的排放标准的;

(4)纳税人综合利用的固体废物,符合国家和地方环境保护标准的;

(5)国务院批准免税的其他情形。

(二)减免政策

(1)纳税人排放应税大气污染物或者水污染物的浓度值低于国家和地方规定的污染物排放标准30%的,减按75%征收环境保护税。

(2)纳税人排放应税大气污染物或者水污染物的浓度值低于国家和地方规定的污染物排放标准50%的,减按50%征收环境保护税。

七、征收管理

(一)纳税地点

纳税人应当向应税污染物排放地的税务机关申报缴纳环境保护税。

(二)纳税义务发生时间

纳税义务发生时间为纳税人排放应税污染物的当日。

(三)纳税期限

(1)环境保护税按月计算、按季申报缴纳;不能按固定期限计算缴纳的,可以按次申报缴纳。

(2)纳税人按季申报缴纳的,应当自季度终了之日起15日内,向税务机关办理纳税申报并缴纳税款。

(3)纳税人按次申报缴纳的,应当自纳税义务发生之日起15日内,向税务机关办理纳税申报并缴纳税款。

本章小结

资源税类
环境保护税
征税范围
大气污染物
水污染物
固体废物
噪音
税率：定额
城镇土地使用税
范围：市、县、镇、工矿区
计税依据：土地面积
按年计征，分期纳税
资源税
纳税人：开采应税矿产品、生产盐的单位和个人
征税范围
原油：不包括人造石油
天然气：不包括煤矿生产的天然气
煤炭
开采原煤，直接销售，原煤纳税
开采原煤，生产选洗煤，选洗煤折算纳税
外购已税原煤生产选洗煤，不纳税
其他非金属矿
金属矿
海盐
纳税环节
计税方法：从价、从量
纳税地点：开采（生产）地纳税

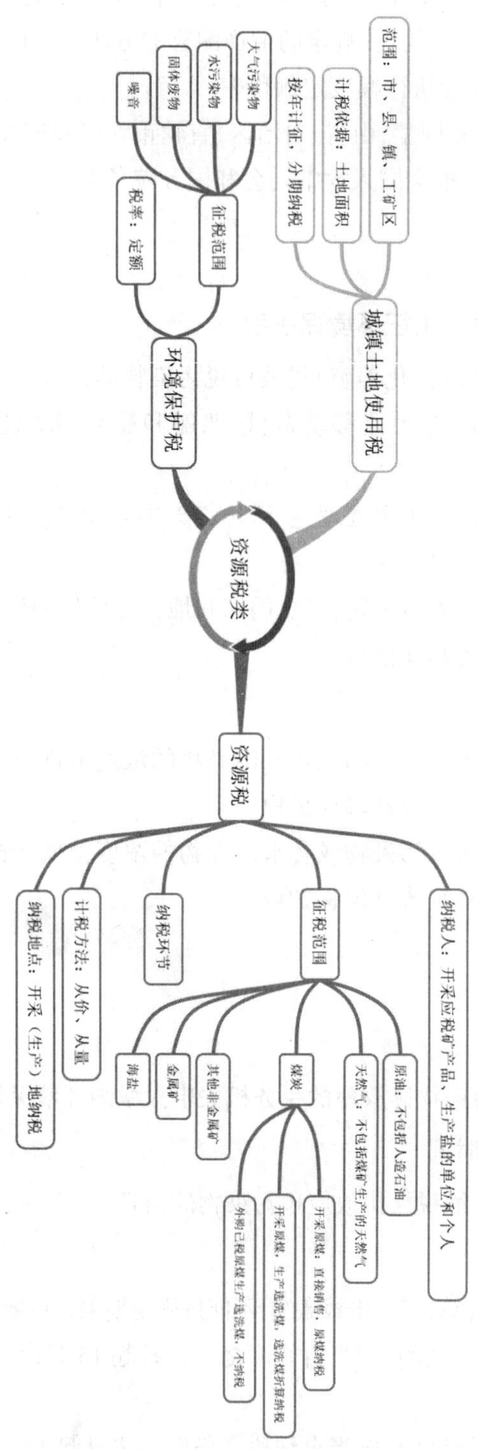

课后习题

一、单选题

1.某企业2017年年初实际占地面积共为20 000平方米，其中企业子弟学校面积2 000平方米，医院占地1 000平方米。企业所在地城镇土地使用税单位税额每平方米3元。该企业2017年应缴纳的城镇土地使用税和耕地占用税分别为(　　)。

A.48 000元　　B.51 000元　　C.375 000元　　D.448 500元

2.根据现行规定，下列不属于城镇土地使用税纳税人的是(　　)。

"扫一扫"获取更多课后练习

A.位于市区拥有土地使用权的外商投资企业

B.位于郊区拥有土地使用权的内资企业

C.城市共有土地的企业

D.位于城市、县城、建制镇和工矿区以外的工矿企业

3.以下企业属于资源税纳税人的是(　　)。

A.出口盐的外贸企业　　B.开采石灰石的合资企业

C.外购原煤销售的商贸企业　　D.进口有色金属矿原矿的进口公司

4.下列各项中，属于资源税征收范围的是(　　)。

A.人造石油　　B.煤矿生产的天然气

C.外购已税原煤生产的洗选煤　　D.卤水

5.扣缴义务人代扣代缴的资源税，应当向(　　)主管税务机关缴纳。

A.收购地　　B.开采地　　C.生产地　　D.销售地

二、多选题

1.下列各项中，不符合城镇土地使用税有关纳税义务发生时间规定的有(　　)。

A.纳税人购置存量房，自房屋交付使用之次月起纳税

B.纳税人购置新建商品房，自房屋交付使用之次月起纳税

C.纳税人出借房产的，自交付房产之次月起纳税

D.纳税人新征用的非耕地，自土地交付之次月起纳税

2.下列关于资源税纳税义务发生时间的表述中，正确的有(　　)。

A.自产自用应税产品，移送使用当天缴纳资源税

B.分期收款销售方式，收到货款当天缴纳资源税

C.代扣代缴资源税，支付首笔货款当天扣缴资源税

D.预收货款销售方式，发出应税产品当天缴纳资源税

3.下列关于资源税纳税义务发生时间的表述，正确的有(　　)。

A.纳税人采取分期收款结算方式的，为销售合同规定的收款日期的当天

B.纳税人采取预收货款结算方式的，为收取货款的当天

C.纳税人采取直接收款结算方式的，为收讫销售款或者取得索取销售款凭据的当天

D.扣缴义务人代扣代缴税款的,为发出应税产品的当天

4.目前,开采应税矿产品采用从价计征资源税的有(　　)。

A.煤炭　　B.原油　　C.海盐　　D.天然气

5.资源税纳税义务人销售应税产品,采取除分期收款和预收货款以外结算方式的,其纳税义务发生时间包括(　　)。

A.销售合同规定的收款日期的当天　　B.收讫销售款的当天

C.发出应税产品的当天　　D.取得索取销售款凭据的当天

三、判断题

1.城镇土地使用税以纳税人实际占用面积为计税依据。(　　)

2.对免税单位无偿使用纳税单位的土地,免征城镇土地使用税。(　　)

3.在计算缴纳资源税时,纳税人开采或者生产不同税目应税产品,未分别核算或者不能准确提供不同税目应税产品的销售额或者销售数量的,从高适用税率。(　　)

4.纳税人将其开采的金属和非金属矿产品原矿自用于连续生产精矿产品,无法提供移送使用原矿数量,可将其精矿按选矿比折算成原矿数量,以此作为销售数量。(　　)

5.资源税纳税人销售应税产品采取分期收款结算方式的,其纳税义务发生时间为发出应税产品的当天。(　　)

第九章

行为税法和特定目的税法

☞**知识要点**

(1)熟悉城建税、教育费附加、契税、印花税、车辆购置税的概念和特点。

(2)能正确判断各个税种的征税对象,并选择出适用的税率。

(3)掌握各税种计税依据的确定方法,能准确计算应纳税额。

第一节　城市建设维护税

城市建设维护税(以下简称城建税)是国家对缴纳增值税、消费税的单位和个人就其实际缴纳的增值税、消费税税额为计税依据而征收的一种税。城市维护建设税应当保证用于城市的公用事业和公共设施的维护建设,具体安排由地方人民政府确定。现行的《中华人民共和国城市维护建设税暂行条例》是国务院于1985年2月8日发布,并于同年1月1日起实施的。

一、城建税的特点

(一)税款专款专用,具有受益税性质

按照财政的一般性要求,税收及其他政府收入应当纳入国家预算,根据需要统一安排其用途,并不规定各个税种收入的具体使用范围和方向。但是作为例外,也有个别税种事先明确规定使用范围与方向,税款的缴纳与受益更直接地联系起来,我们通常称其为受益税。城市维护建设税专款专用,用来保证城市的公共事业和公共设施的维护和建设,就是一种具有受益税性质的税种。

(二)属于一种附加税

城建税与其他税种不同,没有独立的征税对象或税基,而是以增值税、消费税实际缴纳的税额之和为计税依据,随增值税、消费税同时附征,本质上属于一种附加税。

二、纳税人

城建税的纳税人是从事经营,缴纳增值税、消费税的单位和个人。包括国有企业、集团企业、私营企业、股份制企业、其他企业和行政单位、事业单位、军事单位、社会团体、其他单位,以及个体工商户及其他个人。自2010年12月1日起,我国对外资企业征收城市维护建设税和教育费附加。

增值税、消费税的代扣代缴、代收代缴义务人同时也是城建税的代扣代缴义务人。

海关对进口产品代征的增值税、消费税,不征收教育费附加。对出口产品退还消费税、增值税的,不退还已征的教育费附加。

三、征税范围

城建税的征收范围包括城市、县城、建制镇以及税法规定征收增值税、消费税的其他地区。城市、县城、建制镇的范围,应根据行政区划作为标准。

四、城建税及教育费附加的减免

城建税以增值税、消费税的实缴税额为计税依据征收,一般不规定减免税,但对下列情况可免征城建税:

(1)海关对进口产品代征的流转税,免征城建税、教育费附加。

(2)国家重大水利工程建设基金免征城市维护建设税。

(3)对增值税、消费税实行先征后返、先征后退、即征即退办法的,除另有规定外,对随增值税、消费税附征的城市维护建设税和教育费附加,一律不予退(返)还。

(4)减免增值税、消费税的同时随之减免城建税,但是经国家税务局正式审核批准的当期免抵的增值税税额,尽管没有实际缴纳,但也应纳入城市维护建设税和教育费附加的计征范围,分别按规定的税(费)率征收城市维护建设税和教育费附加。

【例 9-1 多选题】下列行为中,需要缴纳城建税的有(　　)。

A.事业单位出租房屋行为　　B.企业购买房屋行为

C.油田开采天然原油并销售行为　　D.中外合作企业销售货物行为

【答案】ACD

【答案解析】企业购买房屋行为,可能会涉及印花税、契税,不会涉及城建税。

五、计税依据

城市维护建设税的计税依据是纳税人实际缴纳的增值税、消费税税额,包括被查补的上述税额,但不包括加收的滞纳金和罚款等非税款项。对实行增值税期末留抵退税的纳税人,允许其从城市维护建设税、教育费附加和地方教育附加的计税(征)依据中扣除退还的增值税税额。

纳税人在缴纳增值税、消费税的同时未缴纳城市维护建设税的,城市维护建设税从规定的增值税、消费税缴纳期限之次日起加收滞纳金。纳税人未按规定的期限缴纳增值税、消费税,在补缴增值税、消费税的同时缴纳城市维护建设税的,城市维护建设税不加收滞纳金。

纳税人因违反增值税、消费税的有关规定而加收的滞纳金和罚款,不作为城市维护建设税的计税依据。但纳税人在被查补增值税、消费税和被处以罚款时,应同时对其城市维护建设税进行补税、征收滞纳金和罚款。

城建税计税依据包括和不包括的内容如表 9-1 所示。

表 9-1　城建税计税依据包括和不包括的内容

包　括	不包括
纳税人实际缴纳的增值税、消费税 纳税人被税务机关查补的增值税、消费税 纳税人出口货物被批准免抵的增值税	纳税人进口环节被海关代征的增值税、消费税 被加收的滞纳金、付款等

【例 9-2 单选题】下列有关项目属于城市维护建设税计税依据的是(　　)。

A.国有企业偷漏增值税被处的罚款　B.化妆品公司偷逃的消费税

C.个体工商户拖欠的个人所得税　D.中外合资企业在华机构缴纳的企业所得税

【正确答案】B

【答案解析】滞纳金、罚款不是城市维护建设税的计税依据;个人所得税、企业所得税不是城建税计税依据。

六、税率

城建税的税率是指纳税人应缴纳的城建税与纳税人实际缴纳的增值税和消费税税额之间的比例。

(一)一般情况

城建税实行差别比例税率,即按照纳税人所在地的不同,实行了两档地区差别比例税率。具体为:

(1)纳税人所在地为城市市区的,税率为7%。

(2)纳税人所在地不在市区的,税率为5%。

(二)特殊情况

一般情况下,城建税的适用税率,应按照纳税人所在地的规定税率执行。但下列两种情况,可按缴纳增值税、消费税所在地的规定税率就地缴纳城建税:

(1)由受托方代征代扣增值税、消费税的单位和个人,其代收代扣的城建税按受托方所在地适用税率计算。

(2)流动经营等无固定纳税地点的单位和个人,在经营期间地缴纳增值税、消费税的,城建税按经营地适用税率计算。

七、应纳税额的计算

城建税的应纳税额按以下公式计算:

应纳税额=实际缴纳的增值税、消费税税额之和×适用税率　　(式 9-1)

【例 9-3 计算题】市区某设备厂为一般纳税人,某月份缴纳增值税 24 万元,补缴上月漏缴增值税6.4万元,本月又出租一厂房收取租金 18 万元。

要求:计算本月应缴纳的城建税和补缴的城建税。

【答案】该厂本月应缴城建税=(24+18×5%)×7%=1.743(万元)

应补缴城建税=6.4×7%=0.448(万元)

八、纳税义务发生时间和纳税期限

城市维护建设税应在纳税人缴纳增值税、消费税的同时缴纳，其纳税义务发生时间和纳税期限与增值税、消费税完全一致。

增值税小规模纳税人缴纳增值税、消费税，以及随增值税、消费税附征的城市维护建设税、教育费附加等税费，原则上实行按季申报。

九、纳税地点

城建税的纳税地点按照增值税、消费税不同的缴纳方式也有所差异。

(1)直接缴纳。纳税人直接缴纳增值税、消费税的，在缴纳增值税、消费税的地区缴纳城市维护建设税。

(2)代扣代缴。代扣代缴增值税、消费税的企业单位，应同时代扣代缴城市维护建设税。没有代扣城市维护建设税，应由纳税单位和个人回到其所在地申报纳税。

(3)跨省开采油田。下属生产单位与核算单位不在一个省内的，各油井应纳的城建税，应由核算单位计算，随同增值税一并汇拨油井所在地，由各油井在缴纳增值税的同时，一并缴纳城建税。

(4)管道局输油收入的城建税。由取得收入的各管道局于所在地缴纳增值税时一并缴纳。

(5)纳税人跨地区提供建筑服务、销售和出租不动产的，应在建筑服务发生地、不动产所在地预缴增值税时，以预缴增值税税额为计税依据，并按预缴增值税所在地的城市维护建设税适用税率和教育费附加征收率就地计算缴纳城市维护建设税和教育费附加。

(6)流动经营等无固定纳税地点的单位和个人，应随同增值税、消费税在经营地按适用税率缴纳。

第二节　教育费附加

教育费附加纳入预算管理，作为教育专项资金，根据“先收后支、列收列支、收支平衡”的原则使用和管理。地方征收的教育费附加，按专项资金管理，由教育部门统筹安排，提出分配方案，商同级财政部门同意后，用于改善中小学教学设施和办学条件。

一、纳税义务人

凡缴纳消费税、增值税的单位和个人，都应当按照规定缴纳教育费附加。海关对进口产品代征的增值税、消费税，不征收教育费附加。对出口产品退还消费税、增值税的，不退还已征的教育费附加。

二、计征依据和教育费附加率

教育费附加,以纳税人实际缴纳的增值税、消费税的税额为计征依据。教育费附加征收率为3%,分别与增值税、消费税同时缴纳。

纳税人在缴纳增值税、消费税的同时未缴纳城市维护建设税的,教育费附加从规定的增值税、消费税缴纳期限之次日起加收滞纳金。纳税人未按规定的期限缴纳增值税、消费税,在补缴增值税、消费税的同时缴纳教育费附加的,城市维护建设税不加收滞纳金。

纳税人因违反增值税、消费税的有关规定而加收的滞纳金和罚款,不作为教育费附加的计税依据。但纳税人在被查补增值税、消费税和被处以罚款时,应同时对其教育费附加进行补税、征收滞纳金和罚款。

三、纳税地点

(1)一般规定。城建税、教育费附加随同主税实行属地原则,因此在经营地并按当地适用税率计征。教育费附加由税务机关负责征收。

(2)纳税人异地预缴增值税涉及的城市维护建设税和教育费附加。纳税人跨地区提供建筑服务、销售和出租不动产的,应在建筑服务发生地、不动产所在地预缴增值税时,以预缴增值税税额为计税依据,并按预缴增值税所在地的城市维护建设税适用税率和教育费附加征收率就地计算缴纳城市维护建设税和教育费附加。

预缴增值税的纳税人在其机构所在地申报缴纳增值税时,以实际缴纳增值税为计税依据,并按机构所在地城市维护建设税税率和教育费附加征收率就地计算缴纳城市维护建设税和教育费附加。

(3)流动经营等无固定纳税地点的单位和个人,应随同增值税、消费税在经营地按适用税率缴纳。

【例9-4 单选题】下列关于教育费附加的说法错误的是(　　)

A.教育费附加是以纳税人实际缴纳的增值税、消费税税额为计税依据

B.各省、自治区、直辖市根据自己的实际情况确定征收比率

C.对海关进口产品征收的增值税、消费税不征收教育费附加

D.对于出口产品退还增值税、消费税的,不退还已征的教育费附加

【答案】B

【答案解析】现行教育费附加的征收比率为3%,实行全国统一征收比率。

四、应纳教育费附加的计算

应纳教育费附加的计算公式为:

应纳教育费附加=实际缴纳的增值税、消费税税额之和×适用附加费率

【例 9-5 计算题】某市一居民企业 5 月被查补增值税50 000元、消费税20 000元、所得税30 000元，被加收滞纳金2 000元，被处罚款8 000元。要求：计算该企业应补缴城市维护建设税和教育费附加。

【答案】城建税计税依据是纳税人实际缴纳的增值税、消费税税额；纳税人违反增值税、消费税有关规定而加收的滞纳金和罚款，不作为城建税的计税依据。

应补缴的城建税和教育费附加=(50 000+20 000)×(7%+3%)=7 000(元)

第三节　契　税

一、契税的概念

契税是以所有权发生转移变动的不动产为征税对象，向产权承受人征收的一种财产税。应缴税范围包括土地使用权出售、赠予和交换，房屋买卖，房屋赠予，房屋交换等。

二、征税范围

契税的征税对象是境内转移的土地、房屋权属。具体包括以下内容：

(1)国有土地使用权的出让。农村集体土地承包经营权的转移不属于征税范围。

(2)房屋买卖、赠与、交换。

(3)视同发生的应税行为：

①以土地、房屋权属作价投资、入股；

②以土地、房屋权属抵债；

③以获奖方式承受土地、房屋权属；

④以预购方式或者预付集资建房款方式承受土地、房屋权属。

(4)土地、房屋典当、继承、分拆(分割)、抵押以及出租等行为，不属于契税的征税范围。

三、纳税义务人

契税的纳税义务人是境内转移土地、房屋权属，承受的单位和个人。境内是指中华人民共和国实际税收行政管辖范围内。土地、房屋权属是指土地使用权和房屋所有权。单位是指企业单位、事业单位、国家机关、军事单位和社会团体以及其他组织。个人是指个体经营者及其他个人，包括中国公民和外籍人员。

四、纳税义务发生时间及纳税期限

契税的纳税义务发生时间，为纳税人签订土地、房屋权属转移合同的当天，或者纳税人取得其他具有土地、房屋权属转移合同性质凭证的当天。纳税期限为纳税义务发生之日起10日内。

【例9-6　单选题】下列关于契税纳税义务发生时间正确的为(　　)。

A.办理房地产过户的当天

B.签订房地产转让合同当天

C.约定房地产转让当天

D.交纳购房款当天

【答案】B

【答案解析】契税纳税义务发生时间是纳税人签订土地、房屋权属转移合同的当天，或者纳税人取得其他具有土地房屋权属转移合同性质凭证的当天。

五、税率

契税实行3%～5%的幅度税率。实行幅度税率是考虑到中国经济发展的不平衡，各地经济差别较大的实际情况。因此，各省、自治区、直辖市人民政府可以在3%～5%的幅度税率规定范围内，按照该地区的实际情况决定。

六、计税依据

(1)国有土地使用权出让、土地使用权出售、房屋买卖，为成交价格。

(2)土地使用权赠予、房屋赠予，由征收机关参照土地使用权出售、房屋买卖的市场价格核定。

(3)土地使用权交换、房屋交换，为所交换的土地使用权、房屋的价格的差额。

前款成交价格明显低于市场价格并且无正当理由的，或者所交换土地使用权、房屋的价格的差额明显不合理并且无正当理由的，由征收机关参照市场价格核定。

(4)以划拨方式取得土地使用权，经批准转让房地产时，由房地产转让者补交契税，计税依据为补交的土地使用权出让费或者土地收益。

七、计算方法

契税采用比例税率。当计税依据确定以后，应纳税额的计算比较简单。应纳税额的计算公式为：

应纳税额=计税依据×税率　　　　(式9-2)

【例 9-7 单选题】北京一泓药业公司在2017年将其一处房产(价值1 000万元),和另一个公司互换一商品房(价值800万元),双方按差价补付后,办理了过户手续。当地政府规定的契税税率是3%,则北京一泓药业公司应缴纳契税(　　)。

A.不纳税　　B.30　　C.24　　D.6

【答案】A

【答案解析】交换价格不等时,由多付货款、实物、无形资产或者其他经济利益的一方缴纳契税。

八、减免税

有下列情形之一的,减征或者免征契税:

(1)国家机关、事业单位、社会团体、军事单位承受土地、房屋用于办公、教学、医疗、科研和军事设施的,免征。

(2)城镇职工按规定第一次购买公有住房的,免征。

(3)因不可抗力灭失住房而重新购买住房的,酌情准予减征或者免征。

(4)土地、房屋被县级以上人民政府征用、占用后,重新承受土地、房屋权属的,是否减征或者免征契税,由省、自治区、直辖市人民政府确定。

(5)纳税人承受荒山、荒沟、荒丘、荒滩土地使用权,用于农、林、牧、渔业生产的,免征契税。

(6)经批准减征、免征契税的纳税人,改变有关土地、房屋的用途的,就不再属于减征、免征契税范围,并且应当补缴已经减征、免征的税款。

第四节　印花税

一、印花税的概念

印花税是一个很古老的税种。1624年,荷兰政府发生经济危机,财政困难。当时执掌政权的统治者摩里斯(Maurs)为了解决财政上匮乏的问题,采用公开招标办法,以重赏来寻求新税设计方案。印花税,就是从千万个应征者设计的方案中精选出来的"杰作"。1889年总理海军事务大臣奕劻奏请清政府开办用某种图案表示完税的税收制度,将其称为印花税。中华人民共和国成立后,中央政府于1950年 12 月公布了《印花税暂行条例》,并于1951年1 月公布了《印花税暂行条例施行细则》。现行印花税的法规和规章是1988年国务院颁布的《中华人民共和国印花税暂行条例》和国家税务总局颁布的《中华人民共和国印花税暂行条例施行细则》。

印花税是对经济活动和经济交往中订立、领受在中华人民共和国境内具有法律效力的应税凭证,或者在中华人民共和国境内进行证券交易的单位和个人所征收的一种税。因采用在应税凭证上粘贴印花税票作为完税的标志而得名。

二、印花税纳税人

印花税的纳税人是指在中国境内书立、领受、使用税法所列举凭证的单位和个人。如果一份合同或应税凭证由两方或两方以上当事人共同签订,签订合同或应税凭证的各方都是纳税人,应各就其所持合同或应税凭证的计税金额履行纳税义务。

根据书立、领受、使用应税凭证的不同,纳税人可分为立合同人、立账簿人、立据人、领受人和使用人等。

【例9-8 单选题】下列各项中,属于印花税纳税人的是(　　)。

A.以电子形式签订应税凭证的当事人　　B.合同签订的证人

C.权利许可证照的发放人　　D.在国外书立合同且在国外使用的人

【答案】A

【答案解析】以电子形式签订应税凭证的当事人,属于印花税的纳税人;合同的当事人属于印花税的纳税人,所谓当事人,是指对凭证有直接权利义务关系的单位和个人,但不包括合同的担保人、证人、鉴定人;权利许可证照的领受人,属于印花税的纳税人;在国外书立、领受,但在国内使用的应税凭证,其纳税人是使用人。

三、税率

印花税的税率有比例税率和定额税率两种形式,具体见下表9-2。

表9-2　印花税税目、税率表

类　别	税　目	税率形式	纳税人
一、合同或具有合同性质的凭证	1.借款合同(包括融资租赁合同)	借款金额(租金)0.05‰	订合同人
	2.购销合同	购销金额0.3‰	
	3.承揽合同	支付报酬0.3‰	
	4.技术合同	所载金额0.3‰	
	5.建设工程合同	支付价款0.3‰	
	6.货物运输合同	收取的运输费用0.3‰	
	7.财产租赁合同	租赁金额1‰	
	8.仓储、保管合同	仓储费、保管费用1‰	
	9.财产保险合同	收取的保险费收入1‰	
二、书据	10.产权转移书据	按所载金额0.5‰	立据人

（续表）

类　别	税　目	税率形式	纳税人
三、账簿	11.营业账簿	记载资金的营业账簿，按实收资本和资本公积的合计0.25‰	立账簿人
四、证照	12.权利、许可证照 包括：房屋产权证、工商营业执照、商标注册证、专利证、土地使用证	按件贴花5元	领受人
五、证券交易	13.证券交易 转让股票和以股票为基础发行的存托凭证	成交金额或依法确定的计税依据1‰	出让方

【例9-9 单选题】印花税年度纳税申报表中购销合同适用的税率为（　　）。

A.0.3‰　　　　B.0.5‰

C.0.05‰　　　　D.1‰

【答案】A

四、计税依据

（一）合同类应税凭证的计税依据

合同或具有合同性质的凭证，以凭证所载金额作为计税依据。载有两个或两个以上应适用不同税目税率经济事项的同一凭证，分别记载金额的，应分别计算应纳税额，相加后按合计税额贴花；如未分别记载金额的，按税率高的计算贴花。

（二）营业账簿中记载资金的账簿

以"实收资本"与"资本公积"两项的合计金额为其计税依据。

（三）权利许可证照

权利许可证照包括政府部门发给的房屋产权证、工商营业执照、专利证等权利许可证照。

五、应纳税额的计算

（一）实行比例税率的凭证

印花税应纳税额的计算公式为：

应纳税额=应税凭证计税金额×比例税率　　（式9-3）

(二)实行定额税率的凭证

印花税应纳税额的计算公式为:

$$应纳税额=应税凭证件数\times定额税率 \quad (式9-4)$$

(三)营业账簿中记载资金的账簿

印花税应纳税额的计算公式为:

$$应纳税额=(实收资本+资本公积)\times0.25‰ \quad (式9-5)$$

(四)其他账簿按件贴花

其他账簿按每件5元贴花。

【例9-10计算题】甲汽车轮胎厂与乙汽车制造厂签订了一份货物交换合同,甲以价值65万元的轮胎交换乙的两辆汽车,同时甲再支付给乙3万元差价。要求:计算此项交易甲应缴纳的印花税税额。

【答案解析】商品购销活动中,采用以货换货方式进行商品交易签订的合同,是反映既购又销双重经济行为的合同。对此,应按合同所载的购、销合计金额计税贴花。

应缴纳的印花税=(65+68)×0.3‰×10 000=399(元)

六、减免税

根据《中华人民共和国印花税暂行条例》,下列凭证免纳印花税:

(1)已缴纳印花税的凭证的副本或者抄本免征印花税。即凭证的正式签署本已按规定缴纳了印花税,其副本或者抄本对外不发生权利义务关系,仅备存查的免贴印花。以副本或者抄本视同正本使用的,应另贴印花。

(2)财产所有人将财产赠给政府、社会福利单位、学校所立的书据。其中,社会福利单位,是指抚养孤老伤残的社会福利单位。

(3)经财政部批准免税的其他凭证。具体包括:

①国家指定的收购部门与村民委员会、农民个人书立的农副产品收购合同。

②无息、贴息贷款合同。

③外国政府或者国际金融组织向我国政府及国家金融机构提供优惠贷款所书立的合同。

七、纳税申报

印花税的申报纳税的方式有3种:自行贴花方式、汇贴或汇缴方式、委托代征方式。

(一)自行贴花办法

印花税实行由纳税人根据规定自行计算应纳税额,购买并一次贴足印花税票(以下简称贴花）的缴纳办法。为简化贴花手续，应纳税额较大或者贴花次数频繁的，纳税人可向税务机关提出申请，采取以缴款书代替贴花或者按期汇总缴纳的办法。

印花税票应当粘贴在应纳税凭证上，并由纳税人在每枚税票的骑缝处盖戳注销或者画销。纳税人有印章的，加盖印章注销；纳税人没有印章的，可用钢笔（圆珠笔）画几条横线注销。注销标记应与骑缝处相交。骑缝处是指粘贴的印花税票与凭证及印花税票之间的交接处。

（二）汇贴或汇缴办法

1.汇贴办法

一份凭证应纳税额超过五百元的，应向当地税务机关申请填写缴款书或者完税证，将其中一联粘贴在凭证上或者由税务机关在凭证上加注完税标记代替贴花。

2.汇缴办法

同一种类应纳税凭证，需频繁贴花的，应向当地税务机关申请按期汇总缴纳印花税。税务机关对核准汇总缴纳印花税的单位，应发给汇缴许可证。汇总缴纳的限期限额由当地税务机关确定，但最长期限不得超过一个月。

（三）委托代征方式

委托代征印花税的范围：发放权利、许可证照的单位和办理应税凭证的鉴证、公证单位，以及民航、铁路、公路运输、金融、保险等发放和办理印花税应税凭证的单位，在委托单位辖区范围内设点代售印花税票，代征印花税。

（四）网上申报

近年来，单位纳税人对于应税凭证的完税更多地采取网上申报缴纳方式，一般不再采取贴花的方式完税。即通过地税局互联网进行网上明细申报，填写《印花税纳税申报表》后，按照规定程序办理缴税手续。

1.单笔应税凭证的申报

（1）纳税人应在单笔应税凭证书立或领受时，及时通过网上申报方式申报缴纳税款。

（2）纳税人全年均可通过明细纳税申报系统，办理单笔应税凭证缴纳印花税手续。

2.按征期缴纳印花税的申报

（1）适用范围和征期。按征期缴纳印花税的纳税人包括按期汇总缴纳纳税人、电子应税凭证缴税纳税人和核定征收纳税人。其中，按期汇总缴纳和电子应税凭证缴税纳税人征期为每月的1日至10日；核定征收纳税人征期为每月的1日至15日。

（2）按期汇总缴纳和电子应税凭证缴税纳税人网上申报的工作要求。纳税人在网上申报时须进行应纳税凭证明细资料导入，《印花税应税凭证明细表》可在网上申报系统进行下载。纳税人应提前下载样表，在日常工作中全面、准确地在《印花税应税凭证明细表》中做好登记工作，以方便征期内的明细资料导入。

八、纳税申报期限

凡印花税纳税单位均应按季进行申报，于每季度终了后 10 日内向所在地地方税务机关报送《印花税纳税申报表》。

只办理税务注册登记的机关、团体、部队、学校等印花税纳税单位，可在次年 1 月底前到当地税务机关申报上年税款。

对实行印花税汇总缴纳的单位，缴款期限最长不得超过一个月。

第五节　车辆购置税

一、概念和特点

车辆购置税在2001年 1 月 1 日通过费改税方式由车辆购置附加费演变而来。车辆购置税是以在中国境内购置规定的车辆为课税对象、在特定的环节向车辆购置者征收的一种税。

车辆购置税的特点包括：征收范围单一、征收环节单一、征税具有特定目的、价外征收、不转嫁税负。

二、征税范围

车辆购置税的征收范围包括汽车、摩托车、电车、挂车、农用运输车。具体征收范围依照本条例所附《车辆购置税征收范围表》执行。车辆购置税征收范围的调整，由国务院决定并公布。

三、纳税人

在中华人民共和国境内购置本条例规定的车辆（以下简称应税车辆）的单位和个人，为车辆购置税的纳税人，应当依照本条例缴纳车辆购置税。

购置：包括购买、进口、自产、受赠、获奖或者以其他方式取得并自用应税车辆的行为。

单位：包括国有企业、集体企业、私营企业、股份制企业、外商投资企业、外国企业以及其他企业和事业单位、社会团体、国家机关、部队以及其他单位；个人，包括个体工商户以及其他个人。

【例9-11 单选题】下列行为中,不属于车辆购置税应税行为的是(　　)。

A.进口使用应税车辆的行为　　B.购买使用应税车辆的行为

C.自产自用应税车辆的行为　　D.销售应税车辆的行为

【正确答案】D

【答案解析】销售应税车辆的行为,不属于车购税的应税行为。

四、计税依据

车辆购置税计税价格按照以下情形确定:

(一)纳税人购买自用的应税车辆

计税价格为纳税人购买应税车辆而支付给销售者的全部价款和价外费用,不包含增值税税款。价外费用是指销售方价外向购买方收取的基金、集资费、违约金(延期付款利息)和手续费、包装费、储存费、优质费、运输装卸费、保管费以及其他各种性质的价外收费,但不包括销售方代办保险等而向购买方收取的保险费,以及向购买方收取的代购买方缴纳的车辆购置税、车辆牌照费。

(二)纳税人进口自用的应税车辆

计算公式为:

计税价格=关税完税价格+关税+消费税　　(式9-6)

纳税人以外汇结算应税车辆价款的,按照申报纳税之日中国人民银行公布的人民币基准汇价,折合成人民币计算应纳税额。

(三)纳税人购买自用或者进口自用应税车辆

申报的计税价格低于同类型应税车辆的最低计税价格,又无正当理由的,计税价格为国家税务总局核定的最低计税价格。其中,最低计税价格是指国家税务总局依据机动车生产企业或者经销商提供的车辆价格信息,参照市场平均交易价格核定的车辆购置税计税价格。

(四)纳税人自产、受赠、获奖或者以其他方式取得并自用的应税车辆

计税价格,主管税务机关参照国家税务总局规定的最低计税价格核定。

(五)国家税务总局未核定最低计税价格的车辆

计税价格为纳税人提供的有效价格证明注明的价格。有效价格证明注明的价格明显偏低的,主管税务机关有权核定应税车辆的计税价格

五、税率及应纳税额计算

现行车辆购置税的税率为10%(国务院有权调整税率及征税范围)。

车辆购置税实行从价定率的办法计算应纳税额。应纳税额的计算公式为：

应纳税额=计税价格×税率　（式 9-7）

【例 9-12 计算题】某汽车贸易公司2017年 80 月进口 11 辆小轿车，海关审定的关税完税价格为 25 万元/辆，当月销售 8 辆，取得含税销售收入 320 万元；2 辆企业自用，1 辆用于抵偿债务。合同约定的含税价格为 40 万元。计算该公司应纳车辆购置税（小轿车关税税率 28%，消费税税率为 9%）。

【答案解析】该公司应纳车辆购置税=2×（25+25×28%）÷（1−9%）×10%=7.03（万元）

六、减免税

车辆购置税的免税、减税，按照下列规定执行：

（1）外国驻华使馆、领事馆和国际组织驻华机构及其外交人员自用的车辆，免税；长期来华定居专家进口 1 辆自用小汽车免税。

（2）中国人民解放军和中国人民武装警察部队列入军队武器装备订货计划的车辆，免税。

（3）购买设有固定装置的非运输车辆，免税；购买农用三轮运输车免税；回国服务的留学人员用现汇购买 1 辆自用国产小汽车免税。

（4）自2017年 1 月 1 日起至2020年 12 月 31 日止，对城市公交企业购置的公共汽电车辆，免税。

（5）自 2018 年 1 月 1 日至 2020 年 12 月 31 日，对购置的新能源汽车免征车辆购置税。

（6）由国务院规定予以免税或者减税的其他情形的，按照规定免税或者减税。

【例 9-13 多选题】下列车辆中，可以免征车辆购置税的是（　　）。

A.回国服务的留学人员用现汇购买 1 辆自用的进口小汽车

B.四轮农用运输车

C.长期来华定居专家进口 2 辆自用小汽车

D.设有固定装置的非运输车辆

【答案】D

【答案解析】选项 A，回国服务的留学人员用现汇购买 1 辆自用国产小汽车免税。选项 B，自2004年 10 月 1 日起，对农用三轮运输车免征车辆购置税选项 C，长期来华定居专家进口 1 辆自用小汽车免税。

七、纳税申报

(一)申报期限

车辆购置税实行一车一申报制度。纳税人购买自用应税车辆的,应自购买之日起60日内申报纳税;进口自用应税车辆的,应自进口之日起60日内申报纳税;自产、受赠、获奖或者以其他方式取得并自用应税车辆的,应自取得之日起60日内申报纳税。免税车辆因转让、改变用途等原因,其免税条件消失的,纳税人应在免税条件消失之日起60日内到主管税务机关重新申报纳税。免税车辆发生转让,但仍属于免税范围的,受让方应当自购买或取得车辆之日起60日内到主管税务机关重新申报免税。

(二)申报地点

车辆购置税由国税局征收。纳税人应到下列地点办理车辆购置税纳税申报:

(1)需要办理车辆登记注册手续的纳税人,向车辆登记注册地的主管税务机关办理纳税申报。车辆登记注册地是指车辆的上牌落籍地或落户地。

(2)不需要办理车辆登记注册手续的纳税人,向纳税人所在地的主管税务机关办理纳税申报。

(三)申报提交资料

纳税人办理纳税申报时应如实填写《车辆购置税纳税申报表》,同时提供以下资料:纳税人身份证明;车辆价格证明;车辆合格证明;税务机关要求提供的其他资料。

主管税务机关应对纳税申报资料进行审核,确定计税价格,征收税款,核发完税证明。

八、征收管理

纳税人应当在向公安机关车辆管理机构办理车辆登记注册前,缴纳车辆购置税。纳税人应当持主管税务机关出具的完税证明或者免税证明,向公安机关车辆管理机构办理车辆登记注册手续;没有完税证明或者免税证明的,公安机关车辆管理机构不得办理车辆登记注册手续。

税务机关应当及时向公安机关车辆管理机构通报纳税人缴纳车辆购置税的情况。公安机关车辆管理机构应当定期向税务机关通报车辆登记注册的情况。

税务机关发现纳税人未按照规定缴纳车辆购置税的,有权责令其补缴;纳税人拒绝缴纳的,税务机关可以通知公安机关车辆管理机构暂扣纳税人的车辆牌照。

本章小结

行为和特定目的税类
印花税
10种合同：立合同人
产权转移数据：立据人
资金账簿：（实收资本+资本公积）×0.025%
权利许可证
车辆购置税
纳税人：购置、使用
计税依据：购买、进口
纳税环节
城建税
增、消为计税依据
进口不征、出口不退
违反两税加收的滞纳金、罚款不征
差别税率：7%、5%
教育费附加
规定与城建税基本相同
税率3%
契税
纳税人：不动产产权承受人
计税依据：成交价、市价
交换：差价，由支付差价方缴纳

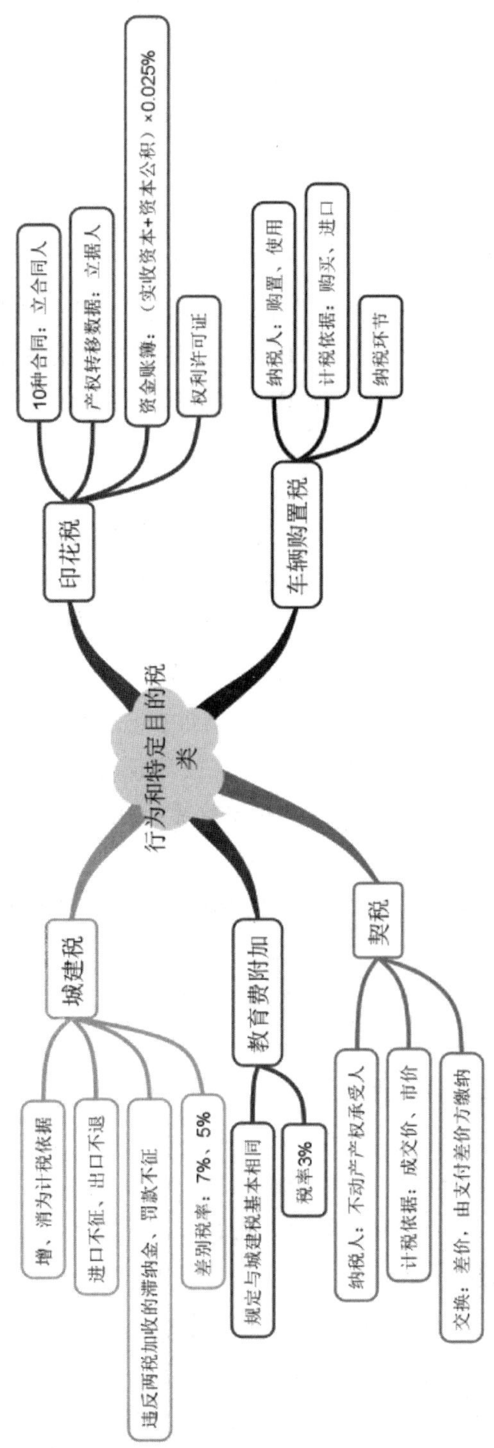

课后习题

一、单选题

1.2017年6月，甲公司销售产品实际缴纳增值税100万元，实际缴纳消费税80万元；进口产品实际缴纳增值税20万元，已知城市维护建设税税率为7%，甲公司当月应缴纳城市维护建设税税额的下列计算列式中，正确的是(　　)。

A.(100+80+20)×7%=14万元　　B.(100+20)×7%=8.4万元

C.(100+80)×7%=12.6万元　　D.80×7%=5.6万元

2.以下各个项目中，可以作为计算城市维护建设税及教育费附加的依据的是(　　)。

A.补缴的消费税税款　　B.因漏缴增值税而缴纳的滞纳金

C.因漏缴增值税而缴纳的罚款　　D.进口货物缴纳的增值税税款

3.以下应缴纳契税的有(　　)。

A.以高级轿车换取房屋　　B.购买高级轿车

C.取得国家划拨的土地　　D.等价交换土地使用权

4.根据印花税法律制度的规定，下列各项中，属于印花税纳税人的(　　)。

A.合同的双方当事人　　B.合同的担保人

C.合同的证人　　D.合同的鉴定人

5.张某从某4S店(一般纳税人)购买轿车一辆供自己使用，支付含增值税的价款120 000元，另支付购置工具件和零配件价款2 000元，车辆装饰费6 000元，4S店还收取加急费等6 000元，并统一开具普通发票，政府另外收取控购费2 000元。则张某应纳车辆购置税税额(　　)。

A.11 452.99元　　B.10 256.41元　　C.10 940.17元　　D.11 623.93元

二、多选题

1.下列需要代收、代扣代缴城市维护建设税的有(　　)。

A. 受托方代收消费税的

B. 海关代征进口增值税和消费税的

C. 收购未税矿产品的

D. 境外的单位转让无形资产给境内企业的

“扫一扫”获取更多课后练习

2.根据现行规定，下列关于教育费附加的说法中正确的有(　　)。

A.海关对进口产品代征消费税的，不代征教育费附加

B.对于减免增值税、消费税、营业税而发生退税的，可以同时退还已征收的教育费附加

C.出口产品退还增值税、消费税的，同时退还已经征收的教育费附加

D.流动经营无固定纳税地点的单位和个人，不缴纳教育费附加

3.甲将原价值28万元的房产评估作价30万元投资乙企业，乙企业办理产权登记后又将该房产以40万元价格售与丙企业，当地契税税率3%，则(　　)。

A.丙企业缴纳契税0.9万元　　　　B.丙企业缴纳契税1.2万元

C.乙企业缴纳契税0.9万元　　　　D.乙企业缴纳契税0.84万元

4.据印花税法律制度的规定,下列各项中,属于印花税纳税人的是(　　)。

A.应税证照的领受人　　　　B.合同的双方当事人

C.合同的证人　　　　D.合同的担保人

5.根据税法的规定,下列关于印花税计税依据的表述正确的有(　　)。

A.对于由委托方提供原材料、受托方提供辅助材料并收取加工费的加工合同,以辅助材料和加工费合计数,依照加工承揽合同计税贴花,原材料按购销合同计税贴花

B.货物运输合同的计税依据为所运输货物的金额

C.建筑安装工程承包合同的计税依据为承包金额

D.记载资金的营业账簿,计税依据为实收资本和资本公积之和

第十章

税收征收管理法

☞**知识要点**

(1) 了解税收征管法的立法目的与适用范围。

(2) 掌握税务登记、账簿凭证管理、纳税申报的基本内容与要求。

(3) 熟悉税款征收方式与税款征收制度。

(4) 了解税务机关税务检查的形式、方法和权利义务。

(5) 能正确判断涉税违法行为,并熟悉违反税法的法律责任。

税收征收管理法是有关税收征收管理法律规范的总称，包括税收征收管理法及税收征收管理的有关法律、法规和规章。

《中华人民共和国税收征收管理法》于1992年9月4日第七届全国人民代表大会常务委员会第二十七次会议通过，1993年1月1日起施行，1995年2月28日第八届全国人民代表大会常务委员会第十二次会议第一次修正。2001年4月28日，第九届全国人民代表大会常务委员会第二十一次会议进行了修订，并通过了修订后的《中华人民共和国税收征收管理法》(以下简称《征管法》)，并于2001年5月1日起施行。2013年6月29日第十二届全国人民代表大会常务委员会第三次会议进行了第二次修正(第15条第1款)，2015年4月24日第十二届全国人民代表大会常务委员会第十四次会议进行了第三次修正(第33条)。

第一节　税收征收管理法概述

一、税收征收管理法的立法目的

《征管法》第一条规定："为了加强税收征收管理，规范税收征收和缴纳行为，保障国家税收收入，保护纳税人的合法权益，促进经济和社会发展，制定本法。"此条规定对《征管法》的立法目的作了高度概括。

(一)加强税收征收管理

税收征收管理是国家征税机关依据国家税收法律、行政法规的规定，按照统一的标准，通过一定的程序，对纳税人应纳税额组织入库的一种行政活动，是国家将税收政策贯彻实施到每个纳税人，有效地组织税收收入及时、足额入库的一系列活动的总称。税收征管工作的好坏，直接关系到税收职能作用能否很好地发挥。理所当然，加强税收征收管理，成为《征管法》立法的首要目的。

(二)规范税收征收和缴纳行为

《征管法》既要为税务机关、税务人员依法行政提供标准和规范，税务机关、税务人员必须依照该法的规定进行税收征收，其一切行为都要依法进行，违者要承担法律责任；同时也要为纳税人缴纳税款提供标准和规范，纳税人只有按照法律规定的程序和办法缴纳税款，才能更好地保障自身的权益。因此，在该法中加人"规范税收征收和缴纳行为"的目的，是对依法治国、依法治税思想的深刻理解和运用，为《征管法》其他条款的修订指明了方向。

(三)保障国家税收收入

税收收入是国家财政的主要来源，组织税收收入是税收的基本职能之一。《征管法》是税收征收管理的标准和规范，其基本目的是保证税收收入的及时、足额入库，这也是任何一部《征管法》都具有的目的。

(四)保护纳税人的合法权益

税收征收管理作为国家的行政行为，一方面要维护国家的利益，另一方面要保护纳税人的合法权益不受侵犯。纳税人按照国家税收法律、行政法规的规定缴纳税款之外的任何其他款项，都是对纳税人合法权益的侵害。保护纳税人的合法权益一直是《征管法》的立法目的。

(五)促进经济发展和社会进步

税收是国家宏观调控的重要杠杆，《征管法》是市场经济的重要法律规范，这就要求税收征收管理的措施，如税务登记、纳税申报、税款征收、税收检查以及税收政策等以促进经济发展和社会进步为目标，方便纳税人，保护纳税人。因此，在该法中加入“促进经济和社会发展”的目的，表明了税收征收管理的历史使命和前进方向。

二、税收征收管理法的适用范围

《征管法》第二条规定：“凡依法由税务机关征收的各种税收的征收管理，均适用本法。”这就明确界定了《征管法》的适用范围。我国税收的征收机关有税务和海关部门，税务机关征收各种工商税收，海关征收关税。《征管法》只适用于由税务机关征收的各种税收的征收管理。海关征收的关税及代征的增值税、消费税，适用《海关法》和《进出口关税条例》等有关规定。

值得注意的是，目前还有一部分费由税务机关征收，如教育费附加。这些费不适用《征管法》，不能采取《征管法》规定的措施，其具体管理办法由各种费的条例和规章决定。

【例 10-1 多选题】下列各项中，不适用《税收征收管理法》的有(　　)。

A.消费税　　B.关税　　C.车辆购置税　　D.教育费附加

【答案】BD

【答案解析】关税由海关征税；费由税务机关征收，各种费不适用《征管法》。

三、税收征收管理法的遵守主体

(一)税务行政主体——税务机关

《征管法》第五条规定：“国务院税务主管部门主管全国税收征收管理工作。各地国家税务局和地方税务局应当按照国务院规定的税收征收管理范围分别进行征收管理。”《征管法》和《细则》规定：“税务机关是指各级税务局、税务分局、税务所和省以下税务局的稽查局。稽查局专司偷税、逃避追缴欠税、骗税、抗税案件的查处。”所以，税务机关既是税收征收管理的行政主体(执法主体)，也是《征管法》的遵守主体。

(二)税务行政管理相对人——纳税人、扣缴义务人和其他有关单位

《征管法》第四条规定:“法律、行政法规规定负有纳税义务的单位和个人为纳税人。法律、行政法规规定负有代扣代缴、代收代缴税款义务的单位和个人为扣缴义务人。纳税人、扣缴义务人必须依照法律、行政法规的规定缴纳税款、代扣代缴、代收代缴税款。”第六条第二款规定:“纳税人、扣缴义务人和其他有关单位应当按照国家有关规定如实向税务机关提供与纳税和代扣代缴、代收代缴税款有关的信息。”根据上述规定,纳税人、扣缴义务人和其他有关单位是税务行政管理的相对人,是《征管法》的遵守主体,必须按照《征管法》的有关规定接受税务管理,享受合法权益。

(三)有关单位和部门

《征管法》第五条规定:“地方各级人民政府应当依法加强对本行政区域内税收管理工作的领导或者协调,支持税务机关依法执行职务,依照法定税率计算税额,依法征收税款。各有关部门和单位应当支持协助税务机关依法执行职务。”这说明包括地方各级人民政府在内的有关单位和部门同样是《征管法》的遵守主体,必须遵守《征管法》的有关规定。

第二节 税务管理

一、税务登记管理

税务登记是税务机关对纳税人的生产、经营活动进行登记并据此对纳税人实施税务管理的一种法定制度。税务登记又称纳税登记,它是税务机关对纳税人实施税收管理的首要环节和基础工作,是征纳双方法律关系成立的依据和证明,也是纳税人必须依法履行的义务。

根据《征管法》和国家税务总局印发的《税务登记管理办法》,我国税务登记制度大体包括以下内容:

(一)设立税务登记

1.设立税务登记的对象

根据有关规定,设立税务登记的纳税人分为以下两类:

1)领取营业执照从事生产、经营的纳税人

(1)企业,即从事生产经营的单位或组织,包括国有、集体、私营企业,中外合资合作企业、外商独资企业,以及各种联营、联合、股份制企业等。

(2)企业在外地设立的分支机构和从事生产、经营的场所。

(3)个体工商户。

(4)从事生产、经营的事业单位。

2)其他纳税人

即前款规定以外的纳税人,除国家机关、个人和无固定生产、经营场所的流动性农村小商贩外,也应当按规定办理税务登记。

2.设立税务登记的时间和地点

(1)从事生产、经营的纳税人,应当自领取营业执照之日起30日内,向生产、经营地或者纳税义务发生地的主管税务机关申报办理税务登记,税务机关发放税务登记证及副本。

(2)上述以外的其他纳税人,除国家机关、个人和无固定生产、经营场所的流动性农村小商贩外,应当自纳税义务发生之日起30日内,向纳税义务发生地税务机关申报办理税务登记,税务机关发放税务登记证及副本。个人所得税的纳税人办理税务登记的办法由国务院另行规定。

(3)扣缴义务人应当自扣缴义务发生之日起30日内,向所在地的主管税务机关申报办理扣缴税款登记,领取扣缴税款登记证件;税务机关对已办理税务登记的扣缴义务人,可以只在其税务登记证件上登记扣缴税款事项,不再发给扣缴税款登记证件。

3.设立税务登记的内容

(1)单位名称、法定代表人或业主姓名及其居民身份证、护照或者其他证明身份的合法证件。

(2)住所、经营地点。

(3)登记注册类型及所属主管单位。

(4)核算方式。

(5)生产经营方式。

(6)生产经营范围。

(7)注册资金(资本)、投资总额。

(8)生产经营期限。

(9)财务负责人、办税人员联系电话。

(10)国家税务总局确定的其他有关事项。。

4.设立税务登记程序

1)税务登记的申请

办理税务登记是为了建立正常的征纳秩序,是纳税人履行纳税义务的第一步。为此,纳税人必须严格按照规定的期限,向当地主管税务机关及时申报办理税务登记手续,实事求是地填报登记项目,并如实回答税务机关提出的问题。纳税人所属的本县(市)以外的非独立经济核算的分支机构,除由总机构申报办理税务登记外,还应当自设立之日起30日内,向分支机构所在地税务机关申报办理注册税务登记。在申报办理税务登记时,纳税人应认真填写《税务登记表》(包括内资企业税务登记表、分支机构税务登记表、个体经营税务登记表、涉外企业税务登记表、其他单位税务登记表等)。

2)纳税人办理税务登记时应提供的证件、资料

(1)营业执照或其他核准执业证件及工商登记表,或其他核准执业登记表复印件。

(2)有关合同、章程、协议书。

(3)法定代表人(负责人)或业主居民身份证、护照或者其他证明身份的合法证件。

(4)组织机构统一代码证书。

根据2014年国家税务总局《关于创新税收服务和管理的意见》,纳税人申请办理税务登记时,税务机关应根据申请人情况不再统一要求纳税人提供注册地址及生产、经营地址等场地的证明材料和验资报告,可不进行实地核查。

3)税务登记表的受理、审核

纳税人提交的证件和资料齐全且税务登记表的填写内容符合规定的,税务机关应当日办理并发放税务登记证件。纳税人提交的证件和资料不齐全或税务登记表的填写内容不符合规定的,税务机关应该当场通知其补正或重新填报。

税务登记证件的主要内容包括:纳税人名称、税务登记代码、法定代表人或负责人、生产经营地址、登记类型、核算方式、生产经营范围(主营、兼营)、发证日期、证件有效期等。

4)税务登记证的核发

根据《征管法》第十五条第一款规定:"企业在外地设立的分支机构和从事生产、经营的场所,个体工商户和从事生产、经营的事业单位(以下统称从事生产、经营的纳税人)自领取营业执照之日起三十日内,持有关证件,向税务机关申报办理税务登记。税务机关应当于收到申报的当日办理登记并发给税务登记证件。"

【例10-2 多选题】根据税收征收管理法和税务登记管理办法的有关规定,下列各项中应当进行税务登记的有(　　)。

A.从事生产经营的事业单位

B.企业在境内其他城市设立的分支机构

C.不从事生产经营只缴纳车船税的社会团体

D.有来源于中国境内所得但未在中国境内设立机构、场所的非居民企业

【答案】AB

【答案解析】除临时取得应税收入或发生应税行为以及只缴纳个人所得税、车船税的外,都应按规定向税务机关办理税务登记。在中国境内未设立机构场所的非居民企业不进行税务登记。

5."五证合一"登记制度改革

2016年6月30日,国务院办公厅发布了《关于加快推进"五证合一、一照一码"登记制度改革的通知》国办发〔2016〕53号,从2016年10月1日起正式实施"五证合一、一照一码",即由工商、质监、国税、地税、人力社保、统计等部门分别办理、各自发证(照),改为申请人"一表申请",工商部门统一收件,质监、国税、地税、人力社保、统计部门并联审批,统一核发加载注册号、组织机构代码、税务登记证号(纳税人识别号)、社会保险登记证号和统计登记证号

的营业执照(正副本)。实行“五证合一”登记制度后由工商(市场监管)部门核发加载统一代码的营业执照,税务部门不再发放税务登记证。

(二)变更、注销税务登记

变更税务登记,是纳税人税务登记内容发生重要变化时向税务机关申报办理的税务登记手续;注销税务登记,则是指纳税人税务登记内容发生了根本性变化,需终止履行纳税义务时向税务机关申报办理的税务登记手续。

1.变更税务登记的范围及要求

(1)纳税人已在工商行政管理机关办理变更登记的,应当自工商行政管理机关变更登记之日起30日内,向原税务登记机关如实提供下列证件、资料,申报办理变更税务登记:

①工商登记变更表及工商营业执照;

②纳税人变更登记内容的有关证明文件;

③税务机关发放的原税务登记证件(登记证正、副本和登记表等);

④其他有关资料。

(2)纳税人按照规定不需要在工商行政管理机关办理变更登记,或者其变更登记的内容与工商登记内容无关的,应当自税务登记内容实际发生变化之日起30日内,或者自有关机关批准或者宣布变更之日起30日内,持下列证件到原税务登记机关申报办理变更税务登记:

①纳税人变更登记内容的有关证明文件;

②税务机关发放的原税务登记证件(登记证正、副本和税务登记表等);

③其他有关资料。

(3)纳税人提交的有关变更登记的证件、资料齐全的,应如实填写税务登记变更表,符合规定的,税务机关应当日办理变更税务登记;不符合规定的,税务机关应通知其补正。

2.注销税务登记的要求

(1)适用范围。纳税人因经营期限届满而自动解散;企业由于改组、分立、合并等原因而被撤销;企业资不抵债而破产;纳税人住所、经营地址迁移而涉及改变原主管税务机关;纳税人被工商行政管理部门吊销营业执照;以及纳税人依法终止履行纳税义务的其他情形。

理解指引:改变住所和经营地点的,如果→

仍由同一主管税务机关管辖的	变更登记
涉及不同主管税务机关管辖的	注销登记,再到新址办理税务登记

(2)时间要求。纳税人发生解散、破产、撤销以及其他情形,依法终止纳税义务的,应当在向工商行政管理机关或者其他机关办理注销登记前,持有关证件和资料向原税务登记机

关申报办理注销税务登记；按照规定不需要在工商管理机关或者其他机关办理注册登记的，应当自有关机关批准或者宣告终止之日起 15 日内，持有关证件和资料向原税务登记机关申报办理注销税务登记。

纳税人因住所、经营地点变动，涉及改变税务登记机关的，应当在向工商行政管理机关或者其他机关申请办理变更或注销登记前，或者住所、经营地点变动前，持有关证件和资料，向原税务登记机关申报办理注销税务登记，并在 30 日内向迁达地税务登记机关申报办理税务登记。

纳税人被工商行政管理机关吊销营业执照或者被其他机关予以撤销登记的，应当自营业执照被吊销或者被撤销登记之日起 15 日内向原税务登记机关申报办理注销税务登记。

注销税务登记的时间要求如表 10-1 所示。

表 10-1　注销税务登记的时间要求

情形		注销税务登记时限
一般情况(先税务,后工商)		在向工商行政管理机关办理注销登记前
特殊情况	按规定不需要在工商行政管理机关办理注销登记的	自有关机关批准或者宣告终止之日起 15 日内
	被工商机关吊销营业执照的	自营业执照被吊销之日起 15 日内
因住所，生产、经营场所变动而涉及改变主管税务机关的，自注销之日起 30 日内向迁达地税务机关办理税务登记。		

(3)纳税人办理注销税务登记前，应当向税务机关提交相关证明文件和资料，结清应纳税款、多退(免)税款、滞纳金和罚款，缴销发票、税务登记证件和其他税务证件，经税务机关核准后，办理注销税务登记手续。

(三)停业、复业登记

1.停业登记要求

实行定期定额征收方式的个体工商户需要停业的，应当在停业前向税务机关申报办理停业登记。纳税人的停业期限不得超过一年。

纳税人在申报办理停业登记时，应如实填写停业复业报告书，说明停业理由、停业期限、停业前的纳税情况和发票的领、用、存情况，并结清应纳税款、滞纳金、罚款。税务机关应收存其税务登记证件及副本、发票领购簿、未使用完的发票和其他税务证件。

纳税人在停业期间发生纳税义务的，应当按照税收法律、行政法规的规定申报缴纳税款。

2.复业登记要求

纳税人应当于恢复生产经营之前，向税务机关申报办理复业登记，如实填写《停业复业报告书》，领回并启用税务登记证件、发票领购簿及其停业前领购的发票。纳税人停业期满不能及时恢复生产经营的，应当在停业期满前到税务机关办理延长停业登记，并如实填写《停业复业报告书》。

（四）外出经营报验登记

纳税人到外县（市）临时从事生产经营活动的，应当在外出生产经营以前，持税务登记证向主管税务机关申请开具《外出经营活动税收管理证明》（以下简称《外管证》）。纳税人在省税务机关管辖区域内跨县（市）经营的，是否开具《外管证》由省税务机关自行确定。

税务机关按照一地一证的原则，核发《外管证》，《外管证》的有效期限一般为 30 日，最长不得超过 180 天。但建筑安装行业纳税人项目合同期限超过 180 天的，按合同期限确定有效期限。

纳税人应当在《外管证》注明地进行生产经营前向当地税务机关报验登记，并提交下列证件、资料：

（1）税务登记证件副本；

（2）《外管证》。

纳税人在《外管证》注明地销售货物的，除提交以上证件、资料外，应如实填写《外出经营货物报验单》，申报查验货物。

纳税人外出经营活动结束，应当向经营地税务机关填报《外出经营活动情况申报表》，并结清税款、缴销发票。纳税人应当在《外管证》有效期届满后 10 日内，持《外管证》回原税务登记地税务机关办理《外管证》缴销手续。

（五）税务登记证的作用和管理

1.税务登记证的作用

除按照规定不需要发给税务登记证件的以外，纳税人办理下列事项时，必须持以下税务登记证件：

（1）开立银行账户。

（2）申请减税、免税、退税。

（3）申请办理延期申报、延期缴纳税款。

（4）领购发票。

（5）申请开具外出经营活动税收管理证明。

（6）办理停业、歇业。

（7）其他有关税务事项。

2.税务登记证管理

（1）税务机关对税务登记证件实行定期验证和换证制度。纳税人应当在规定的期限内持有关证件到主管税务机关办理验证或者换证手续。

（2）纳税人应当将税务登记证件正本在其生产、经营场所或者办公场所公开悬挂，接受税务机关检查。

(3)纳税人遗失税务登记证件的,应当在15日内书面报告主管税务机关,并登报声明作废。同时,凭报刊上刊登的遗失声明向主管税务机关申请补办税务登记证件。

【例10-3单选题】纳税人因住所、经营地点变动,涉及改变税务登记机关的,应向原税务登记机关申报办理的税务登记是(　　)。

A.变更税务登记　　B.停业、复业登记

C.注销税务登记　　D.外出经营报验登记

【答案】C

【答案解析】本题考核注销税务登记。纳税人因住所、经营地点变动,涉及改变税务登记机关的,应当在向工商行政管理机关或者其他机关申请办理变更、注销登记前,或者住所、经营地点变动前,持有关证件和资料,向原税务登记机关申报办理注销税务登记,并自注销税务登记之日起30日内向迁达地税务机关申报办理税务登记。

(六)非正常户处理

已办理税务登记的纳税人未按照规定的期限申报纳税,在税务机关责令其限期改正后,逾期不改正的,税务机关应当派员实地检查,查无下落并且无法强制其履行纳税义务的,由检查人员制作非正常户认定书,存入纳税人档案,税务机关暂停其税务登记证件、发票领购簿和发票的使用。

纳税人被列入非正常超过3个月的,税务机关可以宣布其税务登记证件失效,其应纳税款的追征仍按《征管法》及其《实施细则》的规定执行。

二、账簿、凭证管理

账簿是纳税人、扣缴义务人连续地记录其各种经济业务的账册或簿籍。凭证是纳税人用来记录经济业务,明确经济责任,并据以登记账簿的书面证明。账簿、凭证管理是继税务登记之后税收征管的又一重要环节,在税收征管中占有十分重要的地位。

(一)账簿设置的管理

根据《征管法》第十九条和《实施细则》第二十二条的有关规定,所有的纳税人和扣缴义务人都必须按照有关法律、行政法规和国务院财政、税务主管部门的规定设置账簿,具体如表10-2所示。

表10-2　账簿设置的管理

类　型	要　求
从事生产、经营的纳税人	应自其领取工商营业执照或发生纳税义务之日起15日内设置账簿
扣缴义务人	应当自扣缴义务发生之日起10日内,按照所代扣、代收的税种,分别设置代扣代缴、代收代缴税款账簿

（续表）

类　型	要　求
生产经营规模小又确无建账能力的纳税人	可以聘请经批准从事会计代理记账业务的专业机构或经税务机关认可的财会人员代为建账和办理账务。聘请上述机构或者人员有实际困难的，经县以上税务机关批准，可以按照税务机关的规定，建立收支凭证粘贴簿、进货销货登记簿或税控装置

（二）财会制度的管理

1.备案制度

根据《征管法》第二十条和《实施细则》第二十四条的有关规定，凡从事生产、经营的纳税人必须将所采用的财务、会计制度和具体的财务、会计处理办法，按税务机关的规定，自领取税务登记证件之日起15日内，及时报送主管税务机关备案。纳税人使用计算机记账的，应当在使用前将会计电算化系统的会计核算软件、使用说明书及有关资料报送主管税务机关备案。

《实施细则》第十七条规定，从事生产、经营的纳税人应当自开立基本存款账户或者其他存款账户之日起15日内，向主管税务机关书面报告其全部账号；发生变化的，应当自变化之日起15日内，向主管税务机关书面报告。

2.协调办法根据《征管法》第二十条和《实施细则》第二十四条的有关规定，当从事生产、经营的纳税人、扣缴义务人所使用的财务会计制度和具体的财务、会计处理办法与国务院、财政部和国家税务总局有关税收方面的规定相抵触时，纳税人、扣缴义务人必须按照国务院或者财政、税务主管部门有关税收的规定计缴税款。

（三）账簿凭证的保管

《征管法》第二十四条的有关规定："从事生产经营的纳税人、扣缴义务人必须按照国务院财政、税务主管部门规定的保管期限保管账簿、记账凭证、完税凭证及其他有关资料。账簿、记账凭证、报表、完税凭证、发票、出口凭证以及其他有关涉税资料不得伪造、变造或者擅自损毁。"

除另有规定者外，根据《实施细则》第二十九条，账簿、记账凭证、报表、完税凭证、发票、出口凭证以及其他有关涉税资料应当保存10年。

（四）发票管理

根据《征管法》第二十一条规定："税务机关是发票的主管机关，负责发票的印制、领购、开具、取得、保管、缴销的管理和监督。"

1.发票印制

根据《征管法》第二十二条规定：增值税专用发票由国务院税务主管部门指定的企业印制；其他发票，按照国务院税务主管部门的规定，分别由省、自治区、直辖市国家税务局、地方税务局指定企业印制。未经规定的税务机关指定，不得印制发票。

2.发票领购

依法办理税务登记的单位和个人,在领取税务登记证后,向主管税务机关申请领购发票。对无固定经营场地或者财务制度不健全的纳税人申请领购发票,主管税务机关有权要求其提供担保人,不能提供担保人的,可以视其情况,要求其缴纳保证金,并限期缴销发票。对发票保证金应设专户储存,不得挪作他用。纳税人可以根据自己的需要申请领购普通发票。增值税专用发票只限于增值税一般纳税人领购使用。

3.发票开具、使用、取得

根据《征管法》第二十一条的规定:"单位、个人在购销商品、提供或者接受经营服务以及从事其他经营活动中,应当按照规定开具、使用、取得发票。"普通发票开具、使用、取得的管理,应注意以下几点(增值税专用发票开具、使用、取得的管理,按增值税有关规定办理):

(1)销货方按规定填开发票。

(2)购买方按规定索取发票。

(3)纳税人进行电子商务必须开具或取得发票。

(4)发票要全联一次填写。

(5)发票不得跨省、直辖市、自治区使用。发票限于领购单位和个人在本省、自治区、直辖市内开具。发票领购单位未经批准不得跨规定使用区域携带、邮寄、运输空白发票,禁止携带、邮寄或者运输空白发票出入境。

(6)开具发票要加盖财务印章或发票专用章。

(7)开具发票后,如发生销货退回需开红字发票的,必须收回原发票并注明"作废"字样或取得对方有效证明;发生销售折让的,在收回原发票并证明"作废"后,重新开具发票。

4.发票保管

根据发票管理的要求,发票保管分为税务机关保管和用票单位、个人保管两个层次,都必须建立严格的发票保管制度。包括专人保管制度、专库保管制度、专账登记制度、保管交接制度和定期盘点制度。

开具发票的单位和个人对已开具的发票存根联和发票登记簿,应当保存5年。保存期满,报经税务机关查验后销毁。5.发票检查

税务机关在发票管理中有权进行下列检查:

(1)检查印制、领购、开具、取得、保管和缴销发票的情况;

(2)调出发票查验;

(3)查阅、复制与发票有关的凭证、资料;

(4)向当事各方询问与发票有关的问题和情况;

(5)在查处发票案件时,对与案件有关的情况和资料,可以记录、录音、录像、照像和复制。

印制、使用发票的单位和个人,必须接受税务机关依法检查,如实反映情况,提供有关资料,不得拒绝、隐瞒。税务人员进行检查时,应当出示税务检查证。

税务机关需要将已开具的发票调出查验时,应当向被查验的单位和个人开具发票换票证。

发票换票证与所调出查验的发票有同等的效力。被调出查验发票的单位和个人不得拒绝接受。税务机关需要将空白发票调出查验时,应当开具收据;经查无问题的,应当及时返还。

单位和个人从中国境外取得的与纳税有关的发票或者凭证,税务机关在纳税审查时有疑义的,可以要求其提供境外公证机构或者注册会计师的确认证明,经税务机关审核认可后,方可作为记账核算的凭证。

税务机关在发票检查中需要核对发票存根联与发票联填写情况时,可以向持有发票或者发票存根联的单位发出发票填写情况核对卡,有关单位应当如实填写,按期报回。

2014年国家税务总局《关于创新税收服务和管理的意见》对发票发放领用的服务与监管提出新的要求:一是及时为纳税人提供清晰的发票领用指南;二是简化发票申领程序,申领普通发票原则上取消实地核查,统一在办税服务厅即时办结,一般纳税人申请增值税专用发票(包括增值税专用发票和货物运输业增值税专用发票)最高开票限额不超过10万元的,主管税务机关不需事前进行实地查验;三是不断提高发票管理信息化水平,探索电子发票的推广与应用。2015年11月26日国家税务总局发布了《关于推行增值税电子发票系统开具的增值税电子普通发票有关问题的公告》明确了电子发票的法律效力。

(五)税控管理

税控管理是税收征收管理的一个重要组成部分,也是近期提出来的一个崭新的概念。它是指税务机关利用税控装置对纳税人的生产经营情况进行监督和管理,以保障国家税收收入,防止税款流失,提高税收征管工作效率,降低征收成本的各项活动的总称。

《征管法》第二十三条规定:"国家根据税收征收管理的需要,积极推广使用税控装置。纳税人应当按照规定安装、使用税控装置,不得损毁或者擅自改变税控装置。"同时还在第六十条中增加了一款,规定:"不能按照规定安装、使用税控装置,损毁或者擅自改动税控装置的,由税务机关责令限期改正,可以处以2 000元以下的罚款;情节严重的,处2 000元以上1万元以下的罚款。"这样不仅使推广使用税控装置有法可依,而且可以打击在推广使用税控装置中的各种违法犯罪活动。

三、纳税申报管理

纳税申报是纳税人按照税法规定的期限和内容,向税务机关提交有关纳税事项书面报告的法律行为,是纳税人履行纳税义务、界定纳税人法律责任的主要依据,是税务机关税收管理信息的主要来源和税务管理的重要制度。

(一)纳税申报的对象

根据《征管法》第二十五条的规定,纳税申报的对象为纳税人和扣缴义务人。纳税人在纳税期内没有应纳税款的,也应当按照规定办理纳税申报。纳税人享受减税、免税待遇的,在减税、免税期间应当按照规定办理纳税申报。

(二)纳税申报的内容

申报的内容主要在各税种的纳税申报表和代扣代缴、代收代缴税款报告表中体现,还可以在随纳税申报表附报的财务报表和有关纳税资料中体现。纳税人和扣缴义务人的纳税申报和代扣代缴、代收代缴税款报告的主要内容包括税种、税目,应纳税项目或者应代扣代缴、代收代缴税款项目、计税依据,扣除项目及标准,适用税率或者单位税额,应退税项目及税额、应减免税项目及税额,应纳税额或者应代扣代缴、代收代缴税额,以及税款所属期限、延期缴纳税款、欠税、滞纳金等。

(三)纳税申报的期限

《征管法》规定纳税人和扣缴义务人都必须按照法定的期限办理纳税申报。申报期限有两种:一种是法律、行政法规明确规定的;另一种是税务机关按照法律、行政法规的原则规定,结合纳税人生产经营的实际情况及其所应缴纳的税种等相关问题予以确定的。两种期限具有同等的法律效力。

(四)纳税申报的材料

纳税人办理纳税申报时,应当如实填写纳税申报表,并根据不同的情况相应报送下列有关证件、资料:

(1)财务会计报表及其说明材料。

(2)与纳税有关的合同、协议书及凭证。

(3)税控装置的电子报税资料。

(4)外出经营活动税收管理证明和异地完税凭证。

(5)境内或者境外公证机构出具的有关证明文件。

(6)税务机关规定应当报送的其他有关证件、资料。

(7)扣缴义务人办理代扣代缴、代收代缴税款报告时,应当如实填写代扣代缴、代收代缴税款报告表,并报送代扣代缴、代收代缴税款的合法凭证以及税务机关规定的其他有关证件、资料。

(五)纳税申报的方式

《征管法》第二十六条规定:“纳税人、扣缴义务人可以直接到税务机关办理纳税申报,或者报送代扣代缴、代收代缴税款报告表,也可以按照规定采取邮寄、数据电文或者其他方式办理上述申报、报送事项。”目前,纳税申报的形式主要有以下 3 种:

1.直接申报

直接申报是指纳税人自行到税务机关办理纳税申报。这是一种传统申报方式。

2.邮寄申报

邮寄申报是指经税务机关批准的纳税人使用统一规定的纳税申报特快专递专用信封,通过邮政部门办理交寄手续,并向邮政部门索取收据作为申报凭据的方式。

纳税人采取邮寄方式办理纳税申报的,应当使用统一的纳税申报专用信封,并以邮政部门收据作为申报凭据。邮寄申报以寄出的邮戳日期为实际申报日期。

3.数据电文

数据电文,是指经税务机关确定的电话语音、电子数据交换和网络传输等电子方式。例如,目前纳税人的网上申报,就是数据电文申报方式的一种形式。

纳税人采取电子方式办理纳税申报的,应当按照税务机关规定的期限和要求保存有关资料,并定期书面报送主管税务机关。纳税人、扣缴义务人采取数据电文方式办理纳税申报的,其申报日期以税务机关计算机网络系统收到该数据电文的时间为准。

除上述方式外,实行定期定额缴纳税款的纳税人,可以实行简易申报、简并征期等申报纳税方式。"简易申报"是指实行定期定额缴纳税款的纳税人在法律、行政法规规定的期限内或税务机关依据法规的规定确定的期限内缴纳税款的,税务机关可以视同申报;"简并征期"是指实行定期定额缴纳税款的纳税人,经税务机关批准,可以采取将纳税期限合并为按季、半年、年的方式缴纳税款。

【例 10-4 单选题】下列各项关于纳税申报管理的表述中,正确的是(　　)。

A.扣缴入不得采取邮寄申报的方式

B.纳税人在纳税期内没有应纳税款的,不必办理纳税申报

C.实行定期定额缴纳税款的纳税人可以实行简易申报、简并征期等申报纳税方式

D.主管税务机关根据纳税人实际情况及其所纳税种确定的纳税申报期限不具有法律效力

【答案】C

【答案解析】扣缴入可以采取邮寄申报,选项 A 是错误的。纳税人在纳税期内没有应纳税款的,也应当按照规定办理纳税申报。纳税人享受减税、免税待遇的,在减税、免税期间应当按照规定办理纳税申报。所以选项 B 是错误的。主管税务机关根据纳税人实际情况及其所纳税种确认的纳税申报期限一定具有法律效力。选项 D 是错误的。

理解指引:

后来……

以前,门店很小,缴纳定额税,以缴纳税款凭证代替申报,一个季度缴一次(简易申报);

以前,交通不便,通过邮政部门办理纳税申报交寄手续了(邮寄申报);

后来,地铁直达,自行直接到税务大厅办理纳税申报了(直接申报);

后来,鸟枪换炮,足不出户、鼠标点点,就可以网上申报了(数据电文申报)。

（六）延期申报管理

延期申报是指纳税人、扣缴义务人不能按照税法规定的期限办理纳税申报或扣缴税款报告。

根据《征管法》第二十七条和《实施细则》第三十七条及有关法规的规定，纳税人因有特殊情况，不能按期进行纳税申报的，经县以上税务机关核准，可以延期申报。但应当在规定的期限内向税务机关提出书面延期申请，经税务机关核准，在核准的期限内办理。如纳税人、扣缴义务人因不可抗力，不能按期办理纳税申报或者报送代扣代缴、代收代缴税款报告表的，可以延期办理，但应当在不可抗力情形消除后立即向税务机关报告。

经核准延期办理纳税申报的，应当在纳税期内按照上期实际缴纳的税额或者税务机关核定的税额预缴税款，并在核准的延期内办理纳税结算。

理解指引：一般情况下的办税流程

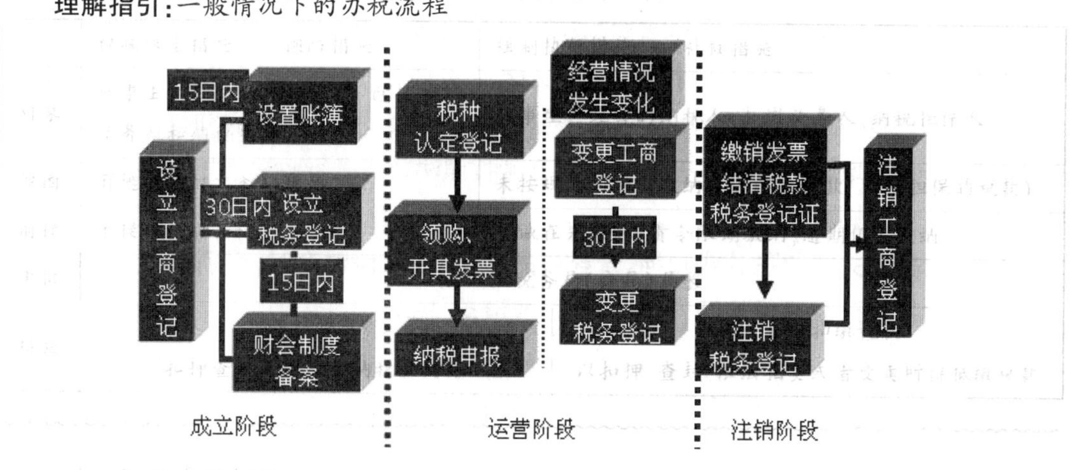

第三节 税款征收

税款征收是税收征收管理工作中的中心环节，是全部税收征管工作的目的和归宿，在整个税收工作中占据着极其重要的地位。

一、税款征收原则

（一）税务机关是征税的唯一行政主体

《征管法》第二十九条规定："除税务机关、税务人员以及经税务机关依照法律、行政法规委托的单位和个人外，任何单位和个人不得进行税款征收活动。"第四十一条同时规定："采取税收保全措施、强制执行措施的权利，不得由法定的税务机关以外的单位和个人行使。"

（二）税务机关只能依法征收税款

《征管法》第二十八条规定，税务机关只能依照法律、行政法规的规定征收税款。未经法定机关和法定程序调整，征纳双方均不得随意变动。税务机关代表国家向纳税人征收税款，不能任意征收，只能依法征收。

（三）税务机关不得违法开征、停征、多征、少征、提前征收或者延缓征收税款或摊派税款

《征管法》第二十八条的规定税务机关，不得违反法律、行政法规的规定开征、停征、多征、少征、提前征收、延缓征收或者摊派税款。

税务机关是执行税法的专职机构，既不得在税法生效之前先行向纳税人征收税款，也不得在税法尚未失效时，停止征收税款，更不得擅立章法，新开征一种税。税务机关应当按照税收法律、行政法规预先规定的征收标准进行征税。不得擅自增减改变税目、调高或降低税率、加征或减免税款、提前征收或延缓征收税款以及摊派税款。

（四）税务机关征收税款必须遵守法定权限和法定程序

税务机关执法必须遵守法定权限和法定的程序征收税款。例如，采取税收保全措施或强制执行措施时；办理减税、免税、退税时；核定应纳税额时；进行纳税调整时；针对纳税人的欠税进行清理，采取各种措施时；税务机关都必须按照法律或者行政法规规定的审批权限和程序进行操作，否则就是违法。

（五）税务机关征收税款或扣押、查封商品、货物或其他财产时，必须向纳税人开具完税凭证或开付扣押、查封的收据或清单

《征管法》第三十四条规定："税务机关征收税款时，必须给纳税人开具完税凭证。"第四十七条规定："税务机关扣押商品、货物或者其他财产时，必须开付收据；查封商品、货物或者其他财产时，必须开付清单。"

（六）税款、滞纳金、罚款统一由税务机关上缴国库

《征管法》第五十三条规定："国家税务局和地方税务局应当按照国家规定的税收征管范围和税款入库预算级次，将征收的税款缴入国库。"

《实施细则》第三十九条规定，税务机关应当将各种税收的税款、滞纳金、罚款，按照国家规定的预算科目和预算级次及时缴入国库，税务机关不得占压、挪用、截留，不得缴入国库以外或者国家规定的税款账户以外的任何账户。

（七）税款优先

《征管法》第四十五条规定，第一次在税收法律上确定了税款优先的地位，确定了税款征收在纳税人支付各种款项和偿还债务时的顺序。税款优先的原则，不仅增强了税法的刚性，而且增强了税法在执行中的可操作性。

（1）税收优先于无担保债权。

（2）纳税人发生欠税在前的，税收优先于抵押权、质权和留置权的执行。

(3)税收优先于罚款、没收非法所得。

二、税款征收的方式

税款征收方式是指税务机关根据各税种的不同特点、征纳双方的具体条件而确定的计算征收税款的方法和形式。税款征收的方式主要有以下几种：

(一)查账征收

查账征收是指税务机关按照纳税人提供的账表所反映的经营情况,依照适用税率计算缴纳税款的方式。这种方式一般适用于财务会计制度较为健全,能够认真履行纳税义务的纳税单位。

(二)查定征收

查定征收是指税务机关根据纳税人的从业人员、生产设备、采用原材料等因素,对其产制的应税产品查实核定产量、销售额并据以征收税款的方式。这种方式一般适用于账册不够健全,但是能够控制原材料或进销货的纳税单位。

(三)查验征收

查验征收是指税务机关对纳税人应税商品,通过查验数量,按市场一般销售单价计算其销售收入并据以征税的方式。该种方式一般适用于经营品种比较单一,经营地点、时间和商品来源不固定的纳税单位。

(四)定期定额征收

定期定额征收是指税务机关通过典型调查,逐户确定营业额和所得额并据以征税的方式。这种方式一般适用于无完整考核依据的小型纳税单位。

(五)委托代征税款

委托代征税款是指税务机关委托代征人以税务机关的名义征收税款,并将税款缴入国库的方式。这种方式一般适用于小额、零散税源的征收。

(六)邮寄纳税

邮寄纳税是一种新的纳税方式。这种方式主要适用于那些有能力按期纳税,但采用其他方式纳税又不方便的纳税人。

(七)其他方式

如利用网络申报、用IC卡纳税等方式。

三、税款征收制度

(一)代扣代缴、代收代缴税款制度

1.义务界定

对法律、行政法规没有规定负有代扣、代收税款义务的单位和个人,税务机关不得要求

其履行代扣、代收税款义务。

税法规定的扣缴义务人必须依法履行代扣、代收税款义务。如果不履行义务,就要承担法律责任。除按征管法及实施细则的规定给予处罚外,应当责成扣缴义务人限期将应扣未扣、应收未收的税款补扣或补收。

2.责任界定

扣缴义务人依法履行代扣、代收税款义务时,纳税人不得拒绝。纳税人拒绝的,扣缴义务人应当在1日之内报告主管税务机关处理。不及时向主管税务机关报告的,扣缴义务人应承担应扣未扣、应收未收税款的责任。

3.范围界定

扣缴义务人代扣、代收税款,只限于法律、行政法规规定的范围,并依照法律、行政法规规定的征收标准执行。对法律、法规没有规定代扣、代收的,扣缴义务人不能超越范围代扣、代收税款,扣缴义务人也不得提高或降低标准代扣、代收税款。

4.利益界定

税务机关按照规定付给扣缴义务人代扣、代收手续费。代扣、代收税款手续费只能由县(市)以上税务机关统一办理退库手续,不得在征收税款过程中坐支。

(二)延期缴纳税款制度

《征管法》第三十一条第二款规定:"纳税人因有特殊困难,不能按期缴纳税款的,经省、自治区、直辖市国家税务局、地方税务局批准,可以延期缴纳税款,但最长不得超过3个月。"

1.特殊困难的主要内容

(1)因不可抗力,导致纳税人发生较大损失,正常生产经营活动受到较大影响的。

(2)当期货币资金在扣除应付职工工资、社会保险费后,不足以缴纳税款的。

2.批准机关

批准机关为省、自治区、直辖市国税局、地税局。

(1)税务机关应当自收到申请延期缴纳税款报告之日起20日内做出批准或者不予批准的决定;不予批准的,从缴纳税款期限届满之次日起加收滞纳金。

(2)批准延期内免予加收滞纳金。

3. 延期期限

最长不得超过3个月,同一笔税款不得滚动审批。

(三)税收滞纳金征收制度

《征管法》第三十二条规定:"纳税人未按照规定期限缴纳税款的,扣缴义务人未按照规定期限解缴税款的,税务机关除责令限期缴纳外,从滞纳税款之日起,按日加收滞纳税款万分之五的滞纳金。"

1.计算公式

$$滞纳金=滞纳税款\times滞纳天数\times0.5‰ \quad (式10-1)$$

2.滞纳天数

法律、行政法规规定或者税务机关依照法律、行政法规的规定确定的税款缴纳期限届满次日起至纳税人、扣缴义务人实际缴纳或者解缴税款之日止。

3.强制措施

拒绝缴纳滞纳金的，可以按不履行纳税义务实行强制执行措施，强行划拨或者强制征收。

【例 10-5 单选题】纳税人应在 3 月 15 日缴纳税款 30 万元，逾期未缴纳，税务机关责令在 3 月 31 日前缴纳。但直到 4 月 24 日才缴纳。则滞纳金为(　　)万元。

A.30×0.5‰×15＝0.225　　B.30×0.5‰×16＝0.24

C.30×0.5‰×24＝0.36　　D.30×0.5‰×40＝0.6

【答案】D

【答案解析】本题考核滞纳金的计算。纳税人未按照规定期限缴纳税款的，从滞纳税款之日起，按日加收滞纳税款万分之五的滞纳金。加收滞纳金的起止时间，为法律规定确定的税款缴纳期限届满次日起至纳税人、扣缴义务人实际缴纳或者解缴税款之日止。本题中，加收滞纳金的起止时间是从 3 月 16 日起至 4 月 24 日止，一共是 40 日，因此滞纳金为 30×0.5‰×40(万元)。

(四)税收减免制度

《征管法》第三十三条规定："纳税人依照法律、行政法规的规定办理减税、免税。地方各级人民政府、各级人民政府主管部门、单位和个人违反法律、行政法规规定，擅自做出的减税、免税决定无效，税务机关不得执行，并向上级税务机关报告。"

(1)纳税人可以向主管税务机关申请减免税，也可以直接向有权审批的税务机关申请。由纳税人所在地主管税务机关受理，应当由上级税务机关审批的减免税申请，主管税务机关应当自受理申请之日起 10 个工作日内直接上报有权审批的上级税务机关。

(2)纳税人在享受减免税待遇期间，仍应按规定办理纳税申报。

(3)纳税人享受减税、免税的条件发生变化时，应当自发生变化之日起 15 日内向税务机关报告，经税务机关审核后，停止其减税、免税；对不报告的，又不再符合减税、免税条件的，税务机关有权追回已减免的税款。

(4)纳税人依法可以享受减免税待遇，但未享受而多缴税款的，凡属于无明确规定需经税务机关审批或没有规定申请期限的，纳税人可以在规定期限内申请减免税，要求退还多缴的税款，但不加算银行同期存款利息。

(5)纳税人同时从事减免项目与非减免项目的，应分别核算，独立计算减免项目的计税依据以及减免税额度。不能分别核算的，不能享受减免税；核算不清的，由税务机关按合理方法核定。

(6)减免税期限超过1个纳税年度的,进行一次性审批。

(五)税额核定和税收调整制度

1.税额核定制度

1)适用情形

针对“无账可查、难以查账或计税依据不可信的”《征管法》第三十五条的规定,纳税人(包括单位纳税人和个人纳税人)有下列情形之一的,税务机关有权核定其应纳税额:

(1)依法可以不设置账簿的。

(2)依法应当设置但未设置账簿的。

(3)擅自销毁账簿或者拒不提供纳税资料的。

(4)虽设置账簿,但账目混乱或成本资料、收入凭证、费用凭证残缺不全,难以查账的。

(5)发生纳税义务,未按照规定的期限办理纳税申报,经税务机关责令限期申报,逾期仍不申报的。

(6)纳税人申报的计税依据明显偏低,又无正当理由的。

2)核定方法

(1)参照当地同类行业或者类似行业中,经营规模和收入水平相近的纳税人的收入额和利润率核定。

(2)按照成本加合理费用积利润的方法核定。

(3)按照耗用的原材料、燃料、动力等推算或者测算核定。

(4)按照其他合理的方法核定。

采用以上一种方法不足以正确核定应纳税额时,可以同时采用两种以上的方法核定。纳税人对税务机关采取规定的方法核定的应纳税额有异议的,应当提供相关证据,经税务机关认定后,调整应纳税额。

2.税收调整制度

1)适用情形

主要指的是关联企业的税收调整制度。《征管法》第三十六条规定:“企业或者外国企业在中国境内设立的从事生产、经营的机构、场所与其关联企业之间的业务往来,应当按照独立企业之间的业务往来收取或者支付价款、费用;不按照独立企业之间的业务往来收取或者支付价款、费用,而减少其应纳税的收入或者所得额的,税务机关有权进行合理调整”。

所称关联企业,是指有下列关系之一的公司、企业和其他经济组织:

(1)在资金、经营、购销等方面,存在直接或间接的拥有或控制关系;

(2)直接或间接地同为第三者所拥有或控制关系;

(3)在利益上具有相关联的其他关系。

2)调整方法

纳税人与其关联企业之间的业务往来税务机关可以按照下列方法调整计税收入额或者

所得额：

（1）按照独立企业之间进行的相同或者类似业务活动的价格。

（2）按照再销售给无关联关系的第三者的价格所应取得的收入和利润水平。

（3）按照成本加合理的费用和利润。

（4）按照其他合理的方法。

3）调整期限

纳税人与其关联企业未按照独立企业之间的业务往来支付价款、费用的，税务机关自该业务往来发生的纳税年度起 3 年内进行调整；有特殊情况的，可以自该业务往来发生的纳税年度起 10 年内进行调整。

（六）未办理税务登记及临时经营纳税人税款征收制度

《征管法》第三十七条规定："对未按照规定办理税务登记的从事生产、经营的纳税人以及临时从事生产、经营的纳税人，由税务机关核定其应纳税额，责令缴纳；不缴纳的，税务机关可以扣押其价值相当于应纳税款的商品、货物。扣押后缴纳应纳税款的，税务机关必须立即解除扣押，并归还所扣押品、货物；扣押后仍不缴纳应纳税款的，经县以上税务局（分局）局长批准，依法拍卖或者变卖所扣押的商品、货物，以拍卖或者变卖所得抵缴税款。"

根据上述规定，应特别注意其适用对象及执行程序两个方面：

1.适用对象

未办理税务登记的从事生产、经营的纳税人及临时从事经营的纳税人。

2.法定程序

（1）核定：税务机关要按一定的标准，尽可能合理地确定其应纳税额。

（2）责令：税务机关核定应纳税额后，应责令纳税人按核定的税款缴纳税款。

（3）扣押：对经税务机关责令缴纳而不缴纳税款的纳税人，税务机关可以扣押其价值相当于应纳税款的商品、货物。纳税人应当自扣押之日起 15 日内缴纳税款。

（4）解除：扣押后缴纳应纳税款的，税务机关必须立即解除扣押，并归还所扣押的商品、货物。

（5）抵缴：扣押后仍不缴纳应纳税款的，税务机关拍卖或者变卖所扣押的商品、货物后，以拍卖或者变卖所得抵缴税款。

（七）税收保全措施

税收保全措施（预防措施）是指税务机关对可能由于纳税人的行为或者某种客观原因，致使以后税款的征收不能保证或难以保证的案件，采取限制纳税人处理或转移商品、货物或其他财产的措施。

《征管法》第三十八条规定：税务机关有根据认为从事生产、经营的纳税人有逃避纳税义务行为的，可以在规定的纳税期之前，责令限期缴纳税款；在限期内发现纳税人有明显的转移、隐匿其应纳税的商品、货物以及其他财产迹象的，税务机关应责令其提供纳税担保。如果纳税人不能提供纳税担保，经县以上税务局（分局）局长批准，税务机关可以采取下列税收保全措施：

（1）书面通知纳税人开户银行或者其他金融机构冻结纳税人的金额相当于应纳税款的存款。

（2）扣押、查封纳税人的价值相当于应纳税款的商品、货物或者其他财产。其他财产包括纳税人的房地产、现金、有价证券等不动产和动产。

纳税人在上款规定的限期内缴纳税款的，税务机关必须立即解除税收保全措施；限期期满仍未缴纳税款的，经县以上税务局（分局）局长批准，税务机关可以书面通知纳税人开户银行或者其他金融机构，从其冻结的存款中扣缴税款，或者依法拍卖或者变卖所扣押、查封的商品、货物或者其他财产，以拍卖或者变卖所得抵缴税款。但个人及其所扶养家属维持生活必需的住房和用品，不在税收保全措施的范围之内。

根据上述规定，采取税收保全措施应注意以下几个方面：

1.适用对象

从事生产、经营的纳税人，不包括非从事生产、经营的纳税人，也不包括扣缴义务人和纳税担保人。

2.前提条件

（1）纳税人有逃避纳税义务的行为。其采取的方法主要是转移、隐匿可以用来缴纳税款的资金或实物。

（2）必须在规定的纳税期之前和责令限期缴纳应纳税款的限期内。这属于预防措施，如果纳税期和责令缴纳应纳税款的限期届满，纳税人又没有缴纳应纳税款的，税务机关可以按规定采取强制执行措施，就无所谓税收保全了。

3.法定程序

（1）责令纳税人提前缴纳税款。税务机关对有逃税行为的纳税人在规定的纳税期之前，责令限期缴纳税款时，主管税务机关应下达给有逃税行为的纳税人执行。

（2）责成纳税人提供纳税担保。如果在上述限期内，纳税人有明显转移、隐匿应纳税的商品、货物以及其他财产或者应纳税的收入迹象的，税务机关可以责成纳税人提供纳税担保。

（3）未提供纳税担保的，应经县以上税务局（分局）局长批准，依次采取两项保全措施：

①冻结存款：冻结的存款数额要以相当于纳税人应纳税款的数额为限，而不是全部存款。

②查封财产：纳税人没有存款（包括存款不足），或者税务机关无法掌握其存款情况的，税务机关可以扣押、查封纳税人的价值相当于应纳税款的商品、货物或其他财产（税务机关必须开付清单）。

个人及其所扶养家属维持生活必需的住房和用品，不在税收保全措施范围之内。个人所扶养家属，是指与纳税人共同居住生活的配偶、直系亲属以及无生活来源并由纳税人扶养的其他亲属。生活必需的住房和用品不包括机动车辆、金银饰品、古玩字画、豪华住宅或者一处以外的住房。税务机关对单价 5 000 元以下的其他生活用品,不采取税收保全措施和强制执行措施。

4.解除保全

采取税收保全措施不当,或者纳税人在期限内已缴纳税款,税务机关未立即解除税收保全措施,使纳税人的合法利益遭受损失的,税务机关应当承担赔偿责任。

(1)纳税人按期限缴纳了税款的,税务机关应当自收到税款或银行转回的完税凭证之日起 1 日内解除税收保全。

(2)纳税人超过规定的期限仍不缴纳税款的,经税务局(分局)局长批准,终止保全措施,转入强制执行措施(即书面通知纳税人开户银行或者其他金融机构从其冻结的存款中扣缴税款,或者拍卖、变卖所扣押、查封的商品、货物或其他财产,以拍卖或者变卖所得抵缴税款)。

【例 10-6 多选题】下列关于税务机关实施税收保全措施的表述中,正确的有(　　)。

A.税收保全措施仅限于从事生产、经营的纳税人

B.只有在事实全部查清,取得充分证据的前提下才能进行

C.冻结纳税人的存款时,其数额要以相当于纳税人应纳税款的数额为限

D.个人及其扶养家属维持生活必需的住房和用品,不在税收保全措施的范围之内

【答案】ACD

【答案解析】在限期内发现纳税人有明显的转移、隐匿其应纳税的商品、货物以及其他财产迹象的,税务机关应责令其提供纳税担保。

思考讨论:如何理解并界定“税务机关有根据认为从事生产、经营的纳税人有逃避纳税义务行为”中的“有根据”?

(八)税收强制执行措施(补救措施)

税收强制执行措施是指当事人不履行法律、行政法规规定的义务,有关国家机关采用法定的强制手段,强迫当事人履行义务的行为。

《征管法》第四十条规定:从事生产、经营的纳税人、扣缴义务人未按照规定的期限缴纳或者解缴税款,纳税担保人未按照规定的期限缴纳所担保的税款,由税务机关责令限期缴纳,逾期仍未缴纳的,经县以上税务局(分局)局长批准,税务机关可以采取下列强制执行措施:

(1)书面通知其开户银行或者其他金融机构从其存款中扣缴税款。

(2)扣押、查封、依法拍卖或者变卖其价值相当于应纳税款的商品、货物或者其他财产,

以拍卖或者变卖所得抵缴税款。

税务机关采取强制执行措施时，对上款所列纳税人、扣缴义务人、纳税担保人未缴纳的滞纳金同时强制执行。

个人及其所扶养家属维持生活必需的住房和用品，不在强制执行措施的范围之内（与税收保全措施一致）。

根据上述规定，采取税收强制执行措施应注意以下几个方面：

1.适用对象

税收强制执行的适用对象与采取税收保全措施时有所不同，不仅适用于从事生产经营的纳税人，而且还适用于扣缴义务人和纳税担保人。

2.执行原则

税务机关采取税收强制执行措施时，必须坚持告诫在先的原则，即纳税人、扣缴义务人、纳税担保人未按照规定的期限缴纳或者解缴税款的，应当先行告诫，责令限期缴纳。逾期仍未缴纳的，再采取税收强制执行措施（先礼后兵）。

3.法定程序

（1）扣缴税款：即税款强制征收。经告诫，责令限期缴纳，纳税人、扣缴义务人、纳税担保人逾期仍未缴纳的，经县以上税务局（分局）局长批准，书面通知其开户银行或者其他金融机构，从其存款中扣缴税款。

在扣缴税款的同时，主管税务机关应按照《征管法》第六十八条的规定，可以处以不缴或者少缴税款50%以上5倍以下的罚款。

（2）抵缴税款：税务机关扣押、查封、拍卖或者变卖其价值相当于应纳税款的商品、货物或者其他财产，以拍卖或者变卖所得抵缴税款。

（3）滞纳金同时强制执行。采取税收强制执行措施时，对纳税人、扣缴义务人、纳税担保人未缴纳的滞纳金必须同时强制执行。对纳税人已缴纳税款，但拒不缴纳滞纳金的，税务机关可以单独对纳税人应缴未缴的滞纳金采取强制执行措施。

（4）退还余款：拍卖或者变卖所得抵缴税款、滞纳金、罚款以及扣押、查封、保管、拍卖、变卖等费用后，剩余部分应当在3日内退还被执行人。

4.其他注意事项

（1）实施扣押、查封、拍卖或者变卖等强制执行措施时，应当通知被执行人或其成年家属到场，否则不能直接采取扣押和查封措施。但被执行人或其成年家属接到通知后拒不到场的，不影响执行。同时，应当通知有关单位和基层组织，他们是扣押、查封财产的见证人，也是税务机关执行工作的协助人。

（2）对价值超过应纳税额且不可分割的商品、货物或者其他财产，税务机关在纳税人、扣缴义务人或者纳税担保人无其他可供强制执行财产的情况下，可以整体扣押、查封、拍卖，以拍卖所得抵缴税款、滞纳金、罚款以及扣押、查封、保管、拍卖等费用。

（3）实施扣押、查封时，对有产权证件的动产或者不动产，税务机关可以责令当事人将产权证件交税务机关保管,同时可以向有关机关发出协助执行通知书,有关机关在扣押、查封期间不再办理该动产或者不动产的过户手续。

(4)对查封的商品、货物或者其他财产,税务机关可以指令被执行人负责保管,保管责任由被执行人承担。继续使用被查封的财产不会减少其价值的,税务机关可以允许被执行人继续使用;因被执行人保管或者使用的过错造成的损失,由被执行人承担。

(5)税务机关将扣押、查封的商品、货物或者其他财产变价抵缴税款时,应当交由依法成立的拍卖机构拍卖;无法委托拍卖或者不适于拍卖的,可以交由当地商业企业代为销售,也可以责令纳税人限期处理;无法委托商业企业销售,纳税人也无法处理的,可以由税务机关变价处理,具体办法由国家税务总局规定。国家禁止自由买卖的商品,应当交由有关单位按照国家规定的价格收购。

理解指引:税收保全措施与税收强制执行措施的比较

	税收保全措施——预防措施	强制执行措施——补救措施
对象	从事生产经营的纳税人,不包括扣缴义务人和纳税担保人	从事生产经营的纳税人,扣缴义务人,纳税担保人
原因	有逃避纳税义务的行为	未按规定的期限缴纳或者解缴税款(包括担保的税款)
前提	未提供纳税担保	告诫在先原则(责令限期缴纳,逾期仍未缴纳)
审批	县以上税务局(分局)局长	
措施	冻结存款 扣押查封——以应纳税款为限	从存款中扣缴税款 以扣押、查封、依法拍卖或者变卖所得抵缴税款

(九)欠税清缴制度

欠税是指纳税人未按照规定期限缴纳税款,扣缴义务人未按照规定期限解缴税款的行为。

《征管法》在欠税清缴方面主要采取了以下措施:

1.严格控制欠缴税款的审批权限

《征管法》第三十一条规定,缓缴税款的审批权限集中在省、自治区、直辖市国家税务局、地方税务局。这样规定,一方面能帮助纳税人渡过暂时的难关,另一方面也体现了严格控制欠税的精神,保证国家税收免遭损失。

2.限期缴税时限

从事生产、经营的纳税人、扣缴义务人未按照规定的期限缴纳或者解缴税款的,纳税担保人未按照规定的期限缴纳所担保的税款的,由税务机关发出限期缴纳税款通知书,责令缴纳或者解缴税款的最长期限不得超过 15 日。

3、建立欠税清缴制度,防止税款流失

(1)扩大了阻止出境对象的范围。《征管法》第四十四条规定:“欠缴税款的纳税人及其法定代表需要出境的，应当在出境前向税务机关结清应纳税款或者提供担保。未结清税款，又不提供担保的，税务机关可以通知出境管理机关阻止其出境。”

(2)建立改制纳税人欠税的清缴制度。《征管法》第四十八条规定：“纳税人有合并、分立情形的，应当向税务机关报告，并依法缴清税款。纳税人合并时未缴清税款的，应当由合并后的纳税人继续履行未履行的纳税义务；纳税人分立时未缴清税款的，分立后的纳税人对未履行的纳税义务应当承担连带责任。”

(3)大额欠税处分财产报告制度。《征管法》第四十九条和《实施细则》第七十七条的规定，欠缴税款数额在5万元以上的纳税人，在处分其不动产或者大额资产之前，应当向税务机关报告。这一规定有利于税务机关及时掌握欠税企业处置不动产和大额资产的动向。税务机关可以根据其是否侵害了国家税收，是否有转移资产、逃避纳税义务的情形，决定是否行使税收优先权，是否采取税收保全措施或者强制执行措施。

(4)税务机关可以对欠缴税款的纳税人行使代位权、撤销权。即对纳税人的到期债权等财产权利，税务机关可以依法向第三者追索以抵缴税款。《征管法》第五十条规定税务机关可以依据《中华人民共和国合同法》行使代位权、撤销权。如果欠税的纳税人，怠于行使其到期的债权，怠于收回其到期的资产、款项等，税务机关可以向人民法院请求以自己的名义代为行使债权。

(5)建立欠税公告制度。《征管法》第四十五条和《实施细则》第七十六条的规定，税务机关应当对纳税人欠缴税款的情况，在办税场所或者广播、电视、报纸、期刊、网络等新闻媒体上定期予以公告。定期公告是指税务机关定期向社会公告纳税人的欠税情况。同时税务机关还可以根据实际情况和实际需要，制定纳税人的纳税信用等级评价制度。

(十)税款的退还和追征制度

1.税款的退还

《征管法》第五十一条规定，纳税人超过应纳税额缴纳的税款，税务机关发现后应当立即退还；纳税人自结算缴纳税款之日起3年内发现的，可以向税务机关要求退还多缴的税款并加算银行同期存款利息，税务机关及时查实后应当立即退还；涉及从国库中退库的，依照法律、行政法规中有关国库管理的规定退还。

根据上述规定，税务机关在办理税款退还时应注意以下几个问题：

(1)退还的前提：纳税人已经缴纳了超过应纳税额的税款。

(2)退还的方式：税务机关发现后立即退还；纳税人发现后申请退还。

(3)退还的时限：①纳税人发现的，可以自结算缴纳税款之日起3年内要求退还。②税务机关发现的多缴税款，《征管法》没有规定多长时间内可以退还。法律没有规定期限的，推定为无限期。③对纳税人超过应纳税额缴纳的税款，无论是税务机关发现的，还是纳税人发现后提出退还申请的，税务机关经核实后都应当立即办理退还手续，不应当拖延。《实施细则》第七十八条规定：“税务机关发现纳税人多缴税款的，应当自发现之日起10日内办理退还手续；纳税人发现多缴税款，要求退还的，税务机关应当自接到纳税人退还申请之日起 30 日内查实并办理退还手续。”

思考讨论： 多缴纳的税款，纳税人自结算缴纳税款之日起超过 3 年后发现的，可以要求退还吗？如果是税务机关发现的，可以向税务机关要求加算银行同期存款利息吗？

2.税款的追征

《征管法》第五十二条规定：“因税务机关责任，致使纳税人、扣缴义务人未缴或者少缴税款的，税务机关在 3 年内可要求纳税人、扣缴义务人补缴税款，但是不得加收滞纳金。

因纳税人、扣缴义务人计算等失误，未缴或者少缴税款的，税务机关在 3 年内可以追征税款、滞纳金；有特殊情况的追征期可以延长到 5 年。

所称特殊情况，是指纳税人或者扣缴义务人因计算错误等失误，未缴或者少缴、未扣或者少扣、未收或者少收税款，累计数额在 10 万元以上的。

对偷税、抗税、骗税的，税务机关追征其未缴或者少缴的税款、滞纳金或者所骗取的税款，不受前款规定期限的限制。”如表 10-3 所示。

根据上述规定，税务机关在追征税款时应注意以下几个方面：

(1)分清双方责任：是“税务机关责任”还是“纳税人、扣缴义务人计算等失误”？

(2)分清追征期限：对于纳税人、扣缴义务人和其他当事人偷税、抗税和骗取税款的，不受前款规定期限限制，应无限期追征。

表 10-3　不同情形的税款追征处理措施

情形		处理措施
税务机关的责任		税务机关在 3 年内可以要求纳税人、扣缴义务人补缴税款，但是不得加收滞纳金
纳税人、扣缴义务人的责任	计算等失误	税务机关在 3 年内可以追征税款、滞纳金；有特殊情况的，追征期可以延长到 5 年
	对偷税、抗税、骗税的	税务机关可以无限期追征其未缴或者少缴的税款、滞纳金或者所骗取的税款

(十一)税款入库制度

审计、财政等有关机关不得将其履行职责过程中发现的税款、滞纳金自行征收入库或者以其他款项的名义自行处理、占压。税务机关应当根据有关机关的决定、意见书，依照税收法律、行政法规的规定，将应收的税款、滞纳金按照税款入库预算级次缴入国库，并将结果及时回复有关机关。

【例 10-7 单选题】下列关于退还纳税人多缴税款的表述中,正确的是(　　)。

A.纳税人发现多缴税款但距缴款日期已超过 3 年的,税务机关不再退还多缴税款

B.税务机关发现多缴税款的,在退还税款的同时,应一并计算银行同期存款利息

C.税务机关发现多缴税款但距缴款日期已超过 3 年的,税务机关不再退还多缴税款

D.纳税人发现当年预缴企业所得税款超过应缴税额的,可要求退款并加计银行同期存款利息

【答案】A

【答案解析】选项 B,税务机关发现的,没有加算银行同期存款利息的规定;选项 C,税务机关发现的多缴税款,《征管法》没有规定多长时间内可以退还。法律没有规定期限的,推定为无限期。因此,税务机关发现的多缴税款,无论多长时间,都应当退还给纳税人;选项 D,不得加算银行同期存款利息。

第四节　税务检查

一、税务检查形式

1.重点检查

重点检查是指对公民举报、上级机关交办或有关部门转来的有偷税行为或偷税嫌疑的,纳税申报与实际生产经营情况有明显不符的纳税人及有普遍逃税行为的行业的检查。

2.分类计划检查

分类计划检查是指根据纳税人历来纳税情况、纳税人的纳税规模及税务检查间隔时间的长短等综合因素,按事先确定的纳税人分类、计划检查时间及检查频率而进行的检查。

3.集中性检查

集中性检查是指税务机关在一定时间、一定范围内,统一安排、统一组织的税务检查。这种检查一般规模比较大,如以前年度的全国范围内的税收、财务大检查就属于这类检查。

4.临时性检查

临时性检查是指由各级税务机关根据不同的经济形势、偷逃税趋势、税收任务完成情况等综合因素,在正常的检查计划之外安排的检查。如行业性解剖、典型调查性的检查等。

5.专项检查

专项检查是指税务机关根据税收工作实际,对某一税种或税收征收管理某一环节进行的检查。比如,增值税一般纳税专项检查、漏征漏管户专项检查等。

二、税务检查方法

1.全查法

全查法是对被查纳税人一定时期内所有会计凭证、账簿、报表及各种存货进行全面、系统检查的一种方法。

2.抽查法

抽查法是对被查纳税人一定时期内的会计凭证、账簿、报表及各种存货,抽取一部分进行检查的一种方法。

3.顺查法

顺查法与逆查法对称,是对被查纳税人按照其会计核算的顺序,依次检查会计凭证、账簿、报表,并将其相互核对的一种检查方法。

4.逆查法

逆查法与顺查法对称,是指逆会计核算的顺序,依次检查会计报表、账簿及凭证,并将其相互核对的一种稽查方法。

5.现场检查法

现场检查法是与调账检查法对称,是指税务机关派人员到被查纳税人的机构办公地点对其账务资料进行检查的一种方法。

6.调账检查法

调账检查法与现场检查法对称,是指将被查纳税人的账务资料调到税务机关进行检查的一种方法。

7.比较分析法

比较分析法是将被查纳税人检查期有关财务指标的实际完成数进行纵向或横向比较,分析其异常变化情况,从中发现纳税问题线索的一种方法。

8.控制计算法

控制计算法也称逻辑推算法,是指根据被查纳税人财务数据的相互关系,用可靠或科学测定的数据,验证其检查期账面记录或申报的资料是否正确的一种检查方法。

9.审阅法

审阅法是指对被查纳税人的会计账簿、凭证等账务资料,通过直观地审查阅览,发现在纳税方面存在问题的一种检查方法。

10.核对法

核对法是指通过对被查纳税人的各种相关联的会计凭证、账簿、报表及实物进行相互核对,验证其在纳税方面存在问题的一种检查方法。

11.观察法

观察法是指通过被查纳税人的生产经营场所、仓库、工地等现场,实地观察看其生产经营及存货等情况,以发现纳税问题或验证账中可疑问题的一种检查方法。

12.外调法

外调法是指对被查纳税人怀疑或已掌握一定线索的经济事项,通过向与其有经济联系的单位或个人进行调查,予以查证核实的一种方法。

13.盘存法

盘存法是指通过对被查纳税人的货币资金、存货及固定资产等实物进行盘点清查,核实其账实是否相符,进而发现纳税问题的一种检查方法。

14.交叉稽核法

国家为加强增值税专用发票管理,应用计算机将增值税专用发票抵扣联与存根联进行交叉稽核,以查出虚开及假开发票行为,避免国家税款流失。目前这种方法通过“金税工程”体现,对利用增值税专用发票偷逃税款行为起到了极大的遏制作用。

三、税务检查职责

(一)税务检查的权利

1.查账权

检查纳税人的账簿、记账凭证、报表和有关资料,检查扣缴义务人代扣代缴税款账簿、记账凭证和有关资料。对税务机关查账权利的要求如表10-4所示。

表10-4　查账权

税务机关的权利	要　求
因检查需要时,经县以上税务局(分局)局长批准,可以将纳税人、扣缴义务人以前会计年度的账簿、记账凭证、报表和其他有关资料调回税务机关检查	税务机关必须向纳税人、扣缴义务人开付清单,并在3个月内完整退还
有特殊情况的,经设区的市、自治州以上税务局局长批准,税务机关可以将纳税人、扣缴义务人当年的账簿、记账凭证、报表和其他有关资料调回检查	税务机关必须在30日内退还

2.场地检查权

税务机关有权到纳税人的生产、经营场所和货物存放地检查纳税人应纳税的商品、货物或者其他财产,检查扣缴义务人与代扣代缴、代收代缴税款有关的经营情况。

3.责成提供资料权

责成纳税人、扣缴义务人提供与纳税或者代扣代缴、代收代缴税款有关的文件、证明材料和有关资料。

4.询问权

询问纳税人、扣缴义务人与纳税或者代扣代缴、代收代缴税款有关的问题和情况。

5.在交通要道和邮政企业的查证权

到车站、码头、机场、邮政企业及其分支机构检查纳税人托运、邮寄、应税商品、货物或者其他财产的有关单据凭证和资料。

6.查询存款账户权

经县以上税务局(分局)局长批准,凭全国统一格式的检查存款账户许可证明,查询从事生产、经营的纳税人、扣缴义务人在银行或者其他金融机构的存款账户。

(二)其他相关权利与义务

(1)税务检查时,税务机关采取税收保全措施的期限一般不得超过6个月;重大案件需要延长的,应当报国家税务总局批准。

(2)税务机关调查税务违法案件时,对与案件有关的情况和资料,可以记录、录音、录像、照相和复制。

(3)税务人员进行税务检查时,应当出示税务检查证和税务检查通知书,并有责任为被检查人保守秘密;无税务检查证和税务检查通知书的,纳税人、扣缴义务人及其他当事人有权拒绝检查。

(4)税务机关对纳税人、扣缴义务人及其他当事人处以罚款或者没收违法所得时,应当开付罚没凭证;未开付罚没凭证的,纳税人、扣缴义务人以及其他当事人有权拒绝给付。

【例10-8 多选题】下列关于税务机关行使税务检查权的表述中,符合税法规定的有(　　)。

A.到纳税人的住所检查应纳税的商品、货物和其他财产

B.责成纳税人提供与纳税有关的文件,证明材料和有关资料

C.到车站检查纳税人托运货物或者其他财产的有关单据、凭证和资料

D.经县税务局局长批准,凭统一格式的检查存款账户许可证,查询案件涉嫌人员的储蓄存款

【答案】BC

【答案解析】税务机关不能到纳税人住所检查应纳税的商品、货物和其他财产;税务机关在调查税务违法案件时,经设区的市、自治州以上税务局(分局)局长批准,可以查询案件涉嫌人员的储蓄存款。

思考讨论:税务检查与税务稽查有何区别?

第五节　法律责任

一、纳税人、扣缴义务人的法律责任

（一）违反税务管理基本规定行为的处罚

（1）《征管法》第六十条和《实施细则》第九十条规定：纳税人有下列行为之一的，由税务机关责令限期改正，可以处以2 000元以下的罚款；情节严重的，处以2 000元以上 1 万元以下的罚款：

①未按规定的期限申报办理税务登记、变更或者注销登记的；

②未按规定设置、保管账簿或者保管记账凭证和有关资料的；

③未按规定将财务、会计制度或财务会计处理方法和会计核算软件报送税务机关备案的；

④未按规定将其全部银行账号向税务机关报告的；

⑤未按规定安装、使用税控装置，或损毁或擅自改动税控装置的；

⑥纳税人未按照规定办理税务登记证件验证或者换证手续的。

《征管法》第七十四条规定，行政处罚，罚款额在 2 000 元以下的，可以由税务所决定。

（2）纳税人不办理税务登记的，由税务机关责令限期改正；逾期不改正的，税务机关提请工商行政管理机关吊销其营业执照。

（3）纳税人未按照规定使用税务登记证件，或者转借、涂改、损毁、买卖、伪造税务登记证件的，处2 000元以上 1 万元以下的罚款；情节严重的，处 1 万元以上 5 万元以下的罚款。

（4）扣缴义务人未按照规定办理扣缴税款登记的，税务机关应当自发现之日起 3 日内责令其限期改正，并可处以1 000元以下的罚款。

（二）扣缴义务人违反账簿、凭证管理的处罚

《征管法》第六十一条规定："扣缴义务人未按照规定设置、保管代扣代缴、代收代缴税款账簿或者保管代扣代缴、代收代缴税款记账凭证及有关资料的，由税务机关责令限期改正，可以处 2 000 元以下的罚款；情节严重的，处 2 000 元以上 5 000 元以下的罚款。"

（三）纳税人、扣缴义务人未按规定进行纳税申报的法律责任

《征管法》第六十二条规定："纳税人未按照规定的期限办理纳税申报和报送纳税资料的，或者扣缴义务人未按照规定的期限向税务机关报送代扣代缴、代收代缴税款报告表和有关资料的，由税务机关责令限期改正，可以处 2 000 元以下的罚款；情节严重的，可以处 2 000 元以上 10 000 元以下的罚款。"

（四）对偷税的认定及其法律责任

（1）《征管法》第六十三条规定，纳税人伪造、变造、隐匿、擅自销毁账簿、记账凭证，或者在账簿上多列支出或者不列、少列收入，或者经税务机关通知申报而拒不申报或者进行虚假的纳税申报，不缴或者少缴应纳税款的，是偷税。对纳税人偷税的，由税务机关追缴其不缴或者少缴的税款、滞纳金，并处不缴或者少缴的税款50%以上5倍以下的罚款；构成犯罪的，依法追究刑事责任。

扣缴义务人采取前款所列手段，不缴或者少缴已扣、已收税款，由税务机关依照前款的规定处罚。

（2）《刑法》第二百零一条规定："纳税人采取欺骗、隐瞒手段进行虚假纳税申报或者不申报，逃避缴纳税款数额较大并且占应纳税额10%以上的，处3年以下有期徒刑或者拘役，并处罚金；数额巨大并且占应纳税额30%以上的，处3年以上7年以下有期徒刑，并处罚金。

扣缴义务人采取前款所列手段，不缴或者少缵已扣、已收税款，数额较大的，依照前款的规定处罚。"

（五）进行虚假申报或不进行申报行为的法律责任

《征管法》第六十四条规定，纳税人、扣缴义务人编造虚假计税依据的，由税务机关责令限期改正，并处5万元以下的罚款。

纳税人不进行纳税申报，不缴或者少缴应纳税款的，由税务机关追缴其不缴或者少缴的税款、滞纳金，并处不缴或者少缴税款50%以上5倍以下的罚款。

（六）逃避追缴欠税的法律责任

《征管法》第六十五条规定："纳税人欠缴应纳税款，采取转移或者隐匿财产的手段，妨碍税务机关追缴欠缴的税款的，由税务机关追缴欠缴的税款、滞纳金，并处欠缴税款50%以上5倍以下的罚款；构成犯罪的，依法追究刑事责任。"

《刑法》第二百零三条规定："纳税人欠缴应纳税款，采取转移或者隐匿财产的手段，致使税务机关无法追缴欠缴的税款，数额在1万元以上不满10万元的，处3年以下有期徒刑或者拘役，并处或者单处欠缴税款1倍以上5倍以下罚金；数额在10万元以上的，处3年以上7年以下有期徒刑，并处欠缴税款1倍以上5倍以下罚金。"

（七）骗取出口退税的法律责任

《征管法》第六十六条规定："以假报出口或者其他欺骗手段，骗取国家出口退税款的，由税务机关追缴其骗取的退税款，并处骗取税款1倍以上5倍以下的罚款；构成犯罪的，依法追究刑事责任。对骗取国家出口退税款的，税务机关可以在规定期间内停止为其办理出口退税。"

《刑法》第二百零四条规定："以假报出口或者其他欺骗手段，骗取国家出口退税款，数额较大的，处5年以下有期徒刑或者拘役，并处骗取税款1倍以上5倍以下罚金；数额巨大或者有其他严重情节的,处5年以上10年以下有期徒刑,并处骗取税款1倍以上5倍以下罚金;数额特别巨大或者有其他特别严重情节的,处10年以上有期徒刑或者无期徒刑,并处骗取税款1倍以上5倍以下罚金或者没收财产。"

理解指引:

《最高人民法院关于审理骗取出口退税刑事案件具体应用法律若干问题的解释》法释[2002]30号明文规定:骗取国家出口退税款5万元以上的,为刑法第二百零四条规定的"数额较大";骗取国家出口退税款50万元以上的,为刑法第二百零四条规定的"数额巨大";骗取国家出口退税款250万元以上的,为刑法第二百零四条规定的"数额特别巨大"。

(八)抗税的法律责任

《征管法》第六十七条规定:"以暴力、威胁方法拒不缴纳税款的,是抗税,除由税务机关追缴其拒缴的税款、滞纳金外,依法追究刑事责任。情节轻微,未构成犯罪的,由税务机关追缴其拒缴的税款、滞纳金,并处拒缴税款1倍以上5倍以下的罚款。"

《刑法》第二百零二条规定:"以暴力、威胁方法拒不缴纳税款的,处3年以下有期徒刑或者拘役,并处拒缴税款1倍以上5倍以下罚金;情节严重的,处3年以上7年以下有期徒刑,并处拒缴税款1倍以上5倍以下罚金。"

(九)在规定期限内不缴或者少缴税款的法律责任

《征管法》第六十八条规定:"纳税人、扣缴义务人在规定期限内不缴或者少缴应纳或者应解缴的税款,经税务机关责令限期缴纳,逾期仍未缴纳的,税务机关除依照本法第四十条规定采取强制执行措施追缴其不缴或者少缴的税款外,可以处不缴或者少缴税款50%以上5倍以下的罚款。"

(十)扣缴义务人不履行扣缴义务的法律责任

《征管法》第六十九条规定:"扣缴义务人应扣未扣、应收而不收税款的,由税务机关向纳税人追缴税款,对扣缴义务人处应扣未扣、应收未收税款50%以上3倍以下的罚款。"

(十一)不配合税务机关依法检查的法律责任

(1)《征管法》第七十条规定:"纳税人、扣缴义务人逃避、拒绝或者以其他方式阻挠税务机关检查的,由税务机关责令改正,可以处1万元以下的罚款;情节严重的,处1万元以上5万元以下的罚款。"

逃避、拒绝或者以其他方式阻挠税务机关检查的情形:

①提供虚假资料,不如实反映情况,或者拒绝提供有关资料的。

②拒绝或者阻止税务机关记录、录音、录像、照相和复制与案件有关的情况和资料的。

③在检查期间,纳税人、扣缴义务人转移、隐匿、销毁有关资料的。

④有不依法接受税务检查的其他情形的。

(2)税务机关依照《征管法》第五十四条第(五)项的规定,到车站、码头、机场、邮政企业及其分支机构检查纳税人有关情况时,有关单位拒绝的,由税务机关责令改正,可以处1万元以下的罚款;情节严重的,处1万元以上5万元以下的罚款。

(十二)非法印制发票的法律责任

(1)《征管法》第七十一条规定:"违反本法第二十二条规定,非法印制发票的,由税务机关销毁非法印制的发票,没收违法所得和作案工具,并处1万元以上5万元以下的罚款;构成犯罪的,依法追究刑事责任。"

(2)《刑法》第二百零六条规定:"伪造或者出售伪造的增值税专用发票的,处3年以下有期徒刑、拘役或者管制,并处2万元以上20万元以下罚金;数量较大或者其他严重情节的,处3年以上10年以下有期徒刑,并处5万元以上50万元以下罚金;数量巨大或者有其他特别严重情节的,处10年以上有期徒刑或者无期徒刑,并处5万元以上50万元以下罚金或者没收财产。

单位犯本条规定之罪的,对单位判处罚金,并对其直接负责的主管人员和其他直接责任人员,处3年以下有期徒刑、拘役或者管制;数量较大或者有其他严重情节的,处3年以上10年以下有期徒刑;数量巨大或者有其他特别严重情节的,处10年以上有期徒刑或者无期徒刑"。

(3)《刑法》第二百零九条规定:"伪造、擅自制造或者出售伪造、擅自制造的可以用于骗取出口退税、抵扣税款的其他发票的,处3年以下有期徒刑、拘役或者管制,并处2万元以上20万元以下罚金;数量巨大的,处3年以上7年以下有期徒刑,并处5万元以上50万元以下罚金;数量特别巨大的,处7年以上有期徒刑,并处5万元以上50万元以下罚金或者没收财产。

伪造、擅自制造或者出售伪造、擅自制造的前款规定以外的其他发票的,处2年以下有期徒刑、拘役或者管制,并处或者单处1万元以上5万元以下罚金;情节严重的,处2年以上7年以下有期徒刑,并处5万元以上50万元以下罚金。"

(4)非法印制、转借、倒卖、变造或者伪造完税凭证的,由税务机关责令改正,处2 000元以上1万元以下的罚款;情节严重的,处1万元以上5万元以下的罚款;构成犯罪的,依法追究刑事责任。

(十三)有税收违法行为而拒不接受税务机关处理的法律责任

《征管法》第七十二条规定:"从事生产、经营的纳税人、扣缴义务人有本法规定的税收违法行为,拒不接受税务机关处理的,税务机关可以收缴其发票或者停止向其发售发票。"

【例 10-9 多选题】根据规定，下列关于纳税人违反税收法律制度的法律责任说法错误的有(　　)。

A.纳税人不办理税务登记，由税务机关提请工商机关吊销其营业执照

B.纳税人未按照规定的期限办理纳税申报，税务机关可以处2 000元以下的罚款

C.扣缴义务人应扣未扣税款，由税务机关向扣缴义务人追缴税款，并处税款 50%以上 3 倍以下罚款

D.纳税人以假报出口方式骗取国家出口退税，由税务机关追缴其骗取的退税款并处骗取税款 50%以上 5 倍以下的罚款

【答案】ACD

【答案解析】纳税人不办理税务登记的，由税务机关责令限期改正；逾期不改正的，经税务机关提请，由工商行政管理机关吊销其营业执照，故选项 A 错误；扣缴义务人应扣未扣税款，由税务机关向“纳税人”追缴税款，并对扣缴义务人处应扣未扣税款 50%以上 3 倍以下罚款，故选项 C 错误；纳税人以假报出口方式骗取国家出口退税，由税务机关追缴其骗取的退税款并处骗取税款 1 倍以上 5 倍以下的罚款，故选项 D 错误。

二、税务机关、税务人员的法律责任

(一) 税务机关擅自改变税收征收管理范围的法律责任

《征管法》第七十六条规定：“税务机关违反规定擅自改变税收征收管理范围和税款入库预算级次的，责令限期改正，对直接负责的主管人员和其他直接责任人员依法给予降级或者撤职的行政处分。”

(二) 税务机关不移送的法律责任

《征管法》第七十七条规定：“纳税人、扣缴义务人有本法规定的第六十三条、第六十五条、第六十六条、第六十七条、第七十一条规定的行为涉嫌犯罪的，税务机关应当依法移送司法机关追究刑事责任。

税务人员徇私舞弊，对依法应当移送司法机关追究刑事责任的不移送，情节严重的，依法追究刑事责任。”

(三) 税务人员不依法行政的法律责任

《征管法》第七十九条规定：“税务机关、税务人员查封、扣押纳税人个人及其所扶养家属维持生活必需的住房和用品的，责令退还，依法给予行政处分；构成犯罪的，依法追究刑事责任。”

《征管法》第八十条规定：“税务人员与纳税人、扣缴义务人勾结，唆使或者协助纳税人、扣缴义务人有本法第六十三条、第六十五条、第六十六条规定的行为，构成犯罪的，按照《刑法》关于共同犯罪的规定处罚；尚不构成犯罪的，依法给予行政处分。

税务人员私分扣押、查封的商品、货物或者其他财产,情节严重,构成犯罪的,依法追究刑事责任;尚不构成犯罪的,依法给予行政处分。”

(四)税务人员渎职行为的法律责任

(1)《征管法》第八十一条规定:“税务人员利用职务上的便利,收受或者索取纳税人、扣缴义务人财物或者谋取不正当利益,构成犯罪的,依法追究刑事责任;尚不构成犯罪的,依法给予行政处分”。

(2)《征管法》第八十二条规定:“税务人员徇私舞弊或者玩忽职守,不征收或者少征应征税款,致使国家税收遭受重大损失,构成犯罪的,依法追究刑事责任;尚不构成犯罪的,依法给予行政处分。

税务人员滥用职权,故意刁难纳税人、扣缴义务人的,调离税收工作岗位,并依法给予行政处分。

税务人员对控告、检举税收违法违纪行为的纳税人、扣缴义务人以及其他检举人进行打击报复,依法给予行政处分;构成犯罪的,依法追究刑事责任。”

(3)《刑法》第四百零四条规定:“税务机关的工作人员徇私舞弊,不征或者少征应征税款,致使国家税收遭受重大损失的,处5年以下有期徒刑或者拘役;造成特别重大损失的,处5年以上有期徒刑。”

(4)《刑法》第四百零五条规定:“税务机关的工作人员违反法律、行政法规的规定,在办理发售发票、抵扣税款、出口退税工作中,徇私舞弊,致使国家利益遭受重大损失的,处5年以下有期徒刑或者拘役;致使国家利益遭受特别重大损失的,处5年以上有期徒刑。”

(五)税务机关不按规定征收税款的法律责任

《征管法》第八十三条规定:“违反法律、行政法规的规定提前征收、延缓征收或者摊派税款的,由其上级机关或者行政监察机关责令改正,对直接负责的主管人员和其他直接责任人员依法给予行政处分。”

《征管法》第八十四条规定:“违反法律、行政法规的规定,擅自做出税收的开征、停征或者减税、免税、退税、补税以及其他同税收法律、行政法规相抵触的决定的,除依照本法规定撤销其擅自做出的决定外,补征应征未征税款,退还不用征收而征收的税款,并由上级机关追究直接负责的主管人员和其他直接责任人员的行政责任;构成犯罪的,依法追究刑事责任。”

三、其他单位、相关人员的法律责任

(一)银行及其他金融机构拒绝配合税务机关依法执行职务的法律责任

(1)银行和其他金融机构未依照《征管法》的规定在从事生产、经营的纳税人的账户中登录税务登记证件号码,或者未按规定在税务登记证件中登录从事生产、经营的纳税人的账户、账号的,由税务机关责令其限期改正,处2 000元以上2万元以下的罚款;情节严重的,处

2万元以上5万元以下的罚款。

(2)为纳税人、扣缴义务人非法提供银行账户、发票、证明或者其他方便,导致未缴、少缴税款或者骗取国家出口退税款的,税务机关除没收其违法所得外,可以处未缴、少缴或者骗取的税款1倍以下的罚款。

(3)《征管法》第七十三条规定:"纳税人、扣缴义务人的开户银行或者其他金融机构拒绝接受税务机关依法检查纳税人、扣缴义务人存款账户,或者拒绝执行税务机关做出的冻结存款或者扣缴税款的决定,或者在接到税务机关的书面通知后帮助纳税人、扣缴义务人转移存款,造成税款流失的,由税务机关处10万元以上50万元以下的罚款,对直接负责的主管人员和其他直接责任人员处1 000元以上1万元以下的罚款。"

(二)税务代理人违反税务代理的法律责任

税务代理人违反税收法律、行政法规,造成纳税人未缴或者少缴税款的,除由纳税人缴纳或者补缴应纳税款、滞纳金外,对税务代理人处纳税人未缴或者少缴税款50%以上3倍以下的罚款。

本章小结

税收征管法
1.概述
适用范围
税务机关征收
教育费附加除外
遵守主体
税务机关
纳税人、扣缴义务人
有关部门
2.税务管理
税务登记
开业：30日
变更：30日
注销：15日
停复业
外出经营
账簿凭证管理
账簿设置
纳税人：15日
扣缴义务人：10日
财会制度
备案：15日
账簿凭证保管
10年
发票管理
领购、使用、保管
税控管理
纳税申报
方式
直接
邮寄
数据电文
简易申报、简并征期
延期申报：仍需预缴
3.税款征收
原则
税款优先
方式
查账
查定
查验
定期定额
委托征收
邮寄
制度
代扣、代收
延期
滞纳金
减免税
核定、调整
税收保全
强制执行
欠税清缴
退还、追征
4.税务检查
形式、方法、职责
5.法律责任
纳税人、扣缴义务人
税务机关、税务人员
其他单位、相关人员

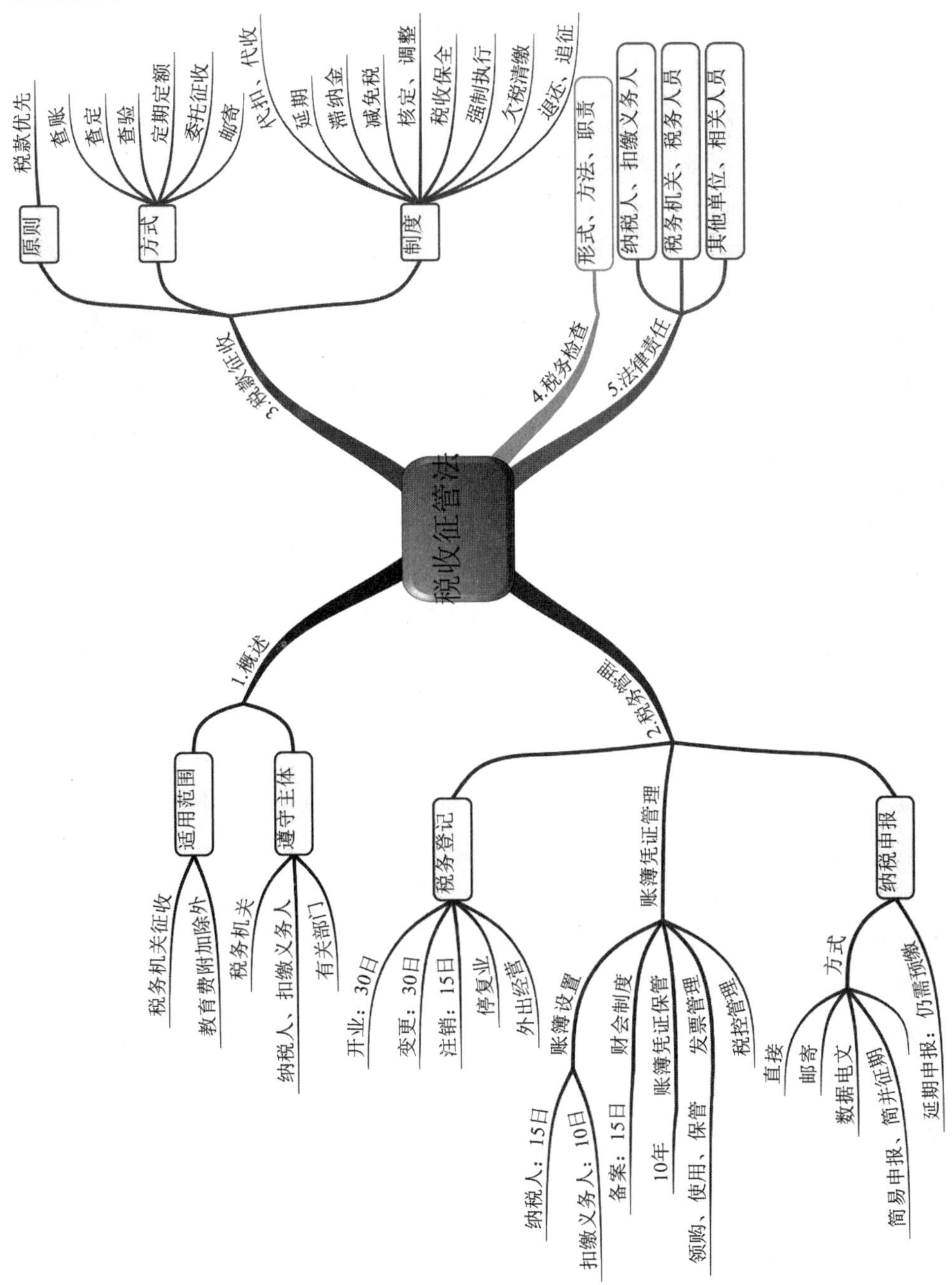

课后习题

一、单选题

1.甲厂系由乙公司和丙商场共同投资的食品生产企业。因经营情况变化,经投资双方协商,丙商场将其持有甲厂的全部股权转让给乙公司,并签订转让协议,于2015年4月18日向产权转移中心和工商行政管理部门办理了相关的登记手续。甲厂投资主体变化后,有关各方的税务登记,正确的做法是(　　)。

A.甲厂、乙公司和丙商场分别办理变更税务登记

B.甲厂应办理变更税务登记;乙公司和丙商场不需要办理任何税务登记手续

C.甲厂应先办注销税务登记,再办设立税务登记;乙公司和丙商场分别办理变更税务登记

D.甲厂应先办注销税务登记,再办设立税务登记;乙公司和丙商场不需要办理任何税务登记手续

"扫一扫"获取更多课后练习

2.某公司应于15日缴纳税款,但逾期未缴,税务机关责令其于20日前缴纳,该公司拖延至29号才缴纳,以下滞纳金的起算时间正确的是(　　)。

A.15日　　B.16日　　C.20日　　D.29日

3.某餐饮公司2017年8月应缴纳增值税60 000元,城市维护建设税4 200元。该公司在规定期限内未进行纳税申报,税务机关责令其缴纳并加收滞纳金,该公司在9月30日办理了申报缴纳手续。税务机关核定该公司增值税和城市维护税均以1个月为一个纳税期;从滞纳税款之日起,按日加收滞纳税款0.5‰的滞纳金。该公司应缴纳的滞纳金金额是(　　)元。

A.60 000×0.5‰×15=450

B.(60 000+4 200)×0.5‰×15=481.5

C.60 000×0.5‰×30=900

D.(60 000+4 200)×0.5‰×30=963

4.税务机关采取的下列措施中,属于税收保全措施的是(　　)。

A.查封纳税人的价值相当于应纳税款的商品或货物

B.书面通知纳税人的开户银行从其银行存款中扣缴税款

C.拍卖纳税人其价值相当于应纳税款的商品用于抵缴税款

D.对纳税人逃避纳税义务的行为处以2 000元以上5 000元以下的罚款

5.纳税人不能按照税法规定的纳税期限缴纳税款,(　　),不足以缴纳税款的,可申请延期纳税。

A.当期银行存款在扣除应付职工工资、社会保险费后

B.当期货币资金在扣除应付职工工资、社会保险费后

C.当期货币资金在扣除银行存款及各项上交款项后

D.当期货币资金在扣除应付职工工资和应计提的公益金、公积金以后

二、多选题

1.以下各项中属于税款征收方式的有(　　)。

A.查账征收　　B.查验征收

C.定期定额征收　　D.核定、调整税额

2.根据规定,税务机关有权核定应纳税额的情形包括(　　)。

A.依照法律、行政法规的规定可以不设置账簿的

B.纳税人拒不提供纳税资料

C.发生纳税义务,未按照规定的期限缴纳税款,经税务机关责令限期缴纳,逾期仍不缴纳

D.纳税人申报的计税依据明显偏低,但有正当理由

3.纳税人有下列(　　)情形,适用纳税担保。

A.在限期内税务机关有根据认为纳税人有明显的转移、隐匿其应纳税的商品、货物以及其他财产或者应纳税收入的迹象

B.纳税人未按规定期限纳税

C.纳税人同税务机关在纳税上发生争议而未缴清税款,需要申请行政复议的

D.欠缴税款、滞纳金的纳税人或者其法定代表人需要出境的

4.下列有关对于税款征收采取强制执行措施的说法,正确的有(　　)。

A.如果纳税人未按规定期限缴纳税款,税务机关就采取强制执行措施

B.税务机构采取强制执行措施时,主要针对纳税人未缴税款,不包括其未缴纳滞纳金

C.个人唯一住房不在强制执行范围内

D.税务机关采取强制执行措施可书面通知纳税人开户银行从其存款中扣缴税款

5.根据税收征收管理法律制度的规定,纳税人发生偷税行为时,税务机关可以行使的权力有(　　)。

A.追缴税款　　B.加收滞纳金

C.处以罚款　　D.处以罚金

三、判断题

1.企业在外地设立从事生产、经营的场所不需要办理税务登记。(　　)

2.纳税人发生解散、破产、撤销以及其他情形,依法终止纳税义务的,应当先向工商行政管理机关办理注销登记,然后向原税务登记机关申报办理注销税务登记。(　　)

3.增值税专用发票由国家税务总局确定的企业印制。(　　)

4.纳税人在纳税期内没有应纳税款的,不需办理纳税申报。(　　)

5.纳税人欠缴税款,同时又被行政机关决定处以罚款的,罚款优先于税收。(　　)

参考文献

[1] 中国注册会计师协会.税法[M].北京:经济科学出版社,2016.

[2] 财政部会计资格评价中心.经济法[M].北京:经济科学出版社,2016.

[3] 财政部会计资格评价中心.经济法基础[M].北京:经济科学出版社,2016.

[4] 财政部会计资格评价中心.经济法基础[M].北京:经济科学出版社,2017.

[5] 东奥会计网校.经济法基础——轻松过关1[M].北京:北京大学出版社,2017.

[6] 注册会计师全国统一考试研究中心.税法[M].北京:人民邮电出版社,2017.

[7] 梁伟样.税法[M].5版.北京:高等教育出版社,2014.

[8] 梁伟样.税法[M].北京:高等教育出版社,2017.